Genevieve Lewis Paulson

Das Kundalini Handbuch

Eine umfassende praktische Anleitung zum Entdecken, Freisetzen und Meistern der Chakra-Energien

WINDPFERD

Verlagsgesellschaft mbH.

Titel der Originalausgabe *Kundalini and the Chakras*
© 1991, erschienen bei Llewellyn Publications, St. Paul, MN 55164
Aus dem Amerikanischen übertragen von Matthias Schossig

1. Auflage 1992
2. Auflage 1992
© by Windpferd Verlagsgesellschaft mbH.
Alle Rechte vorbehalten
Umschlaggestaltung: Wolfgang Jünemann, unter Verwendung einer
Illustration von Randy Asplund-Faith
Gesamtherstellung: Schneelöwe, Aitrang
ISBN 3-89385-091-0

Printed in Germany

Ein klarer Leitfaden
für ein kontroverses Thema, über das
viel Verwirrendes und Falsches zu hören ist

Bist du es leid, über die Erfahrungen anderer mit Kundalini und Chakren zu lesen? Hast du genug von den Gerüchten, die intellektuelle Scharlatane über diese Begriffe in die Welt gesetzt haben, ohne Rücksicht darauf, was in deinem Körper vor sich geht und was sich in deinem Leben für Veränderungen abspielen? Immer wenn du das Gefühl hast, du läufst nur auf halber Kraft, verfügst du wahrscheinlich nur über einen Teil der Kundalini-Energie, die in dir steckt.

Es gehört zu unseren unveräußerlichen Rechten als Menschen, uns zu entwickeln, an der Evolution des menschlichen Bewußtseins teilzuhaben und über uns hinauszuwachsen. Die Banalitäten des Lebens können den Fluß der Kundalini an der Wurzel blockieren oder aus dem Gleichgewicht bringen. Jeder Mensch hat Kundalini, genauso wie jeder Mensch über seine Sexualität verfügt. Einem Menschen den Zugang zum Wissen über diese Kraft zu verwehren, ist angesichts der aktuellen Diskussion über kosmische Einflüsse ein ebenso gravierender Fehler, wie wenn man der heutigen Jugend die Fakten über Möglichkeiten und Risiken ihres Geschlechtslebens vorenthalten würde. Je mehr wir wissen, desto mehr Möglichkeiten haben wir in unserem Verhalten.

Vielleicht hast du bereits den »großen Knall« einer vollen Kundalini-Auslösung erlebt, ohne darauf vorbereitet gewesen zu sein, die Kraft dieser Energie auf produktive Weise in die richtigen Bahnen zu lenken. Vielleicht schläft deine Kundalini aber auch noch wie ein Bär im Winter, begierig die ersten Sonnenstrahlen des Frühlings deines persönliches Bewußtseins zu nutzen, um zur vollen Kraft des Lebens zu erwachen. Dieses Buch soll ein Führer sein, um die Vielfalt der neuen Gefühle und seltsamen Empfindungen zu verarbeiten, die auf dich zukommen, wenn die ungebremste Lebenskraft die vielen Energiezentren deines Körpers »aufsprengt«.

Während die Energien des Wassermann-Zeitalters immer intensiver werden, lassen sich immer mehr Menschen durch beispiellos heftige Kundalini-Auslösungen erschrecken, beängstigen oder sogar völlig lahmlegen. In vielen Fällen wissen die Menschen überhaupt nicht, wie ihnen geschieht, und verschlimmern aus Unwissenheit die Symptome ihrer Krankheit und Verwirrung noch.

Für alle, die sich zum erstenmal mit Kundalini und Chakren beschäftigen, kann dieses Buch eine ausgezeichnete Quelle sein. Es liefert detaillierte Anweisungen für die Reinigung des Körpersystems, um es auf die Aufnahme der neuen Energien vorzubereiten. Weil die Kundalini-Energie manchmal so stark sein kann, daß die menschliche »Hülle« Schwierigkeiten bekommt, während ihrer Auslösung dem Alltag mit seinen Verpflichtungen gerecht zu werden, bietet der Autor verschiedene Möglichkeiten an, ihre Auslösung zu mäßigen oder zurückzuhalten.

Die Entwicklung der individuellen Persönlichkeit kann mit Kundalini plötzlich eine äußerst heftige Qualität bekommen. Fachkundige Anleitung, um die Übergänge zwischen unseren verschiedenen evolutionären Zuständen ohne unerwünschte Zwischenfälle zu durchlaufen, ist vonnöten. Wissen und Verständnis der Kundalini macht den Entwicklungsprozeß wesentlich verträglicher für Körper, Geist und Seele.

Widmung

Dieses Buch ist allen gewidmet, die mit mir die Kraft der Kundalini erforscht haben, besonders der fortgeschrittenen Gruppe, die sich die »Indy-Yucky«-Gruppe nennt (nach den amerikanischen Bundesstaaten Indiana und Kentucky). Ihre Begeisterung und treue Unterstützung sind für mich ein unerschöpflicher Quell der Freude. Nicht zuletzt habe ich dieses Buch für meine Kinder geschrieben, für Stephen, Kari, Nina und Roger.

Danksagungen

Mein besonderer Dank gilt Ralph Thiel, der das gesamte Manuskript in den Computer getippt, es viele Male durchgesehen und verbessert hat.

Ebenso danke ich Helen McMahan für die »Chakrameditation«, die ich für dieses Buch übernommen habe, und für ihre hilfreiche Unterstützung.

Ich danke Dave und Jo Bahn, die mir auf vielfältige Weise geholfen haben, Richard Gilbert, der die Tabelle der Chakren in Verbindung mit den sieben Körpern und den sieben Ebenen zusammengestellt hat.

Mein Dank gilt ebenso Jim Blackfeather, Marge Schulz, Ruth Allen, Aaron Parker, Janet Irwin, Alice Shewmaker, Lianne und Julie Thiel, Anne Lindstrom und Nina Paulsen.

Mein Dank und meine Anerkennung geht auch an alle anderen, deren Interesse und Unterstützung für mich sehr wertvoll waren, meinen Sohn Stephen, meine Schwiegertochter RaeJean, Joe Stamper, Gene Kieffer und Jewell Foster.

Inhalt

Vorwort   *15*

1. Kundalini – Die Energie der Evolution   *15*
   Symptome vorzeitiger Auslösung   *21*
   Absicht   *22*

2. Die unbeabsichtigte Auslösung
   der Kundalini-Energie   *23*
   Der Prozeß der Auslösung   *23*
   Verschiedene Arten unbeabsichtigter
   Auslösung   *27*
   Symptome der Auslösung   *31*
   Depression   *35*
   Leben und Sterben – eine Übung   *36*
   Sex und Kundalini   *37*
   Weird City   *41*
   Der Alltag während einer
      Kundalini-Reinigung   *42*
   Übungen zur Bewältigung einer
      unbeabsichtigten Auslösung   *48*
   Tiefe, ruhige Atmung   *48*
   Mentale Kontrolle   *49*
   Offene Meditation   *49*
   Das reinigende Sieb   *50*
   Broccoli   *50*
   Rückenentspannung   *51*
   Atemübungen   *51*

3. Tägliche Übungen   *54*
   Bewegung   *54*
   Freies Tanzen   *55*
   Energieübungen   *56*

Variationen	57
Leben im Gleichgewicht	60
Anerkennung	61

4. Inneres Wachstum und die Sieben Körper 62

Die drei persönlichen Körper 64

Der physische Körper 64

Die Reinigung des Physischen 65

Die vollkommene Form 66

Der emotionale Körper 66

Die Reinigung des Emotionalen 66

Emotionale Kontrolle 67

Die vollkommene Form 67

Der mentale Körper 68

Die Reinigung des Mentalen 68

Die Klärung des Gehirns 68

Die Wahrheit 68

Die vollkommene Form 69

Die vier spirituellen Körper 69

Der intuitive und mitfühlende Körper 69

Die Reinigung des Intuitiven und
  Mitfühlenden 70

»Alles geht einmal vorüber—« 70

Leid ist die Kehrseite der Freude 71

Spirituelles Atmen 71

Die vollkommene Form 71

Der atmische Körper (Wille und Geist) 71

Die Reinigung von Wille und Geist 71

Persönlichkeitsveränderungen 72

Festhalten – Loslassen 72

Nicht mein Wille, sondern dein Wille 72

Die vollkommene Form 72

Der monadische Körper (die seelische Ebene) 73

Die Reinigung des Monadischen 73

Kosmische Übung	74
Dieser Augenblick der Ewigkeit	74
Die vollkommene Form	74
Der göttliche Körper	74
Die Reinigung des Göttlichen	75
Den Dämonen entgegentreten	75
Leerstellen	75
Die göttliche Gegenwart	76
Die vollkommene Form	76
Die Zusammensetzung der Körper	76
Beherrschungsübung	76

5. Die Entwicklung der vier Gehirne — 78

Das reptilische oder erste Gehirn	80
Das limbische System (paläomammal) oder	
zweites Gehirn	80
Das dritte Gehirn (neomammal)	80
Das vierte Gehirn	82
Übungen	83
Reptilisches Gehirn	83
Limbisches System	83
Neo-mammal	83
Viertes Gehirn	84

6. Chakren — 85

Kundalini-Bewegung und Chakra-Reinigung	89
Energieströme in den Chakren	90

7. Die Chakren der sieben Körper — 99

Unterschiede des Fische-Zeitalters und des	
Wassermann-Zeitalters	101
Körper und Chakren	102
Physischer Körper	104
Emotionaler Körper	107

Mentaler Körper	*108*
Intuitiv-mitfühlender Körper	*111*
Wille/Geist-Körper	*114*
Seelischer Körper	*117*
Göttlicher Körper	*120*

8. Die Entwicklung der Chakren *123*
Die Arbeit mit Chakren *123*
Reinigung und Öffnung von Chakren *123*
   Energieströme *124*
   Haltung *125*
   Körperbewußtsein *126*
   Empfehlungen *126*
   Vordere oder hintere Chakren? *127*
Die Öffnung von Körperenergien *128*
Senden und Empfangen von Energie *128*
   Bewegung *128*
Die Öffnung und Entwicklung
der Chakren der sieben Körper *129*
   Physischer Körper *130*
   Emotionaler Körper *133*
   Mentaler Körper *135*
   Intuitiv-mitfühlender Körper *137*
   Wille/Geist-Körper *140*
   Seelischer Körper *143*
   Göttlicher Körper *146*
Töne und Kundalini-Bewegung *149*
   Mantras *149*
   Die Chakren mit Glücksgefühlen
   überströmen *150*

9. Die Bestimmung des persönlichen
Chakraflusses *154*
Das Messen der Chakren *154*

Technik	157
Die Analyse der persönlichen Chakrastruktur	160
Dinge, auf die man achten sollte	169
Probemessungen	174

10. Eine Chakrensammlung — 170

Begleitchakren	170
Einführende Übung	176
Drei Sexual-Chakren	178
Negative Chakren	179
Die sieben Augen	181
Die Gefahren einer vorzeitigen Öffnung	183
Das Auge des Unbewußten	183
Die sieben Herzen	184
Das erste Herz-Chakra	184
Das zweite Herz-Chakra	185
Das dritte Herz-Chakra	186
Das vierte Herz-Chakra	186
Das fünfte Herz-Chakra	187
Das sechste Herz-Chakra	187
Das siebente Herz-Chakra	188
Eine meditative Übung für die sieben Herzen	188
Ein Kranz von Chakren	192
Der Kranz um die Krone	192
Der Kranz um die Fersen	193
Übung	194
Schulterblattchakren	195
Chakren der Einheit und der Zerstörung	196
Chakren an Knien und Ellenbogen	197
Knie	197
Ellenbogen	198
Chakren des körperlichen Selbstbewußtseins	199

11. Chakren und Beziehungen — 200

Energie-Bindungen	201

Charisma und Energie	202
Chakren-Beschneidung	203
»—das füg' auch keinem anderen zu«	205
Klarheit	205
Energiefresser	205
Unruhestifter	206
Sexualität	207
Blockaden	207
Versteh deine Chakren besser: eine Übung	208

12. Chakren und Heilung — 209

Chakra-Explosion	210
Schmerz	211
Krankheit und Krankenbesuche	212
Chakra-Heilung im Traum	213
Massage und Körperarbeit	213
Samadhi	213
Steine, Mineralien und Heilung	214
Strahlende Gesundheit	214

13. Karma — 215

Situationskarma und Einstellungskarma	218
Das Karma der anderen	218
Gruppen-Karma	219
Bewußtes Aussuchen von Karma	219
Die positive Seite von Karma	220

14. Die Vorbereitung einer absichtlichen Kundalini-Auslösung — 221

Fertigmachen zur Auslösung	221
Übungen zur Auslösung zusätzlicher Kundalini-Energie	222
Revitalisierung der Zellen	222
Empfang der Energien aus dem Kosmos	222

Zellregeneration	223
Räkeln	224
Den Kopf freimachen	224
Blockaden lösen	224
Nerven	227
Nadis	228

15. Methoden der freiwilligen Kundalini-Auslösung — 232
Warnung — 232
Deine Entscheidung — 234
Mögliche Wirkungen einer
Kundalini-Auslösung — 235
  Kopfschmerzen und andere Leiden — 235
  Andere Phänomene — 237
Vorbereitung — 238
  Den Fluß zur Wirbelsäule bringen — 238
  Die Erweckung der Kundalini
  auf breiter Front — 238
  Die Entspannung des Analbereichs — 241
Methoden der Kundalini-Auslösung — 241
  »Misch- und Rieseltechnik« — 241
  Elementare Kundalini-Auslösung — 241
  Die Schaukel-Auslösung — 242
  Auslösung durch die Nadis — 242
  Übung für das erste Bewußtsein
  (Unterbewußtsein) — 244
  Die »Dampfmaschinen«-Übung — 245
  Maithuna — 246
  Das spirituelle Licht — 247
  »Kerzenlicht« — 248
  Warnungen — 248
Gib dein Bestes — 249
16. Attribute der Erleuchtung — 250
Die Samadhi-Übung — 251

17. Der Heilige Geist und Kundalini   *254*

18. Kundalini und die Zukunft   *258*
    Werte   *258*
    Die Notwendigkeit einer
    angemessenen Erziehung   *259*
    Rückzug oder Beteiligung?   *260*
    Wir sind nicht allein   *261*
    Schlußbemerkung   *262*
        Ausgewähltes Wörterverzeichnis   *263*
        Adressen und Bezugsquellen   *265*

Vorwort

Als ich zum erstenmal mit der Kraft der Kundalini konfrontiert wurde, wußte ich überhaupt nicht, was Kundalini eigentlich bedeutet. Erst nach einiger Zeit wurde mir bewußt, was geschehen war. Auf jeder Stufe meiner Entwicklung standen mir hilfreiche Begleiter zur Seite, die immer für mich ein offenes Ohr hatten und mich durch die verschiedenen Erlebnisse führten. Ein Großteil der Informationen, die in diesem Buch gegeben werden, stammt ursprünglich von diesen Begleitern.

Als ich mir darüber bewußt wurde, was vor sich ging, begann ich sofort, mich auf die Suche nach Büchern zu machen, die mir über das, was ich erlebte, Aufschluß geben könnten. In den sechziger Jahren waren solche Bücher noch eine Seltenheit. Ich war dankbar für jeden Titel, den ich finden konnte. Die Arbeit mit Schülern wurde deshalb für mich zu einer wichtigen Quelle von Informationen und Erkenntnissen.

Ich ging keinen leichten Weg. Es dauerte sieben Jahre, bis ich das Gröbste überwunden hatte. Viel Interessantes, einiges Schmerzhafte und viele neue Erkenntnisse – aber niemals war es leicht. Ich habe einen traditionellen christlichen Hintergrund. Eine Zeitlang habe ich sogar einer Kirchengemeinde mit über siebenhundert Mitgliedern vorgestanden. Die neuen Ideen und Begriffe waren daher für mich oft fremd und neu. Am Ende wurde ich jedoch durch alles, was ich lernte, in meinem christlichen Glauben gestärkt. Ich merkte, daß Kundalini eine gute Basis für religiöse Glaubenssysteme ist.

Kundalini ist zwar noch kein alltäglicher Begriff, aber immer mehr Menschen sind sich dieser Kraft bewußt und erfahren sie in ihrem Leben. Noch ist es aber nicht soweit, daß beispielsweise der »Kundalini-Blues« allein schon Grund genug ist, sich krankschreiben zu lassen oder Verabredungen abzusagen. Ich hoffe, daß dieses Buch dazu beiträgt, daß die Kundalini-Kraft dein Leben nicht nur bereichert und erleichtert, sondern auch den bestmöglichen evolutionären Wandel erzeugt.

Obwohl ich immer von guten Kräften getragen wurde, und meine Mitmenschen immer reichlich Vertrauen in mich setzten und mir beistanden, war ich auf meiner Reise doch letztlich allein. Alle spirituellen Reisen sind einsam. Leg dir ein Tagebuch an, mit dem du dich aussprechen kannst. Es wird dir immer ein guter Zuhörer sein, dich niemals unterbrechen und sich an alles, was du ihm mitteilst, erinnern. Wer weiß, vielleicht wird aus deinem Tagebuch ja irgendwann ein neues Buch über Kundalini.

Ich hoffe, daß dieses Buch einige mögliche Bedenken zerstreuen, Fragen beantworten und die Einsamkeit, in der du dich auf deinem Weg vielleicht befindest, etwas mildern wird. Ich jedenfalls möchte mein Leben mit niemandem tauschen. Ich hoffe, daß es dir ebenso geht.

Genevieve Lewis Paulson

1
Kundalini –
Die Energie der Evolution

Jeder Mensch hat ein inneres Bedürfnis danach, Hervorragendes zu leisten oder sich irgendwie hervorzutun – einzigartig zu sein. Manchmal kann dieses Bedürfnis auch negative Formen annehmen. Die allem zugrundeliegende menschliche Kraft, die dahintersteht, ist die Kraft der Evolution, das Bedürfnis nach Erleuchtung, nach Gottähnlichkeit in menschlicher Gestalt.

In den Upanischaden wird dies folgendermaßen ausgedrückt:

> Während wir in diesem Körper wohnen, haben wir in irgendeiner Form Brahman (Weite, Evolution, das Absolute, Schöpfer, Erhalter und Zerstörer des Universums) verwirklicht, sonst wären wir unwissend geblieben und die große Zerstörung hätte uns erfaßt. Wer Brahman kennen lernt, wird unsterblich, während die anderen lediglich zu leiden haben. (IV, iv, 14/ nach der Übersetzung von Swami Nikhilananda)

Im Neuen Testament antwortet Jesus:

> Steht nicht geschrieben in eurem Gesetz: »Ich habe gesagt: Ihr seid Götter«? So er die Götter nennt, zu welchen das Wort Gottes geschah – und die Schrift kann doch nicht gebrochen werden—(Joh. 10,34)[1]

Wir alle sind berufen, über unsere menschliche Natur hinauszugehen und zu größeren Höhen zu gelangen. Die Kundalini-Energie treibt uns an, daß wir zur Erleuchtung, zur Erkenntnis des Lichtes Gottes gelangen.

Im tibetischen Yoga und anderen Geheimlehren heißt es:

> Mit Hilfe des Shakti Yoga (Beherrschung der Energie), gewinnt der tantrische Yogin die Kontrolle über Körper und Geist und geht dann zu der großen Aufgabe des Erweckens der schlafenden oder angeborenen Kräfte des Göttlichen in Gestalt der schlafenden Gottheit Kundalini, die er in sich trägt, über... anschließend wird aus der mystischen Vereini-

---

[1] »Wohl habe ich gesagt: Ihr seid Götter, ihr alle seid Söhne des Höchsten...« Psalm 82,6

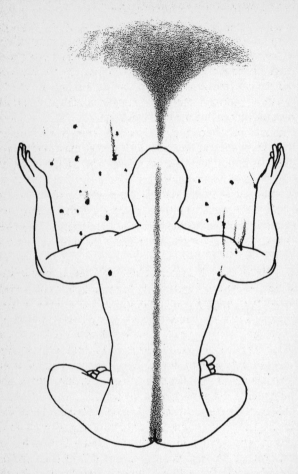

Das Rot-Orange der Kundalini steigt die Wirbelsäule hinauf und vermischt sich mit der göttlichen Energie (Vereinigung von Shakti und Shakta). Die Farbe verwandelt sich zu Gold und manchmal zu Silber.

gung von *Shakta* (im Oberteil des Kopfes) und *Shakti* die Erleuchtung geboren, und der Yogin hat sein Ziel erreicht.[2]

Der Begriff »Kundalini« kommt aus dem Sanskrit und heißt soviel wie »kreisende Kraft«. Er bezeichnet die grundlegende evolutionäre Kraft des Menschen. Jeder Mensch trägt eine gewisse Menge dieser Kraft bereits in sich, wenn er geboren wird. Wieviel davon verfügbar und nutzbar ist, bestimmt, ob eine Person einen niedrigen Intelligenzquotienten besitzt, ob sie ein Genie ist oder irgendwo in der Mitte liegt.

Es kommt nicht nur darauf an, das zu nutzen, was wir bereits haben, sondern wir müssen eine noch viel größere Menge von Energie aktivieren, die in dem Reservoir von Kundalini an der Basis der Wirbelsäule brachliegt.

Kundalini ist eine Naturkraft, die uns allen gemeinsam ist. Sie hat nichts mit Religion zu tun, obwohl sie von einigen Religionen praktiziert wird und der Prozess der Aktivierung die religiösen Glaubensvorstellungen eines Menschen erweitern und entwickeln kann.

Die frühe östliche Literatur enthält sehr viele Informationen über Kundalini. Die westliche hingegen wenig, obwohl in jüngster Zeit viel geschrieben wird. Das allgemeine Interesse, das dem Wassermann-Zeitalter entgegengebracht wird, wächst schnell. Starke Energien werden wach, die die spontane Auslösung von Kundalini begünstigen. Menschen in allen Lebenslagen, allen Alters und auf allen Ebenen ihrer Entwicklung erleben Kundalini, gleich welcher Kultur sie angehören oder welchen philosophischen oder religiösen Hintergrund sie haben.

Für Menschen, die noch nie etwas von Kundalini gehört haben und sich fragen, warum es ihnen körperlich, geistig oder emotional so schlecht geht, gibt es im allgemeinen wenig Informationen. Selbst diejenigen, die sich mit persönlichem Wachstum und der eigenen Lebenshilfe beschäftigen, haben keinen leichten Zugang zu Informationen über dieses Thema. Sie sind überfordert, wenn es darum geht, Menschen zu beraten, die einen Überschuß von

[2] aus der Version von W. Y. Evans Wentz

Kundalini ausgelöst haben, ohne daß ihr System dazu bereit war, und daher auf allen Ebenen ihres Lebens Probleme haben. Wenn das passiert, dann ist das so, als wolle man ein Elektrogerät, das für 110 Volt gebaut ist, plötzlich mit 220 Volt betreiben. Die Sicherungen brennen durch, und die Schaltkreise schmelzen.

Ein Grund für diesen Informationsmangel liegt darin, daß viele Menschen, obwohl sie im allgemeinen recht gut Bescheid wissen, befürchten, daß die Energie des Kundalini Schaden anrichten könnte. Sie meinen, man solle lieber die Finger von allen Übungen lassen, weil die Möglichkeit bestehen könnte, daß diese gewaltige Energie destruktive Auswirkungen hat. Diese Einstellung ist ebenso falsch wie die Meinung, daß, wenn man Kindern keine Anleitung für ihr Sexualleben gibt, schon nichts schiefgehen wird.

Ein weiterer Grund für den Mangel an Informationen über Kundalini besteht darin, daß man die Beschäftigung mit dieser Energie für eine Modeerscheinung des New Age hält. Nichts könnte weiter von der Wahrheit entfernt sein. Kundalini kann als die älteste bekannte Wissenschaft angesehen werden. In früheren Zeitaltern erweckten die Menschen Kundalini unter der Anleitung von Lehrern und unter genau kontrollierten Bedingungen. Sie überlieferten und erhielten auf diese Weise alles, was sie in diesem Zusammenhang lernten, als esoterisches Wissen. Heute jedoch stehen wir an der Schwelle zu einer neuen Zeit, in der das Wissen, welches früher als esoterisch galt, allen Menschen zugute kommt und in den Bereich des exoterischen Wissens gelangt.

Wenn Menschen, deren Kundalini unbeabsichtigt erweckt wurde, in der Vergangenheit versuchten, ihre Symptome und Zustände anderen mitzuteilen, wurden sie gewöhnlich für verrückt oder körperlich gestört gehalten. Vielleicht hielten sie sich am Ende sogar selbst für verrückt. Der Prozeß kann mit großer Verwirrung und Angstzuständen verbunden sein, die alles andere sind als erhabene Gefühle und Euphorie.

Christliche Mystiker hatten durchaus Erfahrungen mit der Auslösung von Kundalini, wie man ihren Schriften entnehmen kann. Sie hielten sie für gottgewolltes Leid. Sie verstanden den Prozeß als einen Vorgang, der zur Vereinigung mit Gott führt.

Ein moderner Vertreter der evolutionären Energie des Kundalini ist Gopi Krishna. Seine eigene Kundalini-Auslösung resultierte aus den Meditationspraktiken, die er ohne jede formale Ausbildung unternahm.[3] Er verbrachte Jahre damit, zu verarbeiten und zu verstehen, was mit ihm geschehen war. Seine Erfahrungen und seine Schriften waren für andere, die ebenfalls kein spezielles Training hatten, eine große Hilfe.

Symptome vorzeitiger Auslösung

Jeder von uns ist unverwechselbar. Wir alle haben unsere eigene Geschichte, unseren besonderen Körper, unsere persönliche und spirituelle Entwicklung. Kundalini wirkt sich daher auf jeden von uns anders aus. Folgende Zustände sind Symptome, die eine außergewöhliche Auslösung von Kundalini anzeigen können, bevor das System dazu bereit ist:

unerklärliche Krankheit

seltsames Verhalten

das Gefühl, daß man die Kontrolle verliert, und Schwierigkeiten mit alltäglichen Dingen

Frösteln oder Hitzewellen

Hinweise auf eine gespaltene Persönlichkeit

übermäßige Stimmungsschwankungen, Depression oder Ekstase

Zeiten extremer Trübsinnigkeit oder Brillanz

Verlust oder Verzerrung der Erinnerung

Orientierungslosigkeit mit sich selbst, mit anderen, auf der Arbeit, mit der Welt allgemein

extreme Veränderungen im Erscheinungsbild (Ein Mensch, der eben noch jung aussah, kann von einem Moment auf den anderen um zwanzig Jahre altern.)

Visuelle Effekte, Lichter oder Farben, geometrische Muster, Szenen aus vergangenen Leben oder zukünftigen Ereignissen

---

[3] Siehe: *Kundalini,* von Gopi Krishna

Absicht

Kundalini besitzt ihren eigenen Orientierungssinn. Ihr natürlicher Fluß bewegt sich die Wirbelsäule hinauf und am Scheitel aus dem Kopf hinaus. Auf ihrem Pfad bringt sie neues Bewußtsein, neue Fähigkeiten und grenzüberschreitende Zustände. Wie eine Pflanze sich nach dem Licht richtet, so drängt uns die Kundalini, nach Erleuchtung zu streben. Sie beseitigt auf ihrem Weg alle Hindernisse und verursacht dabei Symptome wie die oben beschriebenen. Sie wird das tun, was ihrem Wesen entspricht. Wir können diesen Prozeß sowohl fördern alsauch behindern.

Ein vollständig entwickelter Mensch verfügt über überdurchschnittliche paranormale Begabungen, ein hohes spirituelles Bewußtsein und kann mit Recht als genial oder gottähnlich bezeichnet werden. Früher oder später werden wir alle mit Kundalini konfrontiert. Je besser informiert und je vorbereiteter wir sind, desto wunderbarer wird die Erfahrung sein.

2.
Die unbeabsichtigte Auslösung der Kundalini-Energie

Der Prozeß der Auslösung

Die Kundalini-Energie liegt zusammengerollt an der Basis der Wirbelsäule. Ihre Auslösung kann verglichen werden mit Wellen, Flammen, Pulsschlägen oder dem Aufrollen einer Schlange. Der aufgerollte Teil sucht sich einen Ausgang, normalerweise die Wirbelsäule hinauf bis hoch in den Kopf und hinaus durch das, was man das »Kronen-Chakra« nennt. Chakra ist ebenfalls ein Wort aus dem Sanskrit und heißt »Rad«. Es bezeichnet die verschiedenen Energiezentren unseres feinstofflichen Körpers. Manchmal liegt die Energie in Schlangenlinien um die Wirbelsäule herum und endet im Kronen-Chakra. Im natürlichen Prozeß der Evolution eines Menschenlebens wird eine Anzahl von Schichten oder Wellen dieser Energie nacheinander ausgelöst. Die Energiewellen richten sich nach dem jeweiligen Entwicklungsstand und dem persönlichen Wachstum jedes einzelnen. Die Bewegung mancher Wellen ist so schwach, daß man sie kaum wahrnimmt, und die meisten Menschen sind sich dieser Aktivität gar nicht bewußt. Vielleicht haben sie nur ein unbestimmtes Gefühl von Wärme in der Steißbeingegend, bevor die Energie ausgelöst wird. Empfindlichere Menschen spüren möglicherweise, wie die Energie die Wirbelsäule hinaufsteigt. Sie können Druck oder Schmerz empfinden, wenn die Energie auf eine Blockade stößt oder sich auf eine ungewöhnliche Weise bewegt.

Es gibt viele Ebenen von Kundalini, die nacheinander ausgelöst werden. Der Vorgang ist so ähnlich wie das Abschälen der

Schichten einer Zwiebel. Ein Mensch kann wenige oder viele dieser Schichten in seinem Leben auslösen. Menschen, die über die Kraft der Kundalini Bescheid wissen, wollen vielleicht mehrere Ebenen freilegen und ihre Evolution auf diese Weise beschleunigen. In extremen Fällen kann dabei sogar Feuer oder starke Hitze entstehen.

Die Kundalini, auch manchmal *Shakti* (göttlicher Lebensfunke) genannt, beginnt ihren Aufstieg an der Basis des Steißbeins, wo sie gespeichert ist. Wenn sie an der Wirbelsäule aufsteigt und oben aus dem Kopf austritt, vermischt sie sich mit der spirituellen Energie, die im Universum zur Verfügung steht. Eine Verbindung dieser Energien rieselt dann durch den ganzen Körper hindurch und unterstützt die Zellen bei ihrer Reinigung und Regeneration. Wenn die Kundalini in ihrer Aufwärtsbewegung durch ungünstige Energiekonstellationen, Negativität oder einen falsch vorbereiteten oder unvollständig gereinigten Körper blockiert wird, kann sie nach einigen Tagen völlig zusammenfallen, und erst später einen langsamen, schmerzhaften Wiederaufstieg durch den Körper beginnen und ihn dabei energetisch reinigen und verfeinern. Dieser Prozeß kann zu großem innerem Aufruhr und physischer, emotionaler und geistiger Niedergeschlagenheit führen.

Wenn jemand mehrere Energieschichten gleichzeitig auslöst, gerät er möglicherweise für Tage oder gar Wochen in wundervolle Zustände. Eine solche Person kann dann besondere körperliche Stärken sowie wunderschöne neue Einsichten, Glücksgefühle, ein transzendentales Bewußtsein oder das Gefühl, es endlich geschafft zu haben, entwickeln. Dabei besteht die Gefahr, daß man in einen gewissen spirituellen Stolz verfällt. Für die meisten Menschen verschwindet dieser Zustand jedoch nach einer Weile, und die Kundalini beginnt ihre reinigende Wirkung. Die Person wundert sich dann vielleicht, warum die Dinge plötzlich so schwierig werden und wo all die wundervollen Erlebnisse geblieben sind. Letzteres ist ein häufiges Symptom bei einer Kundalini-Auslösung und keineswegs die Schuld der betroffenen Person, die das Gefühl haben könnte, ihre gesamte Entwicklung »vermasselt« zu haben.

Beispiel für fehlgeleiteten Fluß. Es fließt zuviel Energie unter die Person. Alles sollte nach oben fließen.

Wenn die Energieblockaden sehr gravierend sind, treten überhaupt keine Glücksgefühle ein, und die Energie geht sofort zur Reinigung über. Energieblockaden werden von festgefahrenen Einstellungen oder Gefühlen sowie von alten emotionalen oder geistigen Wunden verursacht. Auch eine schlechte Haltung und Verletzungen können Energieblockaden erzeugen.

Menschen, die sich gut vorbereitet haben, indem sie ihren Körper sehr gepflegt und ihr spirituelles Bewußtsein erweitert haben, werden die Kundalini-Reinigung leichter und schneller durchführen können. Sie können fast schlagartig Nutzen aus ihr ziehen. Das Aufsteigen der Kundalini ist in diesem Fall eine wunderschöne Erfahrung. Wenn das System jedoch nicht auf eine so machtvolle Energie vorbereitet ist, kann es Jahre dauern, um den Prozeß zu vollenden.

Wenn die Energie einmal ausgelöst ist, gibt es kein Zurück mehr! Es ist unmöglich, den Prozeß rückgängig zu machen. Er kann höchstens in einigen Fällen etwas verlangsamt werden. Wenn ein Mensch sich entschließt, daß das Wachstum nicht mehr länger erwünscht ist, und versucht, die Energie zurückzuhalten, können Verstopfung und Krankheit die Folge sein, was im Extremfall sogar zum Tod führen kann. Man muß lernen, mit der tiefgreifenden Reinigung durch Kundalini-Energie zu arbeiten, oder sie (im seltenen Extremfall) zumindest zu überleben. Die Veränderungen gehen keineswegs wie von Zauberhand über Nacht vonstatten, sondern die Energie kann bis zu zwanzig oder fünfundzwanzig Jahre brauchen, um den Reinigungs- und Verfeinerungsprozeß so weit zu vollenden, daß sich die geistigen und spirituellen Wirkungen voll entfalten können. Wenn ein Mensch es versteht, mit diesen Energien umzugehen und Körper, Geist und Seele in gesundem Zustand bereitzuhalten, wird der Wandel in einem wesentlich kürzeren Zeitraum vonstatten gehen. Menschen, die bereits in einem aktiven natürlichen Kundalini-Fluß stehen und davon Gebrauch machen, benötigen viel weniger Zeit, um zusätzliche Kundalini-Energie verfügbar zu machen.

Es ist in jeder Inkarnation notwendig, die Energie aufs neue beherrschen und nutzen zu lernen. Das ist einer der wesentlichen

Inhalte unserer Kindheit. Kinder brauchen für ihr Verhalten und ihre innere Haltung eine Anleitung, wie sie mit ihren Energien richtig umgehen können. Wenn man zuläßt, daß sich ihre Energien unkontrolliert entfalten, sind Probleme im alltäglichen Leben vorprogrammiert und weiteres Wachstum wird verhindert.

Verschiedene Arten unbeabsichtigter Auslösung

Drogenmißbrauch, Überarbeitung, heftige Gewalteinwirkung, Verletzungen in der Steißbeingegend, Trauer, Trauma oder starke Angst können Kundalini unbeabsichtigt auslösen. Ebenso übertriebene Meditationsübungen, Bewußtseinserweiterungspraktiken oder Sex. Auch ein exzessives Vorspiel ohne Orgasmus kann eine spontane Kundalini-Auslösung bewirken. Unbeabsichtigt heißt jedoch nicht unbedingt auch unerwünscht. Es bezieht sich lediglich darauf, daß die Kundalini-Energie sich von selbst auslöst.

Die Energie hat nicht nur einen Sinn innerhalb unserer Entwicklung, sondern verleiht uns auch buchstäblich zusätzliche Energie. Der Körper kann daraus seinen Nutzen ziehen (ohne daß wir das bewußt mitbekommen), um in extremen Situationen besser zurechtzukommen. Oft kann es jedoch geschehen, daß, nachdem eine solche Situation beendet ist, der Energiefluß weitergeht und die betroffene Person überfordert ist, weil sie nun gleichzeitig mit einer übermäßigen Kundalini-Energieauslösung und mit der ursprünglichen Verletzung fertig werden muß.

Das Zeitalter des Wassermanns ist von hoher Intensität. Diese Intensität beschleunigt unsere Evolution und treibt uns in einen Quantensprung der Entwicklung auf allen Gebieten. In der Vergangenheit waren wir sehr offen für die technologische Entwicklung, die besonders in den letzten Jahrzehnten unglaubliche Fortschritte gemacht hat. Nun findet eine ähnliche Entwicklung auf dem persönlichen und spirituellen Sektor statt. Wir stehen in der Tat gerade vor einer epochalen Entwicklung auf diesen Gebieten, denn sehr viel Kundalini wird als Ergebnis der Intensität dieser neuen Energien spontan ausgelöst. Das wird unabhängig davon stattfinden, ob die Menschen gereinigt und darauf vorbereitet sind. Menschen, die von Geburt an empfänglicher für Kundalini sind und bereits eine gute Menge aktiviert und verfügbar haben, werden keine großen Probleme damit haben. Sie werden auch mit einer Auslösung besser zurechtkommen.

Astrologische Einflüsse spielen bei der Offenheit einer Person für eine Auslösung zusätzlicher Energie eine große Rolle. Bei manchen Menschen scheint ein starker Uranus-Aspekt übermäßige Auslösungen zu bewirken. Saturn im vierten Haus kann ebenfalls tiefe unterbewußte Energien auslösen, die Kundalini freisetzen. Auch Mond im Skorpion scheint diese tiefen unterbewußten Energien zu wecken.

Einige schwangere Frauen erleben außerordentliche Auslösungen von Kundalini, die durch den Druck des Embryos auf den Kundalini-Punkt zwischen Anus und Genitalien zustandekommen. Gleichzeitig können sie gesteigerte übersinnliche Fähigkeiten und ein erhöhtes Bewußtsein erleben. Andere unterliegen nach der Entbindung einer »postpartalen Depression«, die möglicherweise durch einen unangemessenen Fluß von Kundalini während der Schwangerschaft ausgelöst wird.

Menschen, die sich jahrelang überarbeiten, laufen Gefahr, nervlich, körperlich oder geistig zusammenzubrechen und daraufhin Monate oder sogar Jahre der Erholung zu brauchen, um sich wieder zu erholen. Oft kann auch das einer außergewöhnlichen Menge von Kundalini zugeschrieben werden, die dem Körper entzogen wird, um die Überlastung auszugleichen. Später hört man häufig von diesen Menschen, daß ihre unfreiwillige Ruhepause ihnen sehr gut getan hat. Sie hatten Zeit, über ihr Leben nachzudenken und es zu verändern. Kundalini zwingt uns, die Dinge zu überdenken und unser Leben von Grund auf zu verändern.

Steißbeinverletzungen können andauernden Druck auf das Kundalini-Reservoir ausüben und einen Menschen zwingen, ständig mit den Energien und Veränderungen, die durch sie erzeugt werden, zu arbeiten. Das Positive daran ist, daß eine solche Person über die zusätzliche Kundalini verfügt, um ein inneres evolutionäres Wachstum zu forcieren. Trauer, Verletzung, Angst und schmerzliche Erinnerungen helfen dabei, das Unterbewußtsein »aufzusprengen«, was wiederum zur Befreiung von Energien führt. Es kommt dann oft zu übertrieben emotionalen Zuständen, die in keinem Verhältnis zur Realität stehen, und Menschen können zwanghaftes Verhalten entwickeln. Wenn der Überschuß an Kundalini nicht aus dem Unterbewußtsein (Bauchgegend) entfernt und mit dem Rest des Körpers balanciert wird, wird die Zwanghaftigkeit nicht aufhören und sich verfestigen. Es gibt verschiedene Methoden, dem Problem mittels Bewegung und Energieausgleich beizukommen. Dazu gehören Meditation, fünf oder zehn Minuten freier Tanz (mehr dazu später), oder das bewußte Fassen von Gedanken an höhere Dinge. Wenn der Körper nicht vorbereitet ist, seine Energien aufzunehmen, wird die Kundalini an der offensten Stelle oder dem offensten Chakra des Körpers entweichen. Sie wird eine Körperpartie oder ein Chakra aufsprengen und alle Energien auf diesen Punkt konzentrieren wie auf ein Schwarzes Loch. Nur eine völlige Neuorientierung der Energien kann die zwanghafte Verspannung lösen.

Energieauslösung durch Drogenmißbrauch kann besonders schädlich sein, wenn Chakren aufgesprengt werden und nach dem High der große Kater und die Ernüchterung folgt. Der eigentliche Grund, aus dem einige Menschen Drogen nehmen – eine übersinnliche Erfahrung zu haben – kann ins Gegenteil umschlagen und eine solche Erfahrung im Alltag erschweren oder verhindern. Ein positiver Aspekt von Drogen kann jedoch darin bestehen, daß man für höhere Dimensionen offener wird und mystische Möglichkeiten lebensnah vorgeführt bekommt. Drogengebrauch führt jedoch niemals dazu, daß man aus eigener Kraft diesen Zustand erreicht, die Energien sind nicht wirklich unter Kontrolle. Sie sind daher nicht immer nützlich und manchmal sogar außerordentlich gefährlich. Man kann zwar seine Erfahrungen machen, aber was den Gebrauch des evolutionären Potentials dieser Energie anbelangt, tritt man auf der Stelle.

Wenn die zusätzliche Energie in Meditation umgesetzt wer-

29

den kann, ist die Auslösung der Kundalini normalerweise leichter, denn meditative Menschen arbeiten bereits an sich und sind für Veränderungen offener. Auch Visionen, mystische Erfahrungen und gesteigerte Aufmerksamkeit auf der Zirbeldrüse können dieses Reservoir evolutionärer Energie anzapfen, das System in Bewegung bringen und neue Wellenbewegungen von Energie durch den Körper senden.

Menschen, die sich entsprechend dafür bereitgemacht haben und auf ihr inneres Wachstum Wert legen, können spirituelle Initiationen zuteil werden, die von hohen geistigen Ebenen ausgehen. In solchen Initiationen werden normalerweise eine oder mehrere zusätzliche Schichten von Kundalini ausgelöst. (Das hat nichts mit den Initiationen irdischer Organisationen zu tun, bei denen eine eigene Kundalini-Auslösung stattfindet.) Initiationen von hohen spirituellen Ebenen finden oft statt, wenn die betroffene Person schläft. Es kann sein, daß das Ganze völlig unbemerkt vonstatten geht. Die Person stellt lediglich eine Veränderung in der Wahrnehmung und der inneren Verfassung fest. Wenn man sich der Initiation bewußt ist, ist sie einem Blitzschlag vergleichbar, der von oben in den Kopf fährt und dann entweder nur bis in die Herzgegend oder bis ins Kundalini-Reservoir geht, um dort einen Teil seiner Kraft freizusetzen. Der Vorteil einer solchen Auslösung besteht darin, daß der Betroffene besser versteht, was sich im System abspielt. Die Initiation führt immer zu größerem Verständnis, und die Person fühlt sich nicht so allein und auch nicht verrückt, wenn die Kundalini anfängt, ihre Kapriolen zu schlagen. Wenn aber jemand physisch, emotional oder geistig nicht bereit ist, mit der Kraft fertigzuwerden, können Depression, Orientierungslosigkeit, Krankheit oder andere Probleme die Folge sein.

Auch »irdische« Initiationen können eine Kundalini-Auslösung bewirken. Wenn sich jemand für höhere – oder tiefere – Ebenen der Erd-Energie geöffnet hat, findet eine Verschmelzung statt, die einer Initiation gleichkommt. Dies eröffnet der Person ein gesteigertes Bewußtsein für die Erde. Eine gewaltige Energie kann durch die Füße in den Körper eintreten, bis hinauf in den

Kopf steigen und dort austreten. Wenn sie intensiv genug ist und die Person eine entsprechende Veranlagung hat, kann durch die Kraft dieser Energie die Kundalini erweckt werden.

Es ist außerordentlich wichtig, daß sich Menschen auf allen Gebieten des Lebens entwickeln. Immer mehr Psychologen, Theologen und Mediziner machen sich mit Kundalini vertraut, können die Symptome identifizieren und sind in der Lage, bei dem Entwicklungsprozeß zu helfen. Es ist ein Gebiet, auf dem alle beruflich »helfenden« Menschen, medizinisch oder anderweitig, praktisch anwendbares Wissen erwerben sollten.

Symptome der Auslösung

Eine Kundalini-Erweckung, die vor einer ausreichenden Reinigung und ohne spirituelles Bewußtsein stattfindet, muß als vorzeitig bezeichnet werden. Sie bewirkt viele verschiedene Symptome. Neben kurzen Perioden erhöhten Bewußtseins und Glücks- oder Erleuchtungszuständen kann eine vorzeitige Auslösung auch extreme Traurigkeit oder Depression, verwirrtes Verhalten, unerklärliche Krankheiten, Gedächtnisverlust, persönliche Orientierungslosigkeit oder ein gestörtes Verhältnis zu Freunden, zur Arbeit oder zur Welt insgesamt nach sich ziehen. Wenn die Leber betroffen ist, kann die Haut eine gelbliche Färbung und ein beinahe schmutziges Aussehen annehmen, das durch die Freisetzung von Negativität entsteht. In anderen Fällen können Teile des Körpers einen rötlichen oder bläulichen Ton annehmen. Je nach der Konzentration von Energien verschiedener Schwingungsraten kann es auch andere Schattierungen geben. (Jede Schwingungsrate hat ihre eigene Farbe.) Jemand kann alt, müde oder krank, aber schon wenige Stunden später um Jahre jünger und voller Vitalität erscheinen. Aber auch der umgekehrte Fall ist möglich. Ein weiteres Zeichen für eine vorzeitige Kundalini-Erweckung ist ein schwärzliches Aussehen der Nägel der großen Zehen aufgrund übermäßig aktivierter Reflexe in den großen Zehen, die mit der Zirbeldrüse in Zusammenhang stehen.

Manchmal, wenn sich die Muskeln entspannen und mehr

Energie in die Nervenenden entlassen, kann man ein inneres Flattern verspüren. Es kann auch ein inneres Völlegefühl oder einen Druck geben, eine Art Brechreiz, der die überschüssige Energie loswerden will. Auch Nasenbluten ist möglich. In stärkeren Zuständen kann Kundalini sogar menschliches Gewebe zerreißen. Es kann unbeabsichtigte Bewegungen oder ein Schütteln im Körper geben. Auf eine Kundalini-Reinigung kann eine Krankheit folgen, die manchmal durch eine einfache Veränderung der energetischen Abläufe wieder geheilt werden kann. Dabei gilt jedoch: Falls die Energieveränderung nichts hilft, solltest du unbedingt einen Arzt aufsuchen. Wenn ein Problem eine medizinische Ursache zu haben scheint, solltest du nicht zögern, medizinische Hilfe in Anspruch zu nehmen. Die Symptome sind von Fall zu Fall verschieden, denn jeder Mensch hat Blockaden oder Energiekonzentrationen in verschiedenen Gegenden des Körpers. Es ist äußerst schwierig vorherzusehen, wie ein Mensch reagieren wird. Wenn eine große Zahl von Wellen gleichzeitig ausgelöst wird, kann man die Kundalini mit einem Gartenschlauch vergleichen, der voll aufgedreht wird und wie wild anfängt umherzuschleudern. Wenn die Wirbelsäule frei und gerade ist, fließt die Kraft unbehindert oben aus dem Kopf hinaus, wenn sie blockiert, verdreht oder irgendwie verbogen ist, wird der Fluß gestoppt oder behindert und die Energie fließt in die nächstgelegene Gegend. Ein Mensch mit einem krummen Rücken wird zum Beispiel diese Energie in der Bauch- und Steißbeingegend verlieren und dadurch intensive Emotionen verursachen (siehe **Abbildung 1**). Eine über längere Zeit derartig fehlgeleitete Energie kann sich in körperlichen Schäden, Bauchbeschwerden oder sogar Magengeschwüren äußern. Energie, die in der Brust blockiert ist, kann Herzbeschwerden verursachen (s. **Abbildung 2**). Blockaden im Gehirn verursachen Gedächtnisverlust und/oder geistige Verwirrung (siehe **Abbildung 3**). Ein richtiger Fluß ist auf **Abbildung 4** zu sehen.

1. emotionale Probleme

2. Herz- oder Brustprobleme

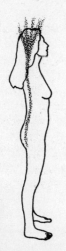

3. mentale Probleme

4. richtiger Fluß

Wegen der Verschiedenartigkeit der Symptome und dem Mangel an Informationen über Kundalini werden Probleme oft fälschlicherweise auf falsche und zu starke Auslösungen zurückgeführt. Oft fühlen sich die Betroffenen mit ihren Schmerzen und Wehwehchen etwas hypochondrisch. Sie können sich krank fühlen, obwohl sie es gar nicht sind. Vielleicht haben sie das Gefühl, sie werden nicht mehr lange leben, obwohl sie ansonsten vollkommen in Ordnung sind.

Wenn jemand unvorbereitet mit einer starken Kundalini-Auslösung konfrontiert wird, sind Probleme vorprogrammiert. Eine Frau, die sich in ärztlicher Behandlung befand, merkte innerhalb von zwei Jahren , daß sie neben anderen gesundheitlichen Problemen Symptome von Krebs, Diabetes und Herzbeschwerden hatte. Die Symptome verschwanden, während die Reinigung fortgesetzt wurde, später von selbst. Heute gilt die Frau als gefragte spirituelle Lebensberaterin. Eine andere Frau war einundzwanzig Jahre krank. Die ganze Zeit über gab es Ärzte, die sich um sie kümmerten. Die Ärzte konnten jedoch nichts weiter tun, als ihr zu sagen, daß sie nicht wissen, was ihr fehlt und es nichts gibt, was sie für sie tun können. Als jedoch die Kundalini ihre Arbeit getan hatte, fand sie heraus, daß geistige Heilenergien durch ihre Hände flossen. Mißverständnisse können den Prozeß verlangsamen und jahrelang für Schwierigkeiten und Komplikationen sorgen. Temperaturschwankungen und Hitzewellen ähnlich denen, die in den Wechseljahren bei Frauen auftreten, können kommen und gehen, ebenso wie übersinnliche Begabungen. Stimmungsschwankungen, Meinungswechsel und Veränderungen der Vorlieben beim Essen, bei den Lieblingsfarben und im Geschmack sind nichts Ungewöhnliches. Einige Menschen weisen sogar schizophrene Symptome auf, wenn die Kundalini Energie aus starken, aber nicht verarbeiteten Persönlichkeiten früherer Leben auslöst. Es ist möglich, daß es wenig Verbindung zwischen der Seele und der Persönlichkeit gab, daß die Persönlichkeit getrennt blieb und in einem späteren Leben integriert werden sollte. Die Kundalini wird danach streben, alle eingeschlossenen Erinnerungen, seien sie körperlich, emotional oder geistig, an traumatische, aber auch an ekstatische Ereignisse zu reinigen. Spontan oder durch Meditation können Menschen vergangene Ereignisse aus der Kindheit oder aus früheren Leben noch einmal durchleben. Machtgelüste, unerklärliche Wutanfälle, niedrige oder pervertierte sexuelle Phantasien oder Gefühle – all dies stammt von Dämonen des menschlichen Charakters, die normalerweise im Verborgenen wirken und durch die reinigende Kraft der Kundalini ans Tageslicht gezogen werden. Man sollte dabei keine Angst haben, sich den Erinnerungen, die im Verborgenen schlummern, zu stellen. Erst wenn alle Blockaden aufgelöst sind, kann die Kundalini ungehindert fließen, die Zellenergie verfeinern und so das *Prana* oder die göttliche universale Energie in das System des Körpers in reiner, unverminderter Form einfließen lassen.

Depression

Jeder, der eine Kundalini-Reinigung durchlebt, wird mit Depressionen vertraut, denn die Energien liegen buchstäblich tief im Körper »komprimiert«, um von uns freigelegt zu werden. Depression heißt nichts anderes, als daß etwas »ausgegraben« wird, damit wir uns es anschauen können. Wenn man von psychotischen oder chemisch induzierten Depressionen einmal absieht, ist eine gewöhnliche Depression ein Energieprozeß, den alle Menschen irgendwann im Leben kennenlernen. Depressionen haben einen sehr schlechten Ruf. Wir sollten jedoch auch ihre positiven Seiten kennenlernen: ein neues, tieferes Verständnis, Sorge, Mitgefühl sowie tiefgreifende Gedanken und große schöpferische Fähigkeiten.

Genieß deine Depressionen! Sieh sie als etwas grundlegend Schöpferisches. Gib dich den Energien hin, laß sie wachsen und hör, was sie zu sagen haben. Laß deinen Gedanken freien Lauf. Vielleicht hast du Erinnerungen an deine frühe Kindheit, an vergangene Leben, an vergangene oder zukünftige Ereignisse. Depressionen können dir neue Wege zeigen, die Dinge wahrzunehmen, und neue philosophische Einsichten vermitteln. Vielleicht merkst du auch einfach nur plötzlich, daß du deine Frisur ändern solltest. Vielleicht probierst du ein neues Rezept, beginnst ein neues kreatives Projekt. Du kannst niemals wissen, was die Tiefen deines Unterbewußtseins für dich bereithalten. Dabei hat es das Unterbewußtsein gar nicht gern, wenn man es das »Unter-bewußte« nennt, denn in Wirklichkeit ist es unser *oberstes* Bewußtsein, eine Kombination aus körperlichem und emotio-nalem Bewußtsein. Es ist das erste Bewußtsein, das ein Kleinkind entwickelt, das erste, das wir in der Entwicklungsgeschichte der Menschheit entwickelt haben. Es gehört zum Kundalini-Prozeß, daß dieses oberste Bewußtsein genauso an unserem Leben betei-ligt wird wie das mentale (Verstand) und das spirituelle (Seele) Bewußtsein. Wenn wir dies tun, bleiben die Informationen des »Unterbewußtseins« nicht mehr länger »unter« den anderen Schichten unseres Bewußtseins verborgen, sondern werden für uns nutzbar und hilfreich.

Die meisten Menschen haben während einer Reinigung Selbstmordgedanken oder Todessehnsucht. Der Gedanke an eine Beendigung des Lebens ist ein natürlicher Bestandteil dieses Prozesses und sollte als solcher akzeptiert werden. Viele alte Wege und Gewohnheiten werden sterben und Platz machen für neues Leben. Einem Todeswunsch mit Verständnis zu begegnen kann der Anfang eines neuen Lebens sein – in demselben Körper, aber mit einem neuen Geist und neuen Perspektiven. Der Prozeß steht für ein Loslassen alter Wege und für die Entdeckung neuer.

Leben und Sterben – eine Übung

Wenn du dich gefühlsmäßig mit Leben und Sterben beschäftigst, solltest du wissen, ob du selbst oder nur dein Körper den Weg alles Irdischen geht. Manchmal ist der Körper verbraucht oder er-schöpft und leid, die Last des Lebens zu tragen. Wenn das der Fall ist, können gute Ernährung, Entspannung und ein liebevoller Umgang mit dem Körper deinem Leben noch einmal Auftrieb geben. Wenn du allerdings merkst, daß du vollkommen das Interesse und die Motivation am Leben verloren hast, kann folgende Übung dir vielleicht einige neue Perspektiven geben.

1. Entspanne dich so gründlich wie möglich und meditiere über alles, was du in deinem Leben erreicht hast. Mach eine Liste und würdige jede deiner Taten. Dann mach eine Liste von allen Dingen, die du noch erreichen willst. Meditiere ebenfalls über diese Liste. Was muß getan werden, um diese neuen Dinge zu verwirklichen?

2. Mach dir die alten Gewohnheiten in deinem Leben, deine alte Persönlichkeit, bewußt. Welche Veränderungen mußt du machen, damit ein neues Ich sich herausbilden kann? Wie sähe eine solche neue Persönlichkeit mit einem neuen Leben aus? Fühle, wie das Alte geht und das Neue kommt. Je besser der Körper die neuen Gegebenheiten spüren kann, desto schneller und leichter wird der Übergang zum Neuen sein. Du mußt mit ganzem Herzen daran glauben, daß das Neue bereits Wirklichkeit ist.

3. Verfasse einen Zeitungsartikel über dich selbst, wie er in einer Zeitung in einigen Jahren erscheinen könnte. Alle deine Taten und Leistungen sollten aufgeführt sein, sowie alles, was du für erwähnenswert hältst. Meditiere über verschiedene Möglichkeiten.

4. Betrachte noch einmal eingehend deinen Todeswunsch. Gibt es etwas, das dir eine größere Einsicht in die Zukunft geben könnte?

5. Fühle noch einmal, daß die alten Wege in deinem Leben langsam zuende gehen oder schon gestorben sind. Laß zu, daß es eine Wiedergeburt gibt in eine neue Art, das Leben zu sehen und zu leben.

Sex und Kundalini

Sexuelle Energie ist göttliche Energie auf einer niedrigeren Oktave. Menschen, die ihr spirituelles Wachstum verstärken, sind oft überhaupt nicht davon erbaut, daß sich ihr sexueller Appetit ebenfalls verstärkt. Einige haben daraus den Schluß gezogen, daß Gott sie »auf die Probe stellt«, um die Ernsthaftigkeit ihres Wunsches nach spirituellem Wachstum zu testen. Dieser Vorgang ist jedoch völlig normal. Wenn die Energie einer Oktave geöffnet ist, öffnen sich die anderen Oktaven durch die Wirkung der Resonanz. Es wäre trotzdem unklug, nun unruhig durch die Gegend zu pirschen, immer auf der Suche nach einem Geschlechtspartner. Statt dessen sollte man zumindest einen Teil der Energie in eine höhere Form, als heilende Energie, innere

Stärke, Kreativität, Freude, Verzückung, religiöse Hingabe oder Erleuchtung sublimieren. Manchmal wird Enthaltsamkeit während einer Kundalini-Erweckung oder -Reinigung empfohlen, um die sexuelle Energie auf eine höhere Ebene zu bringen. Ich meine, es sollte jedem selbst überlassen bleiben, ob er sexuell enthaltsam ist oder nicht. Die Vorlieben auf diesem Gebiet können sich häufig sehr rasch ändern. Die Energien im Wassermann-Zeitalter sind intensiv genug, daß ein normales Geschlechtsleben und inneres Wachstum gleichzeitig stattfinden können. Wenn du mit deiner Art, damit umzugehen, Schwierigkeiten hast, solltest du dich nach Alternativen umschauen.

Während einer intensiven Phase spirituellen Wachstums oder einer Kundalini-Reinigung können Erinnerungen aus vergangenem Leben an die Oberfläche kommen. Dadurch können Menschen, zu denen du dich in einem früheren Leben hingezogen fühltest, erneut anziehend auf dich wirken. Es gibt Menschen, die der Ansicht sind, daß eine sexuelle Beziehung in einem vergangenen Leben im gegenwärtigen fortgeführt werden sollte. Das ist jedoch nicht unbedingt der Fall. Du solltest vielmehr mit deinen sexuellen Energien diskret und verantwortungsvoll umgehen, ansonsten läufst du Gefahr, sie zu verschwenden und dir schwierige Beziehungen einzuhandeln. Falls es dir oder deinem Partner trotzdem passiert: Keine Panik! Sei dir der neuen Einflüsse bewußt und warte erst einmal ab, wie die Energien sich entwickeln, bevor du einschneidende Veränderungen vornimmst.

Beziehungen, die in einer Phase intensiven Wachstums entstehen, halten oft nicht lange. Sie können zwar sehr heftig sein, aber, wie es heißt, »nichts wird so heiß gegessen, wie es gekocht wird«. Auf der positiven Seite kann eine Stabilisierung solcher Beziehungen (sexuell oder freundschaftlich) das Wachstum noch beschleunigen. Ehen brauchen nicht zu zerbrechen, weil ein Partner wächst und der andere scheinbar stehenbleibt. Vielleicht ist das Wachstum des anderen nur langsamer oder geht in eine andere Richtung. Eine gute Ehe oder Beziehung läßt jedem Beteiligten die Freiheit, sich zu entwickeln und zu lernen – auf seinem eigenen Weg voranzugehen. Man sollte immer Respekt und Zartgefühl füreinander übrig haben. Verständnis wäre auch nicht schlecht, aber manchmal verstehen wir ja noch nicht einmal uns selbst.

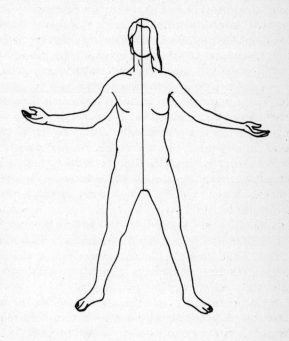

rechte – männliche Seite   linke–weibliche Seite

Die Beanspruchung durch eine Kundalini-Erfahrung kann leicht die Auflösung einer Ehe oder Beziehung beschleunigen, wenn sie auf ungesunden Füßen steht. In einem solchen Fall sollte das Paar durch eine Art »Scheidungsvorbereitung« gehen, ähnlich wie es ja auch eine Ehevorbereitung in der Verlobungszeit gibt. Auch eine Scheidung braucht liebevolle Vorbereitung. Es ist besser, eine Beziehung mit einer positiven Note zu beenden, denn es ist durchaus möglich, daß du in einem späteren Leben deinem Partner wieder begegnest.

Kundalini kann die Sexualität auf verschiedene Weise betreffen. Es kann kurze oder längere Perioden der Apathie oder scheinbaren Liebesunfähigkeit geben. Auch Frigidität, Impotenz oder völlig Lustlosigkeit sind möglich. Sobald das Geschlechtszentrum jedoch gereinigt ist, kann die sexuelle Energie umgewandelt und zur weiteren Reinigung und Heilung des Systems verwendet werden. Sexuelle Energie kann für viele verschiedene Zwecke, die über die geschlechtliche Vereinigung hinausgehen, eingesetzt werden: größere geistige Fähigkeiten, Erleuchtung, innere Stärke und Lebensfreude. Wenn man nicht mehr Gefangener seiner eigenen sexuellen Bedürfnisse oder Blockaden ist, kann man den Sex als eine lebendige Ausdrucksmöglichkeit sehen. Während der Kundalini-Reinigung solltest du dich als ein geschlechtliches Wesen annehmen und erkennen, daß die sexuelle Energie ein sehr wichtiges Element deiner spirituellen Entwicklung ist.

Homosexualität und lesbische Liebe können auftreten, wenn die Kundalini-Energie zu einer Art androgynem Zustand führt. Die Kundalini zwingt die Menschen, mit dem männlichen Pol ebenso wie mit dem weiblichen umgehen zu lernen (siehe **Abbildung**). Das Weibliche bezieht sich auf die linke Seite des Körpers, auf Emotionen und Intuition, während das Männliche sich auf die rechte bezieht, auf Logik und geistige Unternehmungen. Die Vereinigung der Pole durch Androgynität (Entwicklung beider Seiten) macht es möglich, daß höchst kreative und spirituelle Kräfte durch den Körper fließen. Eine solchermaßen betroffene Person kann für kurze Zeit homosexuelle oder lesbische Phasen, in Form von Gedanken, Gefühlen und Tendenzen durchleben, aber nicht aktiv. Das kann Monate, Jahre oder ein ganzes Leben lang währen. Natürlich gibt es noch andere Gründe für homosexuelle oder lesbische Neigungen außer der Wirkung der Kundalini.

Weird City

Während des Kundalini-Prozesses werden viele scheinbar unerklärliche Dinge geschehen. Manchmal ist es am besten, man hält alles in einem Tagebuch fest und kümmert sich nicht weiter darum. Wenn du nicht weißt, wie du damit umgehen sollst, ist es besser, du sprichst dich mit einem Berater oder jemandem, der mit Kundalini vertraut ist, aus. In Fällen extrem heftiger Kundaliniauslösung kann man Angst haben, seinen Verstand zu verlieren. Oft ist diese Angst jedoch völlig unangebracht. Manchmal ist es der betroffenen Person auch völlig gleichgültig, ob sie durchdreht oder nicht. Wenn der Streß zu groß wird, ist es jedenfalls unbedingt erforderlich, daß du dich von deiner Arbeit beziehungsweise deiner alltäglichen Routine befreist. Am besten ist es, die Gedanken von allem Streß freizumachen, indem man liest, sich in der freien Natur aufhält, fernsieht – was immer am besten hilft. Eine einfühlsame Beratung kann helfen, alte Geschichten aufzuarbeiten. Das Problem dabei ist, daß man, sobald man eine Sache bereinigt hat, in der Regel auf eine ganze Reihe neuer Probleme stößt, die schon lange darauf warten, daß man sich um sie kümmert. Denk daran, daß dieser Vorgang eine lange Zeit in Anspruch nehmen kann. Am besten, du sieht es als eine Art »Lehrgang im Menschsein« an. Du solltest dir, während du durch die Kundalini-Reinigung gehst, immer wieder selbst gut zureden und ruhig einmal lobend auf die Schulter klopfen. Jeder, der durch eine starke Kundalini-Reinigung geht, wird seine ganze Lebensphilosophie und die Art und Weise, sie auszuleben, umkrempeln. Es ist möglich, daß man nach einer ganze Serie von Kundalini-Wellen und einer Reinigung zu einem späteren Zeitpunkt noch eine Auslösung erlebt und den gesamten Prozeß noch einmal durchläuft. Das erstemal ist es immer am schwierigsten. Die folgenden Reinigungen sind leichter, aber die Kundalini-Wellen gehen tiefer.

Der Alltag während einer Kundalini-Reinigung

Für Menschen, die einem regelmäßigen Arbeitsalltag nachgehen, ist das Leben wesentlich schwieriger, denn es ist nicht so leicht, die Zeit für eine Kundalini-Auslösung zu erübrigen. Es ist jedoch unerläßlich, daß man sich genügend Zeit dafür nimmt. Es besteht nämlich die Gefahr, daß man sich eine »Kundalini-Grippe« zuzieht, bei der die Energien sich so aufstauen können, daß sie Schmerzen, Unwohlsein oder grippeähnliche Symptome erzeugen. Man wird dann regelrecht krank und hat einen Grund zu Hause zu bleiben. Wenn man dann erst einmal im Bett liegt, kann die Kundalini ungehindert den Körper durchlaufen. Man wird sich, wenn erst einmal alles vorüber ist, erheblich besser fühlen und wieder ganz gesund sein.

Es gibt jedoch noch eine ganze Reihe anderer Dinge, die du tun kannst, außer im Bett zu liegen, um einen ungehinderten Fluß von Kundalini zu ermöglichen und dich von einer oder mehreren reinigenden Wellen durchströmen zu lassen. Eine Wirkung von Kundalini besteht darin, die Zellen des Körpers zu läutern und ihre Energie zu verfeinern, damit höhere geistige und spirituelle Energien im System zu wirken beginnen können. Alles, was bei diesem Prozeß helfen kann, ist von Vorteil. Indem du zu spüren lernst, wo die Energie ist, wo sie hingehen will, und wie du bei ihrer Bewegung behilflich sein kannst, verkürzt du die Dauer der Reinigung und verringerst die Gefahr von Schmerzen und Verwirrung. Vielleicht brauchst du dazu nichts weiter zu tun, als deinen Gedanken und Gefühlen freien Lauf zu lassen und sie durch dich hindurchgehen zu lassen. Vielleicht mußt du die Energie auch durch Gedankenkontrolle oder Visualisierung von einer Stelle, an der sie im Überschuß vorhanden ist, zurück zur Wirbelsäule, nach oben und aus dem Kopf hinaus bewegen. (Siehe »Misch- und Rieseltechnik«, Seite 241) Ein Nachlassen des Drucks einer betroffenen Gegend des Körpers fördert die Heilung. Wenn du zur Arbeit aus dem Haus gehen mußt und deine Zeit nicht selbst einteilen kannst, solltest du die Mittagspause und kurze Pausen zwischendurch nutzen, um dich in dein System einzustimmen, deine Energie zu zentrieren und dich zu entspannen. Ein paar Minuten über den Tag verteilt können schon sehr hilfreich sein. Nimm dir ebenfalls Zeit zum Nachdenken und für die Übungen vor der Arbeit und nach Feierabend. Schreibe deine Gedanken, Gefühle und Erfahrungen auf. Versuche dir mindestens eine Stunde täglich zu nehmen.

Einige Ehen werden während der Kundalini-Reinigung eines Partners irreparabel belastet. Partnerschaften, die die Stürme der wechselnden Stimmungen und machtvollen Energien durchstehen, sind selten und verdienen großes Lob. Manchmal löst die Kundalini-Auslösung eines Partners beim anderen ebenfalls eine aus. Das weist darauf hin, daß das Paar zu wachsen beginnt und sich beide – jeder auf seine eigene Weise – für neue Möglichkeiten im Leben öffnen müssen. Die Gründe für ein Auseinanderbrechen von Beziehungen und Ehen während der Kundalini-Reinigung eines Partners können vielfältig sein, es muß keineswegs an dem Kundalini-Prozeß selbst liegen.

Bekannte, Kollegen und Freunde verstehen vielleicht überhaupt nicht, was in dir vorgeht. Erspare ihnen lange Vorträge und Erklärungen. Du wirst ihnen ohnehin schon seltsam genug erscheinen. Sag einfach, daß du dich in einer »psychoenergetischen Therapie« befindest und laß es dabei bewenden. Wer wirklich interessiert ist und ein wenig weiß, worum es sich dabei handelt, wird schon wissen, was er konkret fragen kann, und kann vielleicht etwas aus seiner eigenen Erfahrung dazu beitragen. Ich habe damals die gravierendsten Symptome einfach dadurch erklärt, daß ich »meine Tage« hätte oder unter Blutzuckermangel leide. Ich befand mich tatsächlich zu der Zeit in den Wechseljahren und hatte etwas Probleme mit meinem Blutzucker. Die Symptome waren ähnlich, und eine solche Erklärung ging einer Menge unnötiger Erklärungen aus dem Weg. Auf jeden Fall ist es wichtig, möglichst schnell zu einem einfachen und unkomplizierten Lebensstil zurückzufinden. Es ist nicht nur hilfreich, sondern geradezu unerläßlich, jegliche unnötige Aktivitäten, die deine Aufmerksamkeit zu stark fordern, zu vermeiden. Statt dessen solltest du nur solche Dinge unternehmen, die nur wenig Aufmerksamkeit verlangen und bei denen du dich entspannen und deine Körperfunktionen sich selbst überlassen kannst. Es gibt Zeiten, in denen du dir des Reinigungsvorganges in deinem Körpers bewußt sein mußt, und andere, in denen du ihn einfach ignorieren solltest.

Wenn du zu stark innerlich mit dem Prozeß beschäftigt bist, wirst du nur langsam Fortschritte machen. Bleibe objektiv und vermeide Niedergeschlagenheit und Krankheit. Denk daran, daß die Kundalini-Reinigung ein natürlicher Vorgang ist. Während einer starken Auslösung kann der Reinigungsprozeß deutlich spürbar und schwer zu ertragen sein. Du solltest dich während einer Reinigung auf alles mögliche gefaßt machen: radikale Veränderungen der Persönlichkeit, der Spiritualität und aller Ebenen des Seins. Du darfst jedoch niemals aufhören, in der Welt deine Rolle zu spielen, solltest also ein Mindestmaß an Beherrschung beibehalten.

Die Zeit heilt alle Wunden. Ihre Wirkung auf die Natur ist wohltuend. Nimm dir während der Entfaltung der Kundalini Zeit für Musik und schöpferische Aktivitäten. Ein gesunder Lebensstil ist ein Muß. Dein Körper muß schon genug Streß ertragen. Chemie ist für den Körper schwer zu verarbeiten. Du solltest also Konservierungsstoffe sowie künstliche Farb- und Aromastoffe vermeiden. Es kann helfen, kleinere, aber häufigere Mahlzeiten einzunehmen, in schweren Fällen sechs- bis achtmal täglich. Unnötige Medikamente erschweren nur die Last, die das System zu bewältigen hat. Auch unbegründete Sorgen und Bedenken tragen zur Belastung des Körpers bei, während Verständnis und Annehmen der Vorgänge äußerst hilfreich sind.

Vielleicht hast du einen Heißhunger auf Dinge, die die Auslösung emotionaler Inhalte, die durch Energieblockaden festgehalten werden, fördern. Auf jeden Fall solltest du eine ausgeglichene Diät halten. Wenn die Energie einmal zu hoch ist, kannst du den Prozeß manchmal einfach dadurch verlangsamen, indem du zum nächstbesten Schnellimbiß gehst und ein paar fettige Pommes Frites ißt. Jeder sollte für sich selbst entscheiden, was für ihn das Beste ist. (Ich habe die Verstopfung, die ich als Folge der

Kundalini-Auslösung bekommen habe, durch eine Kombination von Schokoladenkuchen und sauren Gurken kuriert.) Es ist wichtig zu merken, was wirkt. Nimm dir ausgiebig Zeit zur Ruhe – mehr als gewöhnlich. Es muß nicht immer Schlaf sein. Viele Menschen finden es schwierig, während einer Reinigung zu schlafen, aber Ruhe ist für das ganze System wesentlich.

Auch körperliche Bewegung ist ein Muß, ganz gleich, ob du dazu Lust hast oder nicht. In Extremfällen, wenn es den Anschein macht, daß nicht einmal genügend Energie für die leichtesten Übungen vorhanden ist, kannst du ganz einfache Dehn- und Streckübungen probieren, im Bett oder auf dem Fußboden. Ruhiges tiefes Atmen kann sehr hilfreich sein. Tanzen, besonders freies Tanzen, Spazierengehen, Fahrradfahren und Schwimmen helfen, den Energiefluß aufrechtzuerhalten und gleichzeitig die Blockaden aufzubrechen. Übungen wie Yoga, Tai-Chi und Judo haben den gleichen Effekt und können Blockaden im System auflösen. Während außerordentlicher Auslösungen solltest du jedoch nur in Maßen solchen Übungen nachgehen, wenn überhaupt, denn sie haben die Neigung, die Kundalini-Auslösung noch zu verstärken. Chiropraktische Behandlungen können die Wirbelsäule aufrichten und den Energiefluß erleichtern. Massage ist eine ausgezeichnete Möglichkeit, um blockierte Energien zu lösen und andere, die bereits gelöst, aber noch nicht vollständig befreit sind, aus dem Körper zu entfernen. Laß deinen Gedanken und Gefühlen während der Massage freien Lauf. Sieh, wie dir deine Gefühle bewußt werden. Manche Menschen profitieren von einer Massage, die tief in die Muskeln eingreift und nicht nur auf der körperlichen, sondern auch auf der emotionalen, geistigen und (manchmal) auf der spirituellen Ebene Spannungen auflöst. Es kann passieren, daß man soviel Energie in solch kurzer Zeit auslöst, daß es schon fast beängstigend wird und die Situation nicht gerade erleichtert. Ein System blockiert Energie, weil die Person Angst hat, mit der Energie umzugehen. Eine plötzliche Auslösung setzt manchmal mehr Energie frei als dies nützlich ist. Alte Strukturen verschwinden so schnell, daß man nicht mehr weiß, worauf man sich in dem neuen Zustand eigentlich beziehen soll, was dazu führen kann, daß man versucht, die alte Blockade wieder aufzurichten. Wenn während dieses Prozesses zuviel Energie ausgelöst wird, kann es nötig werden, daß man einen Arzt zu Rate zieht.

Einige Menschen verspüren irgendwann während der Kundalini-Auslösung ein Jucken, entweder auf begrenzten Stellen der Haut oder über den ganzen Körper. Eine Massage mit Hautöl kann helfen. Während extrem starker Reinigungen ist tägliches oder häufigeres Baden sehr wohltuend.

Wirklich besorgniserregend bei einer Kundalini-Reinigung kann der Mangel an Verständnis für das sein, was da geschieht.. Durch Mißverständnis oder mangelnden Mut kann es passieren, daß man versucht, Gefühle zu blockieren, anstatt sich mit ihnen auseinanderzusetzen und zuzulassen, daß sie gereinigt werden. Man kann davon ausgehen, daß das unterbewußt geschieht, aber jeder Versuch, einen Energiefluß oder eine Reinigung zu blockieren oder zu ersticken, kann dazu führen, daß die Energie nach hinten losgeht und sich in bestimmten Gegenden mit schwerwiegenden und manchmal verheerenden Konsequenzen festsetzt. In Extremfällen können Betroffene jahrelang ans Bett gefesselt sein. Wenn die Kundalini abwärts statt aufwärts geht, kann es große Probleme mit den Beinen geben, bis hin zu zeitweiser Lähmung. Ein abwärtsgerichteter Fluß kann zu enormer Negativität führen. Ein häufiges Symptom bei der Kundalini-Reinigung ist die Orientierungslosigkeit, das Gefühl, daß man den Anschluß verloren hat und es nichts mehr gibt, was einem ein Gefühl von Stabilität oder Sicherheit verleihen kann. Da jede Kundalini-Reinigung alte Blockaden und Gewohnheiten auflöst und Platz für einen neuen Energiefluß macht, ist es kein Wunder, daß es eine gewisse Orientierungslosigkeit gibt. Es ist vergleichbar mit der totalen »Entkernung« eines alten Fachwerkhauses und seinem völligen Wiederaufbau. Manchmal kann das sehr schmerzhaft sein.

Vielleicht kannst du die Auslösung nur zu einem Ende bringen, wenn du die Vorgänge in einem anderen Licht siehst und dir selbst und anderen verzeihen kannst. Ein oberflächliches Verständnis und ein Mangel an wirklicher Liebe verursachen noch hartnäckigere Blockaden als andere menschliche Schwächen, wie Angst, Egoismus und Besitzgier. Manchmal kann die Auslösung durch eine Übertreibung der Empfindung oder Emotion begünstigt werden. Man kann das Gefühl haben, die Sache besser zu beherrschen, und sich gleichzeitig der Situation bewußter werden.

Die Kundalini-Reinigung ist im wesentlichen eine Reise des Ichs, aber sie ist nicht nur für das Ich allein. Deine Energien werden anderen Menschen helfen, innerlich zu wachsen und in ihrer eigenen persönlichen Evolution weiterzukommen. Du brauchst ein Hilfssystem, das für dich bereitsteht, nicht um dir die Arbeit an dem Prozeß abzunehmen, sondern um dich zu unterstützen.

Vertrauen ist eine der wichtigsten Zutaten für einen erfolgreichen Kundalini-Reinigungsprozeß

Vertrauen ist ein Prozeß, der mit etwas Aufmerksamkeit und richtiger Führung sehr erfolgreich sein kann

Vertrauen darauf, daß der Prozeß einen Sinn hat, indem er dich auf eine höhere Stufe bringt

Vertrauen auf dich selbst, daß du aus allem, was du durchstehen mußt, gesund wieder herauskommst

Vertrauen in ein höchstes oder göttliches Wesen, das dich kennt und sich darum sorgt, wie es um dich bestellt ist

Gebete und andächtige Energien können einen Großteil deiner Last von dir nehmen. Eines Tages wirst du zurückschauen und dir sagen, daß jede Mühe, selbst die kleinste, es wert war, daß du sie auf dich genommen hast.

Übungen zur Bewältigung
einer unbeabsichtigten Auslösung

Die folgenden Übungen können von jedem gemacht werden, gleich ob es einen Überschuß an Kundalini gibt oder nicht. Sie sind in erster Linie zur Reinigung und Verfeinerung von Energien gedacht. Wenn eine der Übungen zuviel Energie auslöst, solltest du sie so lange nicht wiederholen, bis die neue Energie im System integriert ist.

Bitte einen Freund, die Übung zu leiten, denn es ist viel leichter, sich in eine Übung hineinzufinden, wenn man dabei nicht lesen muß. Wenn niemand da ist, der dir helfen kann, kannst du die Anweisungen auch auf Band sprechen. Wenn du nicht viel Zeit hast oder die Aufmerksamkeit nicht aufbringen kannst, können die folgenden vier Übungen kurzfristig sehr hilfreich sein.

Tiefe, ruhige Atmung

Entspanne deinen Körper so weit wie möglich und halte dabei deinen Rücken gerade. Flach auf dem Rücken zu liegen ist die beste Position. Atme tief und langsam, so wie das System es von sich aus tut. Wenn Bauchatmung am leichtesten geht, atme in den Bauch. Wenn Brustatmung dir leichter fällt, atme in den Brustkorb. Mach nur das, was dir möglichst große innere Ruhe gibt, so daß die Konzentration nicht auf irgendwelchen Bewegungsabläufen liegt. Diese Übung ist geeignet, viele Atembeschwerden auf natürliche Weise zu beheben.

Laß den Atem tief in den Körper hinein, in jede einzelne Zelle. Wenn sich der Atemrhythmus ändert, laß es geschehen. Laß den Körper machen, was er will. Beobachte, wie die Energie des Atems in jede einzelne Zelle geht. Diese Übung ist ebensogut für ein paar Minuten wie für eine halbe Stunde geeignet. Ebenso wirksam ist sie vor einer Meditation, tagsüber als Erfrischung oder als Entspannung vor dem Schlafengehen.

Mentale Kontrolle

Lerne, den Fluß und die Richtung der Energien des Körpers zu beherrschen, und du wirst Energiekonzentrationen weitgehend reduzieren. Hier sind drei Möglichkeiten, das zu tun:

Sei dir aller Körperpartien bewußt, die blockiert scheinen und laß die Energie von dort aus über den ganzen Körper ausstrahlen.

Sei dir aller Körperpartien bewußt, die blockiert scheinen und »denke« die Energie zurück zur Wirbelsäule, hinauf und oben aus dem Kopf hinaus.

Sei dir aller Körperteile bewußt, die verspannt sind, und sende in Gedanken zusätzliche Energie in die Verspannungen, um ihnen zum Durchbruch und zur Auflösung zu verhelfen.

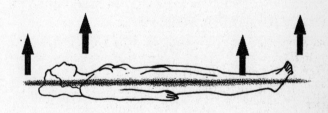

Das vorgestellte reinigende Sieb bewegt sich durch den Körper und beseitigt alle Blockaden

Offene Meditation

Atme ein paar Minuten tief und ruhig durch. Konzentriere deine Aufmerksamkeit auf eine Körperpartie, die schmerzt oder sich blockiert anfühlt. Eine leichte Massage der Gegend ist hilfreich. Laß deine Aufmerksamkeit schweifen, wohin sie will. Situationen, Gefühle oder Gedanken, die in der betroffenen Gegend festgehalten werden, können aufsteigen. Nimm einfach von ihnen Kenntnis und achte darauf, wie der Körper sich anfühlt. Versuche nicht, sie zu stoppen. Wenn Tränen aufsteigen, laß es geschehen. Die Lösung blockierter Gedanken und Gefühle kann in sehr kurzer Zeit erreicht werden, manchmal reichen fünf bis fünfzehn Minuten, manchmal dauert es aber auch eine Stunde. Wenn neue Energien das System durchfluten, breitet sich oft ein Gefühl der inneren Ruhe aus.

Das reinigende Sieb

Leg dich auf den Rücken und atme ein paar Minuten tief und ruhig durch. Stell dir vor, du liegst auf einem Sieb, das größer ist als dein physischer Körper. Stell dir vor oder visualisiere, wie das Sieb langsam durch deinen Körper geht und dabei alle Negativität und alle Blockaden herausfiltert. Wenn das geschieht, solltest du darum bitten, daß die Energie der Negativität und der Blockaden in reine Energie zurückverwandelt und zum Nutzen aller Menschen in den Kosmos freigesetzt wird.

Broccoli

(Diese Übung heißt Broccoli, weil die Energie die Form einer Broccolistaude annimmt.) Wähle eine Körperpartie, die sich energielos anfühlt oder sonstige Probleme bereitet. Stell dir vor, diese Gegend ist voller Energie, die die Farbe von Broccoli hat und scheinbar recht festsitzt. Dann visualisiere den Teil, der sich am nächsten an der Hautoberfläche befindet, in Form grüner Bläschen, ähnlich der Oberfläche einer Broccolistaude. Stell dir vor oder visualisiere, wie die Bläschen langsam eine hellgrüne Farbe annehmen, dann golden werden und schließlich durch die Haut entlassen werden. Die Verwandlung der Farben ähnelt der Reifung von Broccolispitzen. Eine umfassende Energieauslösung kann erreicht werden, indem man mit der Leber beginnt und dann weiter über die Bauchspeicheldrüse, den Magen, das Herz, die Därme und jede andere gewünschte Gegend geht.

Rückenentspannung

Diese Übung dient dazu, die »Hauptverkehrsader« oder den »Kommunikationskanal« zu entspannen. Dazu legst du dich auf den Rücken und legst die Arme über den Kopf auf den Boden. Zieh die Knie hoch bis über die Brust. Fühle, wie die Wirbelsäule den Boden berührt. Laß sie los, laß sie sich entspannen. Laß die Spannung im Boden versinken. Spüre, wo die Spannungen bestehen bleiben und massiere diese Gegenden. Wenn möglich, laß einen Freund deinen Rücken massieren. Wiederhole die Übung. Dann nimm dir fünf bis zehn Minuten Zeit, in denen du ruhst oder meditierst.

Atemübungen

Eines der wichtigsten Dinge, sowohl in einer Kundalini-Reinigung wie auch sonst im Leben, ist das Atmen. Es gibt viele verschiedene Atemübungen, je nachdem welchen Zweck sie erfüllen sollen. Die folgenden sind nur ein Ausschnitt aus vielen Möglichkeiten. Dabei solltest du jedoch Vorsicht walten lassen, denn die forgeschrittenen Atemübungen können auf unkontrollierbare Weise Kundalini auslösen.

Farbenatmung. Setz oder leg dich komfortabel hin und achte darauf, daß die Wirbelsäule gerade ist. Fang an, in den ganzen Körper hineinzuatmen. Fühle den Atem in jeder Zelle. Dann stell dir vor, daß dein Körper mit rotem Licht erfüllt ist. (Mach aus dem Rot ein »Liebesrot«, damit keine alten Frustrationen heraufkommen.) Halte es für ein paar Minuten und sende es mit deinem Atem in jede Zelle. Mach dir die Qualität der Schwingungen in deinem System bewußt. Laß das rote Licht frei und mach dieselbe Übung mit Orange, Gelb, Grün, Blau, Purpur und Lavendel (in dieser Reihenfolge). Erfülle schließlich den Körper mit strahlend weißem Licht und meditiere über dessen göttliche Quelle. (Die Meditation kann abgewandelt werden und sich auf Gott, auf ein spirituelles Wesen, auf das Universum, auf den Sinn des Lebens, auf einen spirituellen Gedanken oder auf ein Sprichwort konzentrieren.) Nach Beendigung der Übung dehne und strecke deinen ganzen Körper.

Schwingungsatmung. Setz dich aufrecht hin oder leg dich bequem, mit der Wirbelsäule flach auf den Rücken. Atme tief ein und laß die ganze Brust- und Bauchregion weit werden. Als erstes fülle den unteren Teil der Brust mit Luft, dann dehne die Mitte der Brust aus und schließlich den oberen Teil. Zähle, während du einatmest, bis sieben. Dann halte den Atem an, ebenfalls für sieben Schläge. Atme aus und zähle noch einmal bis sieben. Wiederhole das Ganze. Du kannst das Zählen mit deinem Herzschlag synchronisieren. Die Geschwindigkeit ist nicht so wichtig wie der gleichmäßige Rhythmus.

Wenn sich deine Brust beim Ein- oder Ausatmen kaum bewegt, versuche, sie bewußt auszuweiten, während du einatmest, und einzuziehen, während du ausatmest. Der Brustkasten vieler Menschen ist so verspannt, daß es ihnen schwerfällt, gut durchzuatmen. Wenn der Rhythmus in Gang kommt und das Zählen automatisch wird, werde dir des Pulsschlages des Universums bewußt, des Ein- und Ausatmens des Kosmos und seiner universalen Schwingung, dem »Hum«.

Befreiungsatmung. Atme tief und ruhig ein und aus. Konzentriere dich auf deinen Atem, wie er aus den Zehen hinausgeht, dann aus den Fingern, aus der Oberseite des Kopfes. Visualisiere oder stell dir vor, wie dein Atem die Spannungen des Lebens mit sich fortnimmt, wenn er deine Zehen und Finger verläßt.

Dies ist eine gute Übung, um die Energien des Körpers auszugleichen und dadurch das gesamte System zu entspannen. Sie erzeugt ein Gefühl der Erfrischung, besonders wenn man sich danach fünf bis zehn Minuten Zeit der Ruhe gönnt.

Vollständige Atmung. Diese Übung heißt vollständige Atmung, weil sie, wenn sie richtig durchgeführt wird, das ganze System erfüllt. Zuerst solltest du sie im Liegen praktizieren. Beuge die Knie, so daß deine Füße flach auf dem Boden stehen. Lege deine Hände so auf den Bauch unterhalb des Nabels, daß deine Fingerspitzen kaum die Haut berühren. Spreize die Finger nach dem Einatmen leicht. Wenn du es kannst, versuche die Übung im Sitzen, dann im Stehen. Dies sollte schließlich deine normale Atmung werden. Es gibt sechs Schritte:

1. Fülle den unteren Teil deiner Lungen, laß das Zwerchfell sich ausdehnen und die Bauchdecke sich weiten.

2. Fülle die Mitte der Lungen und laß den Brustkorb weit werden.

3. Fülle die Lungenspitzen und laß den oberen Teil der Brust weit werden und die Bauchdecke zurücktreten. Wenn du die Bauchdecke ganz zurückziehst, kannst du die Lungen vollständiger mit Luft füllen. Die ersten drei Schritte sollten dabei eine kontinuierliche Bewegung sein, während der du im Rhythmus deines Pulsschlages bis sechs zählst.

4. Halte für ein paar Sekunden deinen Atem und laß deine Brust und deinen Bauch sich noch weiter entspannen.

5. Atme langsam und gleichmäßig aus, ziehe dabei deinen Bauch ein und hebe die Bauchdecke an. Laß deine Brust sich senken. Tu das sechs Pulsschläge lang.

6. Laß deine Brust- und Bauchregion sich entspannen und halte ein paar Sekunden still, bevor du den Vorgang noch einmal von vorn beginnst. Achte darauf, daß dein Rücken entspannt ist.

Wenn du stehst oder sitzt, achte darauf, daß deine Brust ganz aufgerichtet ist. Wenn du einen Buckel machst, können deine Lungen sich nicht richtig mit Luft füllen. Am Anfang ist das nicht ganz leicht. Es erfordert etwas Übung und Geduld. Zwei oder drei vollständige Atemzüge sind für den Anfang genug. Erhöhe langsam die Anzahl, bis du ohne Anstrengung zehn volle Atemzüge machen kannst.

Reinigungsatmung. Als erstes machst du drei volle Atemzüge (siehe vorherige Übung). Halte dann den Atem für einige Sekunden während des dritten Atemzuges an. Dann mach einen spitzen Mund und blase deinen Atem in kurzen Stößen aus, wobei du zwischen jedem Stoß eine kleine Pause machst. Tu das so lange, bis alle Luft ausgeatmet ist. Die Kraft jedes Stoßes hilft dir, dein System zu reinigen und wiederzubeleben. Wiederhole die Übung, aber atme diesmal in einem Zug aus.

Flötenatmung. Führe die vorige Übung durch, aber halte deine Lippen beim Ausatmen so, als würdest du auf einer Flöte spielen oder auf einem Flaschenhals blasen. Atme in einem kontinuierlichen Zug aus, bis du keine Luft mehr hast. Das befreit dich von überschüssiger Energie.

3.
Tägliche Übungen

Ein täglicher Übungszyklus hilft dir, dein inneres Gleichgewicht zu bewahren und verhindert neue Blockaden der durch den Körper strömenden Kundalini. Es gibt dir gleichzeitig das Gefühl, aktiv zu sein und die Oberhand zu behalten. Eine tägliche Routine verleiht gleichzeitig dort Stabilität, wo es einmal droht, völlig durcheinander zu geraten.

Am besten, du entwirfst dir deinen eigenen täglichen Übungsplan, der auf deine persönlichen Bedürfnisse zugeschnitten ist. Wir wollen hier nur einige Anregungen geben. Du kannst alles nach Belieben verändern, wo immer es dir nötig erscheint.

Vielleicht meinst du, du mußt dich, um einem täglichen Übungsplan zu folgen, sehr disziplinieren. Disziplin würde bedeuten, dir selbst Form und Struktur aufzuerlegen. Das ist jedoch das genaue Gegenteil von Kundalini, die eher zur Beweglichkeit führt und von sich aus motivierend wirkt. Bei unserer Art von Disziplin tut man die Dinge jedoch, weil man *will*, und nicht weil man *muß*. Ein täglicher Übungsplan ist dann viel nützlicher, denn die Energie fließt von selbst und muß nicht gezwungen werden. Wenn du Schwierigkeiten mit der Motivation hast, stell dir einfach vor, du machst die Übungen oder andere Teile des Übungsplans. Das führt dem Körper Energie zu, und die Motivation wird automatisch vorhanden sein, wenn die Energie nach Ausdruck strebt.

Bewegung

Körperliche Bewegung gleich welcher Form ist ein Muß, wenn Kundalini ausgelöst worden ist. Es ist notwendig, Energie in Bewegung zu halten und neue Blockierungen und Konzentrationen von Energie, die zu Blutungen, Schmerzen oder anderen körperlichen Beschwerden führen, zu vermeiden. Jeder sollte für sich selbst entscheiden, welche Art von körperlicher Betätigung für ihn am besten ist. Für mich ist ein langsames graziöses Dehnen des ganzen Körpers gleichzeitig mit tiefer, ruhiger Atmung sehr nützlich. Auch freies Tanzen hat mit außerordentlich gut geholfen.

Freies Tanzen

Beim freien Tanzen kann der Körper sich durch das Ausdrücken seiner Gefühle, Gedanken und körperlichen Empfindungen selbständig machen. Jeder hat einen anderen Tanzstil, denn jeder hat einen anderen Körper, mit dem er arbeitet. Wenn du dich nicht wohlfühlst oder Hemmungen beim Tanzen hast, schließ die Tür zu deinem Zimmer oder warte, bis niemand mehr da ist. Viele Menschen (besonders Männer) fühlen sich beim freien Tanzen sehr gehemmt. Sie ziehen kontrollierte Bewegungen vor. Tai-Chi, eine uralte chinesische Form der Bewegung körperlicher Energien, ist unglaublich wirksam für die Auslösung und Bewegung von Kundalini. Es ist möglich, daß für manche der freie Tanz zuviel Energie auf einmal auslöst. Man sollte es dann keinesfalls übertreiben.

Freies Tanzen bringt in der Regel ziemlich heftige Armbewegungen mit sich, was viel Energie auslöst und große Veränderungen im Körper bewirkt. Im Alltag halten wir meistens unsere Schultern verspannt und ziehen sie hoch, wodurch wir die Energie im Körper festhalten und seine Ausdrucksmöglichkeiten drastisch einschränken. Die freie Bewegung der Arme befreit automatisch diese Energie.

Zuerst fühlen viele Menschen sich beim freien Tanzen nicht ganz wohl und bewegen nur den Oberkörper. Man sollte von Anfang an darauf achten, auch den unteren Teil des Körpers in die Bewegungen mit einzubeziehen. Viele Menschen fühlen sich durch ihren Körper gebunden oder eingeschränkt und möchten sich von ihm befreien. Dabei vergessen sie jedoch, daß sie selbst ihrem Körper die Bewegungseinschränkungen verpaßt haben, sei es durch die Blockierung von Ausdrucksmöglichkeiten oder durch die Erzeugung von Verspannungen durch Angst, übermäßige Sorge oder Überarbeitung. Wir können lernen, durch unseren Körper große Freiheit zu verspüren.

Versuche es mit verschiedener Musik. Dabei hängt es ganz von deinem Persönlichkeitstyp ab, welche Musik für dich am besten funktioniert. Wenn keine Musik zur Verfügung steht, kannst du sie durch innere Klänge, die durch die »Vertonung« deiner Gefühle beim Tanzen entstehen, ersetzen. Diese Vertonung ist völlig frei. Du kannst dir jeden beliebigen Klang vorstellen. Vielleicht fühlst du auch nur einen inneren Rhythmus.

Variationen des freien Tanzes sind das Tanzen im Sitzen und Streck- und Dehnübungen in Form eines Tanzes. Oder du legst dich einfach hin, schließt die Augen und läßt deinen Tanz erst einmal als Tagtraum vor deinem inneren Auge erscheinen.

Variationen

1. Richte deine Aufmerksamkeit auf die gesamte Oberfläche deines Körpers, genauer gesagt, auf die Schicht, die sich direkt unter der Hautoberfläche befindet. Wenn du dich für eine Weile auf diese Schicht konzentrierst, werden ihre Energien ausgelöst und der Tanz wird dadurch beeinflußt. Dies ist besonders der Blutzirkulation zuträglich.

2. Stell dir vor, du lebst in einer anderen Zeit und trägst die Kleidung, die zu dieser Zeit üblich war. Vielleicht legst du eine Musik auf, die der Stimmung, die du erzeugen willst, entspricht. Beim Tanzen können spontan Szenen oder Erinnerungen auftauchen. Vielleicht löst du sogar Blockaden, die sich in dieser Zeit gebildet haben. Blockaden können sehr hartnäckig sein und sich bis in die Gegenwart gehalten haben.

3. Wenn du mit einem Partner tanzt, kann eure Energieauslösung sich gegenseitig verstärken.

Energieübungen

Wenn du dir täglich oder alle zwei Tage regelmäßig Zeit nimmst für eine strukturierte Energiearbeit, trägst du erheblich dazu bei, daß du ein Bewußtsein für Körperenergien und deren kontrollierte Bewegung entwickelst. Im folgenden findest du zwei Vorschläge dazu. Wenn du mit diesen Übungen zuviel Energie auslöst, solltest du die Abstände vergrößern oder für eine Weile ganz aufhören, bis dein Körper sich auf die energetischen Veränderungen eingestellt hat.

1. Die grundlegende Kundalini- und Chakraübung von Seite 89. Diese Übung kann sehr schnell als Energieübung durchgeführt werden. Wenn du dir mehr Zeit dafür nimmst, kannst du sie zur Entwicklung der Chakren einsetzen.

2. Die grundlegende Shushumna-Übung Shushumna ist die zentrale Energiebahn (Nadi) in der Wirbelsäule (siehe Seite 228). Konzentriere dich auf die Shushumna im Zentrum der Wirbelsäule. Fühle, wie sie offen und frei ist. Atme ruhig und tief in die Shushumna hinein und um sie herum. Stell dir dabei vor, wie die ganze Gegend in Licht getaucht ist.

Variationen

a. Visualisiere ein silbernes (spirituelles), oder ein goldenes (höheres geistiges) Licht. Dadurch werden beide Energien entwickelt und in Balance gehalten.

b. Stell dir nacheinander die Farben des Regenbogens vor. Du lernst dadurch weitgehend die Veränderung der Energiefrequenzen kennen. So wirst du flexibler und kannst im Laufe des Tages mehrmals einen »anderen Gang« einlegen, je nachdem, wie es die Stunde erfordert. Ein Problem, das die Menschen in dieser schnellebigen Zeit haben, ist der Mangel an Flexibilität, um auf der Höhe des Geschehens zu bleiben und die notwendigen Veränderungen schnell vorzunehmen. Mit Hilfe dieser Variation kannst du vermeiden, durch die Spannungen des Tages mürrisch oder gestreßt zu werden.

c. Während du tanzt, konzentriere dich auf alle blockierten oder verspannten Körperteile. Vielleicht möchtest du die Energie sich über den ganzen Körper ausbreiten lassen, ihn dadurch leicht werden lassen und ihm das Gefühl von Freiheit geben.

d. Setz oder leg dich hin, weite die Energie der Shushumna auf alle Zellen des Körpers aus und versorge sie mit Licht.

e. Schließe während der gesamten Übung sämtliche Gebete oder Mantras, die du möchtest, ein.

f. Während du die Energie in der Shushumna, um sie herum und im gesamten Körper visualisierst, stell dir vor, was du am nächsten Tag alles machen wirst. Wenn du die Übung am Morgen machst, stell dir die

Aktivitäten des bevorstehenden Tages vor. Dadurch wird deine Arbeit ausgeglichener und effektiver.

g. Visualisiere die Energie in der Shushumna und um sie herum sowie in deinem gesamten Körper. Hebe die Brust und atme tief und ruhig ein und aus. Dadurch wird dein Körper gereinigt und verfeinert. Achte gleichzeitig darauf, wie deine Chakren fließen und glühen.

h. Stell dir deine Wirbelsäule vor, den wichtigsten Hauptverbindungsweg, auf dem die Kundalini sich bewegt. Mach viel Platz für die Nerven, damit sie ihre Arbeit, die Kommunikation, fortführen können. Auch die Blutgefäße in der Umgebung benutzen diese Infrastruktur. Das ganze System funktioniert besser, wenn die Wirbelsäule »gut in Form« ist.

i. Jede dieser Variationen kann dich, wenn du sie im Freien machst, für ein neues Verhältnis zur Natur öffnen. Mindestens einmal in jeder Jahreszeit solltest du im Freien üben. Damit behältst du ein Gefühl für den Rhythmus des Lebens.

j. Stell dich ins Freie. Stell dir vor, wie die goldene und silberne Energie in der Shushumna und um sie herum erstrahlt. Dann füge die Vorstellung hinzu, daß diese Energie tief in die Erde und steil in den Himmel hineinstrahlt und dein Gefühl der Verbundenheit mit der Ewigkeit vertieft. Gleichzeitig bist du mit deinem ganzen Wesen vollständig in der Gegenwart.

k. Während du Variation »d« machst, gleiche das gesamte Wachstum dadurch aus, daß du einige Zeit deine Aufmerksamkeit auf den physischen Körper und dann auf die emotionale, die geistige und die spirituelle Ebene richtest.

l. Ebenfalls während du Variation »d« durchführst, sei dir deiner rechten und linken Seite bewußt, einschließlich der rechten und linken Gehirnhälfte. Fühle, wie sie sich im Gleichgewicht befinden. Visualisiere einen sehr offenen *corpus colossum*, die Brücke zwischen den beiden Gehirnhälften. Fühle das Licht in der Shushumna, während du die rechten und linken Energien ausgleichst und zusammenführst. Das fördert die Kreativität und zentriert dich.

m. Nachdem du die Shushumna voller Licht visualisiert hast, laß dieses Licht sich über den gesamten Körper ausdehnen und visualisiere alle Nadis geöffnet und strahlend. Es gibt Tausende von Nadis im Körper.

Zusammen bilden sie ein feinstoffliches Nervensystem, das die Kraft hat, den gesamten Körper mit seinen Chakren zu beleben.

Variation »j«: Laß die Energien sich auf Himmel und Erde ausdehnen.

n. Mache den Tag über mehrere Male kurz von »d« als zentrierender Meditation Gebrauch, die dir innere Stärke und Beweglichkeit verleiht, wie es den Aktivitäten des Tages angemessen ist.

Leben im Gleichgewicht

Du solltest deinen Alltag soweit wie möglich ins Gleichgewicht bringen, das heißt, du solltest Zeit auf folgende Aktivitäten verwenden:

Sein – Nimm dir täglich etwas Zeit, in der du alles ablegst und einfach nur bist. Du hast nichts, was du vor dir selbst rechtfertigen oder dir beweisen mußt. Du bist, was du bist. Du solltest dir bisweilen einen Moment gönnen, in dem du einfach du selbst bist (selbst wenn du nicht ganz sicher bist, wer du eigentlich bist).

Tun – Du kannst einen Spaziergang machen, den Müll runterbringen, eine große Finanztransaktion planen oder einen Freund besuchen, Hauptsache du tust etwas. Wir alle brauchen das Gefühl, etwas geleistet zu haben. Wenn wir etwas tun, trainieren wir gleichzeitig unsere Energie, uns nützlich zu machen.

Lernen – Gleichgültig, ob es etwas ist, was für dein Leben wichtig ist, oder etwas, was dich im Grunde gar nicht weiter interessiert, wichtig ist, daß du dir die Zeit nimmst, etwas zu lernen. Erweitere die Kapazitäten und den Nutzen deines Gehirns. In einem gut funktionierenden System fließt die Energie mitten durchs Gehirn.

Inspiriert sein – Laß den Geist jeden Tag durch dich hindurchfließen, in Liebe, in Freude, in der Einheit mit dem Göttlichen, in deiner Kreativität oder durch entrückte Seligkeit. Die Inspiration ist eine wichtige physische Nahrung für unser System, und besonders die Kreativität ist wichtig als Ausdrucksmittel der neuen Kundalini. Tagebuch führen, schreiben, kritzeln, zeichnen oder malen, fotografieren, eine Sammlung aufbauen – alles Möglichkeiten, diese Energie auszudrükken.

Anerkennung

Bevor du abends zu Bett gehst, solltest du dich über irgendetwas, was du getan hast, gut fühlen, selbst wenn es nur die Tatsache ist, daß du es geschafft hast, diesen Tag zu überstehen. Du bist der einzige, der wirklich weiß, wie hart du arbeitest, der den Streß kennt, dem du unterworfen bist, und die Hindernisse, die sich dir in den Weg stellen. Die Anerkennung deiner eigenen Leistungen ist wichtig, und manchmal ist es die einzige Anerkennung, die du bekommst.

4.
Inneres Wachstum
und die Sieben Körper

Es gibt sieben grundlegende Schwingungsebenen (Körper), die wir benutzen, um uns von ganz einfachen Energien zu den am höchsten entwickelten »übermenschlichen« Ebenen zu entwikkeln. Diese Körper durchdringen einander, wobei die höheren sich immer weiter ausdehnen. Es gibt noch Ebenen, die über die sieben Körper hinausgehen, aber wir werden in diesem Buch nicht mit diesen arbeiten, denn sie sind nur von sehr fortgeschrittenen Menschen nutzbar.

Der dichteste dieser Körper, der physische, ist gleichzeitig der einzige, den man ohne weiteres sieht. Die anderen, die mit einer entsprechend höheren Rate schwingen, sind: der emotionale, der mentale, der intuitive, der atmische (*Atman* ist das große oder höhere Selbst), der monadische (eine Monade ist eine Einheit) und der göttliche Körper. Das Wesen des Menschen sind jedoch nicht diese sieben Körper, sondern jeder von uns besteht vielmehr aus einem reinen Bewußtsein, das in einem oder me'ıreren dieser Körper Wohnung genommen hat. Es gibt in unserer Zeit nur sehr wenige Menschen, deren Bewußtsein so weit entwickelt und deren Körper so lebendig und eingestimmt ist, daß sie in allen Körpern auf einmal leben und mit ihnen arbeiten. Das ist jedoch das höchste Ziel der irdischen Entwicklung. Ein Mensch, der in allen Körpern gleichzeitig funktioniert – das heißt, daß sich alle Körper in Harmonie mit seinem Bewußtsein befinden – führt das vollkommenste Leben, das auf dieser Erde möglich ist.

Die meisten Menschen beziehen sich auf ihre Mitmenschen und auf ihre Umwelt nur mit Hilfe von wenigen ihrer Körper. Ein Mensch ist entweder hauptsächlich physisch/emotional, physisch/mental oder vielleicht mental/spirituell. Die Energien

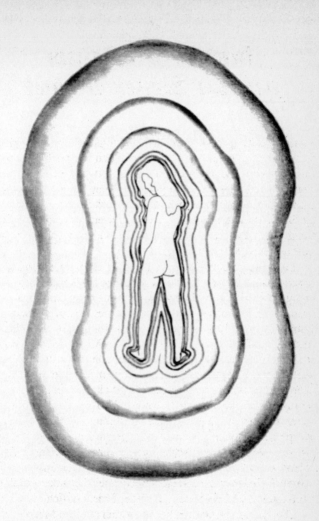

Unsere sieben Bewußtseinsebenen (Körper) erstrecken sich weit jenseits der Grenzen des physischen Körpers.

des Wassermann-Zeitalters drängen jedoch nach einer Balance und Synthese aller Körper. Ganz gleich, ob du an Kundalini interessiert bist oder nicht, du mußt mit deinen verschiedenen Körpern oder Bewußtseinsebenen arbeiten.

Die drei persönlichen Körper

Der physische Körper

Der physische Körper ist eine lebendige Maschine, durch den unsere höheren Körper ihren Ausdruck finden. Wenn du deinen physischen Körper blockierst, blockierst du auch die Ausdrucksmöglichkeiten des höheren Selbst. Du kannst fühlen oder denken, was du willst, aber wenn du Ausdruck oder Handlungen des Körpers unterdrückst, wirst du frustriert und läufst Gefahr, dir zusätzliche Probleme einzuhandeln. Physische Probleme des Körpers, wie Schmerzen oder Krankheit, sind lediglich die Folge von Blockaden, die die Ausdrucksmöglichkeiten der höheren Körper beschränken.

Der physische Körper besteht aus Zellen, dich sich durch ihr selbständiges Handeln auszeichnen. Wir sollten diese Zellen weder unter bewußter Kontrolle halten noch versuchen, sie zu unterwerfen. Unser Verhältnis zu ihnen sollte durch Liebe geprägt sein. Wenn man den physischen Körper als ein abgeschlossenes Universum sieht, kann man jeden von uns als »Gott« seines eigenen Universums betrachten. Der physische Körper besteht aus zwei Teilen, dem dichten und dem ätherischen. Der ätherische oder feinstoffliche Körper ist sehr eng mit unserem Nervensystem verbunden.

Die Reinigung des Physischen

Man kann die Kundalini auf der physischen Ebene einsetzen, um einen gesünderen Körper zu bekommen. Wenn man die Technik beherrscht, wie man Kundalini lenken kann, ist es möglich, zur Verjüngung, Heilung und Stärkung Energie zu verschiedenen Körperpartien zu senden. Wenn man damit arbeitet, bekommt man ein Gefühl dafür, wieviel Energie man in die verschiedenen Bereiche senden sollte und wie es am besten funktioniert. Die Übung der Kundalini-Bewegung und Chakra-Reinigung auf Seite 89 ist ein ausgezeichnetes Hilfsmittel, um zu verstehen, wie Energie gelenkt werden kann.

Es ist sehr wohltuend, wenn man die Energie sanft in eine Körpergegend fließen läßt, die Heilung braucht. Man hat das Gefühl, die Gegend verwandelt sich in fließende Seide. Die Frequenz der Energie ändert sich und wird generell für eine Heilung zuträglicher. Bade zuerst nur eine bestimmte Körperpartie in dieser Energie. Anschließend kannst du sie im gesamten Körper verteilen. Wenn du die Übung mehrmals pro Woche durchführst, verbesserst du damit deinen Kreislauf, trägst dazu bei, daß Blockierungen aufgelöst werden und hilfst ganz allgemein, deinen Körper jung zu halten.

Wenn du einmal überdurchschnittliche körperliche Anstrengungen zu vollbringen hast, solltest du deinen Körper ganz mit Kundalini anfüllen. Atme es durch deinen ganzen Körper, laß es durch dich hindurchfließen und geh dann an die Arbeit. Bleib in Übung und sieh, wie du damit umgehen und es nutzen kannst.

Wenn du körperlich von den verschiedenen Schmerzen, die durch die Wirkung eines erhöhten Kundalini-Flusses hervorgerufen werden, betroffen bist, solltest du Energie auslösen, indem du tief und ruhig atmest und anschließend die betroffenen Gegenden massierst. Laß deinen Gedanken und Gefühlen freien Lauf. Eine solche offene Meditation kann außerordentlich hilfreich sein. Wenn du aus irgendeinem Grund die betroffene Gegend nicht massieren kannst (vielleicht ist es zu schmerzhaft), konzentriere stattdessen deine Aufmerksamkeit auf diese Gegend und laß das

Unwohlsein zu. Oft verschwinden dann die Schmerzen nach einer Weile, und du entwickelst eine Erinnerung oder ein Bewußtsein dessen, was gerade geschehen ist.

Die vollkommene Form

Ein physischer Körper, der von der Kundalini gereinigt und verfeinert ist, erscheint jugendlich und voller Energie. Nur selten wird er krank, und die Krankheiten sind in der Regel sehr schnell wieder vorbei. Er verfügt über große Kraft und paranormale Fähigkeiten.

Der emotionale Körper

Unsere Gefühle stammen aus dem emotionalen Körper. Wir fühlen dort Ärger und Frustration, wenn unsere Bedürfnisse nicht erfüllt werden. Vom emotionalen Körper lernen wir, Liebe und Sorge walten zu lassen, und auf diese Weise unserem Bedürfnis nachzukommen, Beziehungen einzugehen. Der emotionale Körper braucht sehr viel Zuwendung. Er strebt nach Erfüllung, manchmal direkt und manchmal auf versteckte Weise. Wenn er sich leer fühlt oder nicht weiß, wie er sich ausdrücken kann, kann er darauf verfallen, seine Erfüllung durch Kompensation im Rauchen, übermäßigem Essen, irrationalem Verhalten oder anderen Dingen zu suchen. Wenn wir direkten Kontakt mit unseren Emotionen halten, können wir besser mit diesen Dingen umgehen.

Die Reinigung des Emotionalen

Während die Kundalini den Bereich des Emotionalen reinigt, kann es passieren, daß die Emotionen völlig außer Rand und Band geraten und Reaktionen zeigen, die der Situation unangemessen sind. Scheinbar völlig unmotiviert können Weinkrämpfe oder andere emotionale Zustände auftreten. Dabei trifft lediglich die Kundalini mit voller Kraft auf eine emotionale Blockierung. Die übliche Reaktion darauf ist, die Blockierung wiederherzustellen. Viel besser ist es jedoch, in eine offene Meditation einzutreten, Gedanken und Gefühlen freien Lauf zu lassen und die Blockierung sich auflösen zu lassen. Die Blockierung kann entweder aus einem Gefühl eines vergangenen Lebens oder von einem Erlebnis aus der eigenen Vergangenheit stammen. Vielleicht steht sie auch stellvertretend für ein aktuelles Problem. Manchmal bezieht sie sich sogar auf Dinge, die noch nicht einmal geschehen sind, aber schon begonnen haben, sich durch das System zu verwirklichen.

Emotionale Kontrolle

Emotionen und Gefühle sind Schwingungszustände. Wenn wir die Art der Schwingung verändern, können wir unsere Emotionen und Gefühle verändern. Eine Übung besteht darin, daß du so tief wie möglich deine Traurigkeit fühlst. Anschließend verwandelst du deine Traurigkeit in Freude und versuchst, den Unterschied in der Schwingungsqualität festzustellen. Tu dasselbe mit deiner Angst, indem du sie in Zuversicht und Mut verwandelst. Fühle deine Eifersucht und wende sie zu Verständnis für deine eigenen Bedürfnisse. Mach aus Stolz Dankbarkeit. Nimm jede beliebige emotionale Qualität, die dir Schwierigkeiten bereitet, denk an ihr Gegenteil und arbeite mit ihr auf diese Weise.

Lerne zu fühlen, ohne davon gefangengenommen zu werden. Bewahre eine Perspektive des Geschehens, indem du die Energien des Körpers ausgleichst. Fühle die Energien hinter dir genauso wie die vor dir. Energie, die hauptsächlich in der Bauchgegend bleibt, hat die Tendenz, uns viel mehr Aufmerksamkeit abzuverlangen als ihr eigentlich zusteht. Massiere deine Bauchgegend und frage dich, ob es dort etwas gibt, das deine Anerkennung verdient. Bewege anschließend die Energie in den gesamten Körper, um sie zu assimilieren oder auszuscheiden.

Die vollkommene Form

Nach der Reinigung und Verfeinerung der emotionalen Energie ist es möglich, Gefühle zu zeigen, ohne von ihnen gefangengenommen zu werden. Du kannst das Leben erfahren, ohne noch mehr Karma und Blockaden zu verursachen, und lieben, ohne dich festzuhalten. Der emotionale Körper wird dann allem, was du tust, Fülle und Tiefe verleihen.

Der mentale Körper

Der mentale Körper enthält Materie, die eine Schwingungs-qualität besitzt, die so ähnlich ist, wie die Schöpferkraft unseres Kosmos. Im mentalen Körper beginnen wir zu denken, Vernunft zu entwickeln und schöpferisch zu sein. Durch den mentalen Körper sammeln wir unser Wissen, und durch Vernunft und Logik wenden wir dieses Wissen an. Aber auch übermäßige Strenge und festgefahrene Strukturen bilden wir durch diesen Körper. Hier kommen Vorurteile zustande. Je fester die Materie in unserem mentalen Körper wird, desto schwieriger ist es, mit dem Leben im Fluß zu bleiben, neue Wege zu entdecken und neue Ideen zu entwickeln.

Die Reinigung des Mentalen

Während die Kundalini den mentalen Körper reinigt, kann ein Mensch starke, bislang unbekannte Vorurteile bei sich entdeckcken und sich lebensbestimmender Einstellungen bewußt werden, die seit langer Zeit seine Handlungen und Reaktionen bestimmen.

Die Klärung des Gehirns

Konzentriere dich auf die Atmung durch die Nase, direkt in den Kopf. Sieh in deinen Kopf hinein, so als würdest du in den Himmel schauen und die Sterne beobachten. Welche Farben, welche Energiemuster kannst du erkennen?

Die Wahrheit

Atme tief und ruhig durch und konzentriere dich auf das Zentrum auf deiner Stirn. Visualisiere das Wort »Wahrheit« an dieser Stelle. Atme ein und fühle, wie die Wahrheit in dein ganzes System eindringt und jede Zelle durchflutet. Versuche das in deinem System festzuhalten, während du mindestens zwei Minu-ten lang tief und ruhig atmest.

Während einer Kundalini-Reinigung ist es besonders leicht

für Unwahrheiten und Mißverständnisse (die inneres Wachstum verhindern), sich in dein Denken einzuschleichen. Wenn du geistige Arbeit zu verrichten hast, aber die Energie nicht fließen will, versuch es mit Tanzen. Tanzen ist ein ausgezeichnetes Mittel, um den Kundalinifluß freizusetzen, und wird so Denkprozesse und Intuition unterstützen. Geistige Arbeit wird leider oft auf eine Weise verrichtet, die einem guten Kundalinifluß nicht zuträglich ist. Man sitzt am Tisch oder am Schreibtisch, beugt sich über seine Arbeit, krümmt und zieht die Schultern hoch und läßt den Kopf hängen. Versuche deine Haltung zu verbessern und mach Pausen, in denen du spazierengehst, tanzt oder dich anderweitig körperlich betätigst.

Der Kundalinifluß zum Gehirn wird verlangsamt, wenn du in emotionale Situationen oder Beziehungsprobleme gerätst, was in Zeiten verstärkten Energieflusses nichts Ungewöhnliches ist. Wenn du zuversichtlich bleibst, daß auch das irgendwann einmal vorbei sein wird, kann das helfen, den Energiefluß zum Gehirn offenzuhalten.

Die vollkommene Form

Du wirst auf neue Weise denken und schöpferisch sein und mit höheren Dimensionen arbeiten. Schöpferisches Handeln und große mentale Kraft wird für dich etwas völlig Normales sein.

Die vier spirituellen Körper

Der intuitive und mitfühlende Körper

Dies ist der erste der vier Körper des spirituellen Selbst. Er dient als Ausgleich zwischen einer Person und anderen spirituellen Körpern. Gleichzeitig bildet er die Brücke zum universalen Geist, der Einsichten und Verständnis auf unsere menschliche Ebene bringt. Er ist die Quelle der Ideen, die aus dem abstrakten Denken des spirituellen Körpers kommen, einem Denken, das direkt aus der Aufmerksamkeit kommt, ohne Umweg über die Logik des mentalen Körpers. Der intuitive, mitfühlende Körper bezieht sich außerdem auf das zwischenmenschliche Verständnis, das im Grunde nichts anderes ist als Mitgefühl. Man nennt diesen Körper auch den »Buddha-Körper«, nach dem mitfühlenden Wesen von Buddha.

Während der Entwicklung dieses Körpers kann die Intuition kommen und gehen. Es ist manchmal schwierig zu entscheiden, ob eine erhaltene Information richtig ist oder nicht. Wenn du jedoch die Energie der Intuition in deinem Körper bewahrst, kann dir das helfen, diese Entscheidung zu treffen. Wenn etwas tief in dir eine Resonanz findet, ist es normalerweise richtig. Du mußt Geduld haben, wenn du das erlernen willst.

Die Reinigung des Intuitiven und Mitfühlenden

Die durch diesen Körper fließende Kundalini kann ein Übermaß an Mitgefühl erzeugen. Die betroffene Person kann von der Liebe für andere und für die Welt überwältigt werden. Negative Energie kann die Form von Selbstmitleid annehmen. Solche Gefühle sind jedoch in jedem Fall völlig unangemessen. Um die überschüssige Energie freizusetzen, solltest du deinem System erlauben, sich leicht zu fühlen und treiben zu lassen. Leg dich hin und erfülle dich mit einer hellblauen Farbe, wobei du das Gefühl des Treibenlassens für etwa dreißig Minuten beibehältst. Das wird dir helfen, die Energien auszugleichen.

»Alles geht einmal vorüber«

Es ist wichtig, daß du dir darüber im klaren bist, daß alles, was geschieht, irgendwann einmal wieder aufhört, und daß die Reinigung und Verfeinerung der Energien einen tieferen Sinn hat. Laß es zu, wenn du zutiefst verzweifelt, desillusioniert oder depressiv bist oder in andere Gefühle gestürzt wirst. Atme tief in diese Gefühle hinein, so lange, bis du den berühmten »Silberstreifen am Horizont« erblickst oder den Durchbruch zu Frieden und Freude geschafft hast.

Leid ist die Kehrseite der Freude

Unser Leid erweitert unseren Horizont, schenkt uns eine neues Verständnis und neue Energie. Erfülle deinen Körper mit einem sanften Farbton. Laß zuversichtlich und mutig dein Leid immer weiter und offener werden, bis schließlich Freude und Frieden einkehren.

Spirituelles Atmen

Atme tief in den oberen Teil deiner Lungen. Fühle, wie sie weit werden. Laß dich von dieser wunderbaren Energie tragen. Das hilft, die spirituellen Zentren zu öffnen, verringert die überschüssige Energie in den emotionalen und mentalen Bereichen und hilft zu klären und zu reinigen.

Die vollkommene Form

Wir werden mit Intuition, Bewußtsein und Einsicht leben. Wir werden lieben und Mitgefühl zeigen, ohne uns mit den persönlichen Dingen anderer zu belasten. Es wird einen wundervollen Ausgleich zwischen dem menschlichen und dem spirituellen Aspekt des Lebens geben. Du wirst ein neues Verständnis von Gott und dem Universum gewinnen.

Der atmische Körper (Wille und Geist)

Die Kundalini fühlt sich sehr im Körper des Willens und des Geistes. Von Natur aus muß die Kundalini fließen, und es gehört zu diesem Körper, daß er fließt und sich bewegt – und handelt. Es ist außerordentlich leicht, von diesem Fluß fortgetragen zu werden. Durch den falschen Gebrauch des atmischen Körpers wird mehr Karma erzeugt als durch die anderen Körper. Seine Energie hat eine wesentlich stärkere Qualität und braucht viel Anleitung. Auf der positiven Seite kann ein Mensch ein großes Charisma besitzen und Glücks- und Entrückungszustände erleben.

Die Reinigung von Wille und Geist

Während die Reinigung dieser Ebene vollzogen wird, kannst du leicht in Machtgelüste verwickelt werden. Es ist nicht unüblich, daß man dann denkt, man hat auf alles eine Antwort, und die eigene persönliche Macht für unerschöpflich hält, sei es politisch oder finanziell, im persönlichen Charme, in Attraktivität und Aussehen. Im allgemeinen deutet ein solcher »Powertrip« auf ein übertriebenes Ego und übertriebene Willensausübung.

Persönlichkeitsveränderungen

Es ist außerordentlich schwierig, einen gleichmäßigen Energiefluß auf der atmischen Ebene aufrechtzuerhalten. Menschen, die eine eher schwache und ruhige Persönlichkeit haben, können sich durch eine Kundalini-Reinigung vollkommen verändern. Das kann so weit gehen, daß sie Veränderungen Ihrer Persönlichkeit nach der Art von Dr. Jekyll und Mr. Hyde durchmachen, manchmal äußerst charmant und manchmal fast dämonisch erscheinen.

Festhalten – Loslassen

Alles wird durch Kundalini beschleunigt. Du solltest dich nicht zu sehr von dem Geschehen beeindrucken lassen. Wenn du zu sehr an deinen Handlungen, Ideen und Gedanken sowie an deinen Schuldgefühlen, deinem Stolz und deinen Gefühlen festhältst, kann das zu Blockaden und einer Menge vergeudeter Energie führen. Laß deine Schultern und deine Hüften los und entspanne dich. Machst du klugen Gebrauch von deinem Willen und deinem Geist, oder gibt es noch andere Alternativen?

Nicht mein Wille, sondern dein Wille

Wie oft hast du in den vergangenen Tagen deinen Willen durchgesetzt, um mit dem fertigzuwerden, was du dir vorgenommen hast? Waren deine Handlungen klug? Versetz dich in einen meditativen Zustand. Bitte darum, zu erkennen, was Gott für dich will. Sträube dich nicht gegen Gottes Willen, sondern vereinige deinen persönlichen Willen mit ihm.

Die vollkommene Form

Der Körper des Willens und des Geistes beherbergt gleichzeitig unsere Geschlechtszugehörigkeit. Hier wird unsere männliche und weibliche (positive und negative) Polarität getrennt. Im Körper werden sie auf der seelischen Ebene wieder vereint. Auf der höchsten Energiestufe sind diese Energien im Gleichgewicht und äußerst brauchbar. Die Balance wird uns mit der Evolution und dem göttlichen Willen in Einklang bringen. Unerschöpfliche Lebensenergie, Freude und Glück werden natürliche Bestandteile unseres Wesens sein.

Der monadische Körper
(die seelische Ebene)

Das Wort »Monade« kommt aus dem Griechischen und heißt »Einheit«. Der monadische Körper ist Ausdruck der Einheit der Polaritäten und ermöglicht der Seele, sich im physischen Körper auszudrücken.

Die Reinigung des Monadischen

Manchmal kommt man durch die Wirkung der Kundalini in Kontakt mit der Seele und fühlt sich rein und heilig. Manchmal hat man überhaupt keine Vorstellung, was »Seele« ist. Die Gefühle schwanken zwischen vollständiger Einheit mit allem und vollständiger Isolation. Die Reinigung des Monadischen ist am schwierigsten, denn sie berührt unser innerstes Wesen, unsere Essenz und unser gesamtes Sein.

Wenn die Energie auf der monadischen oder seelischen Ebene nur schwach fließt, hast du vielleicht das Gefühl, du hast kein Recht zu leben. Das kann wiederum dazu führen, daß du dich für alles, was anderen zustößt, entschuldigen möchtest, so, als ob du schuld an ihre Problemen wärst. Das Monadische ist auch die Ebene, auf der sich die wirkliche Entwicklung eines Menschen und der Dienst am Nächsten abspielt. Hier wird unter Berücksichtigung der karmischen Kräfte, die auf den Ebenen sämtlicher Körper wirksam sind, ein großer Teil des Sinnes im gegenwärtigen Leben gestiftet. Die karmischen Energien vergangener Leben kommen hier zusammen und bilden ein neues.

Kosmische Übung

Versetz dich in einen meditativen Zustand und fühle, wie deine Seele eine Zelle innerhalb des Körpers Gottes ist. Fahre fünf bis zehn Minuten mit der Meditation fort und stimme dich auf alle Botschaften, die du empfängst, ein.

Dieser Augenblick der Ewigkeit

Versetz dich in einen meditativen Zustand und sei dir deiner Seele bewußt, die in diesem Moment in der Ewigkeit lebt. Halte diese Vorstellung und das Gefühl mindestens fünf Minuten lang fest. Es kann dir ein großartiges Gefühl von Frieden, Geborgenheit und Einheit mit dem Kosmos geben.

Die vollkommene Form

Wenn der monadische Körper entwickelt ist, ist dein Sinn für das *Ich Bin* oder die seelische Präsenz so stark, daß sich das Ich mit dem Göttlichen vereinigen kann. Dein Ich ist dann eins mit dem All und erlebt beide Zustände (das Ich und das göttliche Gegenüber). Du strahlst inneren Frieden aus und kennst den Sinn der gesamten Existenz. Das Wesen der Seele leuchtet in deinen Augen.

Der göttliche Körper

Kundalini im göttlichen Körper läßt den Menschen seine Einheit mit Gott und dem Kosmos fühlen, mit seinem eigenen Funken göttlichen Bewußtseins in Berührung kommen und die göttliche Energie im Leben spüren und lieben. In der Monade werden unsere individuellen karmischen Energien zusammengeführt. Auf der göttlichen Ebene wird unsere individuelle karmische Energie mit der alles durchdringenden karmischen Energie zusammengeführt. Karmische Energie geht von allem möglichen aus, von Familie und Freunden, von Städten, Nationen, Ideen und sozialen Gepflogenheiten. Sie beinhaltet auch die Kräfte, die von dem geographischen Ort ausgehen, an dem jeder von uns lebt – Kräfte von Planeten, Sternen und allen anderen Phänomenen. Sie betreffen uns sehr, ob wir es merken oder nicht.

Die Reinigung des Göttlichen

Auf der göttlichen Ebene verändert sich der Begriff, den ein Mensch von Gott und dem Universum hat, radikaler als auf den anderen Ebenen. Viele, die hierher kommen, gehen durch die »dunkle Nacht der Seele« hindurch, zweifeln an Gott, an der Existenz, an einem Sinn des Lebens, an sich selbst und an allem anderen. Der göttliche Körper erfährt gleichzeitig die schmerzhafteste und belohnendsten Reinigung und Verfeinerung. Wer ein gesundes Gottvertrauen mitbringt, hat es auf dieser Ebene leichter. Selbst in Zeiten des Zweifels hat er etwas, an das er sich halten kann.

Den Dämonen entgegentreten

Es ist notwendig, sich Dämonen zu stellen. Es ist möglich, daß du zeitweise eine heftige Abneigung gegen die spirituelle Seite des Lebens verspürst, vielleicht weil du dich von Gott getrennt fühlst oder weil du in deinem Leben tatsächlich die Dämonen erfährst, die transformiert werden müssen. Ein Mensch, der sich mitten in einer Reinigung befindet, ist sich sehr der dämonischen Seite bewußt, die tiefe, bittere Haßgefühle, sexuelle Perversion, Sadismus oder andere untragbare Neigungen beinhalten kann. Bete um Stärke und Führung, wenn du deinen Dämonen gegenübertrittst. Erfülle dich ganz mit dem leichten Duft von Lavendel. Atme tief und ruhig. Laß deine Zellen gereinigt, transformiert und mit spiritueller Energie erfüllt werden. Wenn du das tust, wirst du die negativen Kräfte in dir erlösen und dich selbst vor der Negativität erretten. Wir können die Dämonen nur auslöschen, indem wir uns ihnen stellen und ihre Energie verwandeln. Einige Menschen ziehen es vor, den professionellen Rat eines Sachkundigen zu suchen, wenn sie mit diesem Aspekt des Lebens konfrontiert werden.

Leerstellen

Konzentriere dich nacheinander auf alle Teile deines Körpers und meditiere über sie. Stell dir vor, daß sie sind bis auf die spirituelle

Energie vollkommen leer. Dann stell dir vor, daß das ganze System leer und offen ist, um von spirituellen Energien erfüllt zu werden. Viele Menschen haben soviel Angst vor der Leere, daß sie alles anfüllen, gleich mit was, und auf diese Weise ihr Leben unnötig verkomplizieren.

Die göttliche Gegenwart

Fühle die Gegenwart Gottes um dich herum. Erkenne, daß Gott immer in dir und um dich herum ist. Du brauchst die Gegenwart Gottes nur zu erkennen, um in ihr zu sein.

Die vollkommene Form

Die Entwicklung des göttlichen Körpers versetzt dich in die Lage, Gottes Willen für dich zu erkennen und für das kosmische oder Christusbewußtsein offen zu sein. Wir können diese kosmische Energie in unserem Alltag nutzen. Sie öffnet uns für ein Leben in ständiger Einheit mit Gott.

Die Zusammensetzung der Körper

Jeder Körper hat seine eigene Funktion und sein eigenes Selbstwertgefühl. Jeder muß in der Lage sein, auf sich selbst gestellt oder zusammen mit den anderen zu funktionieren, geführt von der göttlichen Ebene. Die Kundalini fließt leichter und wird besser assimiliert, wenn die Körper sich in Harmonie befinden.

Beherrschungsübung

Richte an jeden Körper nacheinander die Bitte, mit ihm in Kontakt zu kommen. Beginne mit dem physischen Körper. Frage jeden Körper nach seiner Meinung darüber, welcher Körper zuviel Kontrolle über die anderen hat oder eine zu große Rolle spielt und welcher zu wenig. Frage jeden der Körper, wie er mit seiner Rolle innerhalb der sieben Körper zufrieden ist. Notiere alle Veränderungen, von denen du meinst, daß sie gemacht werden sollten.

Leg dich hin und fühl dich, als würdest du auf einer Wasseroberfläche treiben. Sei dir deines Körpers auf der göttlichen Ebene bewußt. Bitte darum, daß er von der Gegenwart Gottes erfüllt werden möge. Laß die Energie in den Körper der seelischen Ebene einfließen und sich von dort aus in alle anderen Körper ausbreiten, bis hin zum physischen. Reflektiere ein paar Minuten darüber.

Die Informationen, die hier über die sieben Körper gegeben werden, sind sehr spärlich, aber ausreichend, um einen Anfang zu machen. Weitere Informationen findest du in *The Seven Bodies of Man in the Evolution of Consciousness* (Die sieben Körper des Menschen in der Evolution des Bewußtseins) und *The Seven Eyes of Man in the Evolution of Consciousness* (Die sieben Augen des Menschen in der Evolution des Bewußtseins).

5.
Die Entwicklung der vier Gehirne

Die Transformation der Gehirne ist eine der bemerkenswertesten Veränderungen, die durch die Kundalini-Reinigung verursacht werden. Der höchste Zustand eines entwickelten Gehirns ist das Genie, dem außerordentliche kreative Fähigkeiten und große moralische und spirituelle Wahrheiten zueigen sind. Im Genie empfängt und nutzt ein Gehirn Informationen von universaler und kosmischer Dimension.

Die vier Gehirne sind jedoch resistenter gegen eine Kundalini-Reinigung als alle anderen Gegenden des Körpers wegen der Irrtümer des Denkens und der verfahrenen Lebenseinstellung, zu der wir neigen. Es gibt einige Menschen mit einem Überschuß an Kundalini, der noch nicht nutzbar geworden ist, die in geschlossenen psychiatrischen Anstalten dahinvegetieren. Ihre Probleme werden von niemandem verstanden.

Dein Schädel ändert tatsächlich seine Form. Er wird während der Entwicklung der Gehirne größer. Er kann seine Form mehrmals ändern und dabei schlimme Kopfschmerzen erzeugen. Die Massage des Schädels an den Knochensäumen bringt Linderung. Stelle mit den Fingern fest, wo die besonders angegriffenen Stellen auf deiner Schädeldecke sind. Massiere sie, um die Energie freizusetzen. Laß deine Gedanken schweifen und werde dir dabei der Gedanken und Einstellungen bewußt, die einer geistigen Erweiterung im Wege stehen. Du kannst viele Spannungen lindern, wenn du dir sagst, daß es in Ordnung ist ist, einen »großen Kopf« zu haben.

Dr. Paul McClean hat eine wundervolle Arbeit geleistet mit einem Ansatz, den er »Triune Brain Theory« (etwa: »dreieinige Gehirntheorie«) nennt. Diese Arbeit ist sehr gut auf den Ansatz der sieben Körper anwendbar.

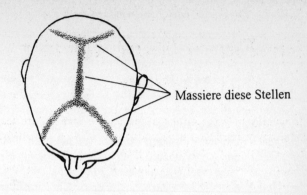

die Oberseite des Kopfes (Die gepunkteten Linien zeigen, wo die Schädelknochen aufeinandertreffen.) Eine Massage dieser Stellen lindert die Spannungen.

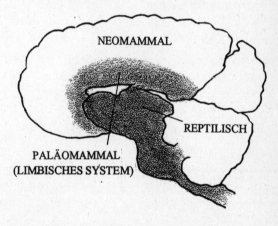

*drei Ebenen von Gehirnen: 1. reptilisch – physisch
2. limbisches System – emotional
3. neomammal – mental*

Das reptilische oder erste Gehirn

Das erste Gehirn bezieht sich direkt auf den physischen Körper und beschäftigt sich hauptsächlich mit Territorialverhalten und Überlebensstrategien. Wir Menschen haben das ursprüngliche Bedürfnis, uns in unserem Territorium oder unserem Raum wohlzufühlen, besonders wenn die Kundalini sich erhebt, wenn wir überempfindlich für die Energien anderer werden und nicht mehr so gut in der Außenwelt funktionieren.

Wenn du dich in der Vergangenheit nicht besonders um dein Überleben gekümmert hast, wirst du jetzt besonders stark um die Sicherheit von Orten oder Situationen besorgt sein. Du wirst andere ständig entweder als Bedrohung oder als Unterstützung für dein Überleben sehen. Oft hast du übertriebene Angst davor, einmal nicht »dazuzugehören«.

Das limbische System (paläomammal) oder zweites Gehirn

Das zweite Gehirn bezieht sich hauptsächlich auf Emotionen und Beweggründe und ist mit dem emotionalen Körper verbunden. Wenn das limbische System bei einem Menschen nicht gut entwickelt ist, kann er sich nicht gut selbst motivieren und wird sich übermäßig um seine Gefühle sorgen.

Das dritte Gehirn (neomammal)

Das dritte Gehirn verkörpert sowohl die linke wie die rechte Gehirnhälfte. Es bezieht sich auf den mentalen Körper und beschäftigt sich mit Vernunft, Logik, Denken und Kreativität. Es verhält sich im wesentlichen wie ein Computer, indem es Informationen verarbeitet, die es durch Erfahrung und Lernen erhalten hat. Die Entwicklung dieses Gehirns beruht teilweise auf der gesunden Entwicklung des ersten und zweiten Gehirns. Ein Mensch mit einem unterentwickelten dritten Gehirn hat Schwierigkeiten, Vernunft und Logik einzusetzen, um komplexe Situationen zu verstehen. Er läuft Gefahr, sich auf eine Sichtweise zu beschränken und Opfer seiner eigenen Engstirnigkeit und seiner Vorurteile zu werden.

Es ist nichts Neues, festzustellen, daß wir nur annähernd zehn Prozent unseres geistigen Potentials ausschöpfen. Das liegt möglicherweise an der Unterentwicklung des ersten und zweiten Gehirns, an mangelhafter Stimulation und unser eigenen Faulheit (die wir hier einmal lieber als die »Vorliebe für den einfacheren Weg und schlechte Ausnutzung von schöpferischen Fähigkeiten und Wahrnehmung« definieren wollen). Die Folge ist, daß die Menschen meinen, sie hätten keinen Zugang zu ihrem vollen geistigen Potential und immer hindere sie etwas daran, von der vollen Kraft ihres Gehirns Gebrauch zu machen.

Wenn die ersten zwei Gehirne gut entwickelt sind, aber das dritte nicht, besteht die Gefahr, daß man in Gefühlen versinkt, zu starkes Territorialverhalten entwickelt und dabei kaum noch Kontakt zu seinen Mitmenschen hat. In einer solchen Lage kann jemand zwar viel Zeit mit anderen verbringen, aber er ist mit seiner Aufmerksamkeit nicht dabei. Die Aufmerksamkeit ist auf sich selbst konzentriert. Natürlich kann dasselbe Problem auftreten, wenn die beiden ersten Gehirne unterentwickelt sind.

Übermäßig stark geistig entwickelte Menschen können leicht an einem Mangel an »gesundem Menschenverstand« leiden. »Wie kann ein so gebildeter Mensch sich so dumm anstellen?« Jedes Gehirn hat sein eigenes Bewußtsein, seine eigenen Vorstellungen über die Welt und über die eigene Rolle in ihr. Jedes Gehirn kann entweder unabhängig für sich aktiv sein oder in Zusammenarbeit mit den anderen Gehirnen. Die Kundalini-Reinigung und -Verfeinerung trägt nicht nur zur Entwicklung dieser Gehirne bei, sondern auch zu ihrem harmonischen Zusammenspiel.

Kinder werden in der Schule ohne ein gut entwickeltes reptilisches Gehirn nicht recht vorankommen. Sie sind dann aggresiv und streitsüchtig oder ziehen sich zurück. Kinder, denen ein gesunder Überlebenssinn fehlt, haben ein niedriges Selbstbewußtsein. Ihr schwach entwickeltes limbisches System kann zu schlechten Lerngewohnheiten oder zu Schwierigkeiten mit den Mitschülern führen.

Das vierte Gehirn

Wir leben in einer Zeit, in der sich der menschliche Geist stark erweitert. Außer der Entwicklung der erwähnten drei Gehirne findet auch die Entstehung eines vierten Gehirnes statt. Dieses neue Gehirn befindet sich noch im ätherischen (Energie-) Zustand. Es hat die Stufe des Materiellen noch nicht erreicht.

Jedes Gehirn überschneidet sich mit dem vorhergehenden (siehe **Abbildung**). Das vierte Gehirn entwickelt sich zuerst unter dem Kronen-Chakra über den zwei Hemisphären des dritten Gehirns. Es bezieht sich auf die intuitiv-mitfühlende Ebene des vierten Körpers und besitzt ein spirituelles Bewußtsein. Obwohl es noch nicht materiell entwickelt ist, kann es schon genutzt werden. Die Haupteigenschaft des dritten Gehirns ist das Denken, die des vierten das Gewahrsein. Ein entwickeltes viertes Gehirn ermöglicht es einem Menschen, neue, bisher unbekannte Informationen zu empfangen. Es schließt sich an den universellen Geist an und erhält dadurch ein unbegrenztes Potential zur Informationsaufnahme.

Es gibt auch ätherische Formen des fünften, sechsten und siebten Gehirns, aber deren Entwicklung liegt noch in weiter Ferne. Sie beziehen sich auf die entsprechenden Körper.

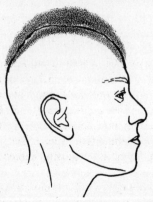

Die Lokalisierung des ätherischen vierten Gehirns

Übungen

Reptilisches Gehirn

Meditiere darüber, was du für ein Gefühl zu deinem unmittelbaren Einflußbereich hast. Was kannst du verändern, um dich besser davon tragen zu lassen. Meditiere über das Überleben. Inwiefern ist es für dich ein Thema? Was bedroht oder unterstützt dein Überleben?

Symbolik. Besorg dir ein Stofftier oder ein Bild von deinem Lieblingsreptil. Versuche, dich während der Meditationen innerlich damit verbunden zu fühlen.

Limbisches System

Meditiere darüber, daß deine Gefühle dir ganz allein gehören, und daß du dich an ihnen erfreust. Wie viele verschiedene Gefühle kannst du auf einmal fühlen? Laß überall in deinem Körper kuschelige Gefühle entstehen. Freue dich wirklich an ihnen.

Symbolik. Farben sind eng verwandt mit Emotionen und können symbolisch für sie sein. Um deine Emotionen zu verstärken, solltest du Farbe in dein Leben bringen, in deine Umgebung, deine Kleidung, dein Essen und deine künstlerischen Unternehmungen.

Neo-mammal

Meditiere über die linke Gehirnhälfte, erfülle sie mit Energie und bewege die Energie in die rechte Gehirnhälfte. Kehre diesen Vorgang dann um und bewege die Energie von der rechten in die linke Gehirnhälfte. Fühle, wie die Energie der beiden Seiten ins Gleichgewicht kommt und der *corpus collosum* (die Brücke zwischen beiden Gehirnhälften) sich öffnet, um Aktivität zu ermöglichen. Laß die gesamte Gegend deines Körpers frei und weit werden.

Nimm dir jeden Tag etwas Zeit, um dir irgendetwas genau anzuschauen. Gibt es etwas, was du vorher noch nicht gesehen hast? So kannst du deine Wahrnehmung entwickeln. Stelle täglich deine Kreativität auf die Probe. Lies Artikel oder Zeitschriften über Dinge, von denen du bisher noch nichts wußtest und an denen du eigentlich auch gar nicht interessiert bist. Das erhöht die Blutzirkulation im Gehirn und öffnet neue Bahnen. Gleichzeitig hilft es deine Denk- und Wahrnehmungsfähigkeit zu erhöhen.

Viertes Gehirn

Spüre die Gegend etwas unterhalb des Kronen-Chakras quer über die Oberfläche deines Kopfes unter der Haut. Sende Energie in diese Gegend und fühle, wie sie weit und offen wird.

Richte deine Aufmerksamkeit auf die Gegend des vierten Gehirns, formuliere Fragen und laß die Antworten sich bilden. Laß dir viel Zeit damit, die Antworten und Bilder können auf sich warten lassen. Meditiere darüber, wie du die Informationen, die über dieses Bewußtsein zu dir kommen, nutzen kannst.

Das Kundalini-Bad. Stimme dich innerlich darauf ein, die Kundalini-Energie als goldenes Licht (mental) zu sehen. Laß es deinen gesamten Kopf durchströmen und achte darauf, daß jedes Gehirn dabei bedacht wird. Wandle die Übung ab, indem du ein silbriges Licht nimmst (spirituell). Vielleicht stellst du in deinem Kopf eine gewisse Wärme fest. Das hilft bei der Transformation, kann aber, wenn zuviel überschüssige Energie auftritt, zu Kopfschmerzen führen. Um den Kopfschmerzen entgegenzuwirken, solltest du die Energie im ganzen Kopf ausgleichen oder sie durch das Kronen-Chakra austreten und sich mit der göttlichen Energie über deinem Kopf vermischen lassen. Die Kombination beider Energien kann sich dann über deinen ganzen Körper ausbreiten.

6.
Chakren

Chakren sind Wirbel, durch die Energie im Körper ein- und ausfließen kann. Wenn sie entwickelt sind, drehen sie sich wie die Räder eines Fahrzeugs. Der überwiegende Teil der Literatur über Chakren beschreibt sieben Chakren, aber in Wirklichkeit haben wir Hunderte von Chakren überall im Körper verteilt. Jeder Akupressur- und Akupunkturpunkt ist ein Energiewirbel und daher ein Chakra. Die Energie, die diese Wirbel antreibt, kommt aus einer Reihe verschiedener Quellen. Eine davon ist unsere eigene Kundalini oder evolutionäre Energie, eine andere ist die uns innewohnende spirituelle Kraft. Diese Energien kommen aus dem Inneren des Körpers und fließen durch die Chakren hinaus.

Chakren empfangen auch Energie. Wir empfangen ständig Energien von anderen Menschen entweder sanft und unmerklich oder ganz bewußt, indem wir sie ihnen entziehen. Wenn andere unsere Energie abziehen, können wir uns sehr ausgelaugt oder an einem bestimmten Chakra um unsere Energie »beraubt« fühlen. Wenn man uns Energie sendet, kommt es vor, daß wir das Gefühl haben, »bombardiert« zu werden. Wir leben in einem Meer von Energien. Spirituelle Energie, Prana und andere Energien, die uns ständig umgeben, können ebenfalls durch die Chakra-Zentren in uns einfließen.

Menschen, die auf einer niedrigen Evolutionsstufe stehen, nehmen normalerweise viel mehr Energie auf, als sie abgeben. Kranke oder geschwächte Menschen können von ihren Mitmenschen mit hoher Vitalität oder von hoch entwickelten Menschen Energie abziehen. Menschen, die sich schwach oder erschöpft fühlen, und solche, die unter einem Mangel an Selbstbewußtsein leiden, können von den Energien anderer sehr stark betroffen sein. Sie können anderen regelrecht ihre Energie rauben. Solche Menschen nennt man »Blutsauger«. Manchmal tut man den Betroffenen damit jedoch Unrecht, denn oft führt dieser Energieraub zur

Heilung und gibt ihnen die Kraft zurück, um wieder aktiv werden zu können. Im Grunde ist es ein wunderbares Gefühl, jemandem die Energie geben zu können, die er braucht. Dieses Geben findet statt, wenn wir kranke oder deprimierte Freunde besuchen. Wir »geben« Energie von unseren Chakren an ihre ab, um ihnen zu helfen.

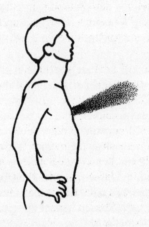

In einem weniger entwickelten Chakra fließt die Energie geradewegs hinaus, anstatt sich zu drehen.

Geben macht stark. Wenn uns jedoch Energie abgezogen wird, wenn wir »ausgesaugt« werden, können wir geschwächt werden. Es gibt Menschen, die aus Gewohnheit anderen Energie aussaugen, anstatt sie selbst zu entwickeln. Solche Menschen kann man getrost »Blutsauger« nennen. Im elften Kapitel werden wir noch einmal darauf zurückkommen.

Menschen, die spirituell noch nicht weit entwickelt sind, können für negative Kräfte offen sein. Negative Energie kommt in ihre Chakren und führt dazu, daß sie sich noch schlechter fühlen oder sich auf noch negativere Weise verhalten als vorher. Ein deprimierter Mensch neigt dazu, die Energien, die durch die

Chakren kommen, auf seine deprimierte Ebene zu bringen, was das Problem nur noch verschlimmert.

Bei selbstverwirklichten Menschen ist der Energiefluß, der sich aus den Chakren hinausbewegt, größer als der Zufluß von Energie. Ihre Chakren sehen aus wie Blumen in voller Blüte. Wenn sie sich noch weiterentwickeln, mischt sich die Energie, die von ihren Chakren ausstrahlt, mit der göttlichen Energie, fährt fort auszustrahlen, und wendet sich dann in einem Bogen zurück, damit die Mischung der beiden Energien durch Hände und Füße (manchmal auch durch andere Teile des Körpers) wieder eintreten kann.

Im Zeitalter des Wassermanns beschleunigt sich unser Wachstum und unsere Entwicklung. Wir durchlaufen viele verschiedene Stimmungen und Lebenslagen und beziehen uns in diesem Prozeß auf verschiedene Chakren. Die Chakren, die in diesem Buch besprochen werden, können dir helfen, die verschiedenen Energiefrequenzen, die unsere phyischen, emotionalen und spirituellen Zustände kontrollieren, besser zu verstehen. Während der Reinigung wirst du merken, daß Angst oder Probleme des gegenwärtigen Lebens oder vergangener Leben manchmal auf bestimmten Ebenen blockiert sind. Ebenso kannst du freudige und wunderbare Erlebnisse haben, die nicht assimiliert worden sind, nicht in dic Körperzellen aufgenommen wurden und daher auf ähnliche Weise in der Energiestruktur des Körpers blockiert sind. Manchmal tritt auch die Angst vor der Zukunft deutlich in Blockaden zutage.

Ich rate Menschen, die gerade beginnen, die Kundalini zu erforschen, daß sie den Energiefluß geradewegs nach vorn durch ihren Körper auslösen, anstatt ihn drehen zu lassen. Oft sind die Blütenblätter noch nicht vollständig entwickelt, und ein Drehen würde die Energie nur durcheinanderbringen.

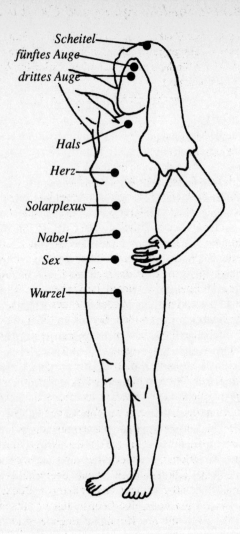

Chakren auf der Vorderseite

Kundalini-Bewegung und Chakra-Reinigung

Es gibt viele Chakren im Körper, die acht wichtigsten werden in dieser Übung angesprochen, wobei die Chakren in der Gegend der Drüsen für das spirituelle und evolutionäre Wachstum besonders wichtig sind.

Als erstes sprechen wir folgende Chakren an:
Nabel
Solarplexus
Herz (obere Brust)
Kehle (unterer Hals)
fünftes Auge (Zentrum der Stirn)
Kronen-Chakra (Scheitel des Kopfes)

Führe die folgende Übung liegend oder im Lotossitz durch. Achte darauf, daß Rücken, Hals und Kopf gerade sind. Es ist leichter und normalerweise wesentlich sicherer, die Übung im Liegen durchzuführen. Richte deine Aufmerksamkeit auf den unteren Teil deines Rückens, über der Steißbeingegend. *Geh nicht bis hinunter zum Steißbein, denn das kann zusätzliche Kundalini auslösen.* Bring die Energie von unten die Wirbelsäule hinauf, dann kanalisiere sie entlang der Vorderseite des Körpers und durch das Nabel-Chakra nach außen. Sei dir der Energie, die aus deinem Körper hinausfließt, bewußt. Erzwinge nichts. Spüre die Energie, die Qualität der Schwingungen. Vielleicht steigen heftige Gefühle auf. Laß es geschehen. Bring die Energie nach ein paar Minuten zurück zur Wirbelsäule, aufwärts und aus dem Solarplexus-Chakra (direkt unter dem Brustbein) hinaus. Achte auf Veränderungen in der Qualität der energetischen Schwingungen.

Fahre fort, Energie zur Wirbelsäule, dann aufwärts und zum nächsten Chakra hinaus zu richten. Achte immer auf Schwingungsveränderungen, Gedanken und Gefühle und darauf, ob Teile deines Körpers blockiert oder überlastet erscheinen. Achte darauf, aber laß dich nicht davon ablenken. Beobachte nur. Wenn du willst, kannst du deine Beobachtungen aufschreiben.

Nachdem du die Kundalini-Energie zum Kronen-Chakra hinausgelenkt hast, laß sie sich mit der göttlichen Energie direkt über deinem Kopf vermischen. Diese göttliche Energie befindet sich immer in der Luft, die um deinen Kopf herum ist. Laß die Mischung in deinen Körper eindringen und ganz durch ihn hindurchfließen (siehe fünfzehntes Kapitel: »Methoden der Kundalini-Auslösung«). Bade deinen Körper innerlich und äußerlich mit den wunderbaren Energien beider Pole: des Himmels und der Erde. Damit trägst du zur Beschleunigung des Wachstums und der Entwicklung bei.

Wenn du diese Übung mehrmals durchgeführt und dich daran gewöhnt hast, beziehe das Sex-Chakra ein. Wenn du dich auch daran gewöhnt hast, nimm das Wurzel-Chakra (am Steißbein) mit dazu. *Beachte: Wir beziehen in dieser Übung das Basis-Chakra unterhalb des Steißbeins nicht mit ein, weil es zuviel Energie auslösen kann.* Wenn du mit den höheren Chakren anfängst, machst du den Weg frei, damit die großen Mengen von Energie aus den Geschlechts- und Wurzelchakren etwas haben, wohin sie gehen können, wenn sie ausgelöst werden. Ansonsten besteht die Gefahr, daß die Energie steckenbleibt und Persönlichkeits- sowie Gesundheitsprobleme mit sich bringen.

Falls es Schmerzen oder Probleme in der Nähe eines Chakras geben sollte, laß dieses Chakra bei der Übung aus, bis sich das Problem gelöst hat. Die zusätzliche Energie könnte es sonst noch schlimmer machen.

Energieströme in den Chakren

Ein Mensch, der noch nicht entwickelt ist, hat normalerweise zahlreiche Blockaden an den Rändern oder direkt in den Chakren, die die Energie verlangsamen und ihren Fluß in falsche Bahnen lenken. Wenn ich mit Schülern arbeite, lasse ich sie nach einer ausreichenden Entwicklung und Reinigung der Chakren die Energie in eine Kreisbewegung versetzen (von außerhalb des Körpers gesehen im Uhrzeigersinn, von innerhalb in umgekehrter Richtung). Diese Bewegung verlegt den Schwerpunkt des Energiestroms auf die linke Seite und betont damit die emotionale und spirituelle Ebene. Auf diese Weise wird eine solide Ausgangsbasis für die Energiearbeit geschaffen und das Verständnis der

Energien gefördert. Später lasse ich meine Schüler dann die Fließrichtung umkehren und die rechte oder mentale Seite betonen. Dadurch werden übersinnliche Fähigkeiten und Kräfte entwickelt. Wenn man die rechte Seite zuerst entwickelt, besteht die Gefahr, daß die Schüler nicht genügend Verständnis und Klugheit im Umgang mit der Energie angesammelt haben, um mit Dingen umgehen zu können, die auf sie zukommen. Es kann nämlich gut sein, daß sie erhebliche Schwierigkeiten durch ihre Arbeit bekommen und mit Dingen konfrontiert werden, die sie nicht verstehen, mit denen sie nicht umgehen können und über die sie keinerlei Kontrolle haben.

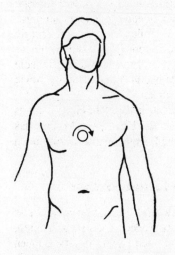
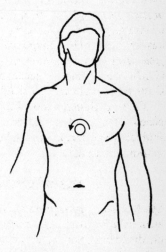

Die Drehrichtung der Chakra-Energie verläuft über das Chakra nach links und erzeugt eine Betonung des Gefühls.

Hier dreht sich die Energie entgegengesetzt und hebt das Mentale hervor.

Erscheinungsform der Chakren von außerhalb

Dieser Fluß deutet auf einen »Polyanna«-Charakter.

Dieser Fluß deutet auf einen zynischen Charakter.

Ein Schwerpunkt des Flusses auf der rechten Seite des Körpers weist auf eine betont mentale Person.

Ein Schwerpunkt auf der linken Seite des Körpers weist auf eine betont emotionale Person.

Bei einigen Menschen ist der Energiestrom der Chakren nach oben gerichtet. Das ist normalerweise ein Hinweis auf einen »blauäugigen« Charakter, der meint, alles sei wundervoll, und nur die schönen Dinge im Leben sieht. Es ist zwar gut, wenn man die schönen und positiven Dinge im Leben sieht, aber man sollte sich von ihnen nicht korrumpieren lassen. Der entgegengesetzte Typ ist ein Mensch, dessen Chakrafluß immer nach unten zur Erde gerichtet ist. Ein solcher Mensch neigt zum Zynismus. Er kann in seinen guten Zeiten sehr gutmütig sein, jedoch bisweilen herablassend. Wenn der Chakrafluß mehr zur rechten Seite neigt, kann eine Person voreingenommen und kopflastig sein. Wenn er zur linken neigt, kann sie übermäßig emotional sein und immer für alles Verständnis haben wollen. Das kann so weit gehen, daß man völlig handlungsunfähig wird.

Die Energie der helleren Blütenblätter fließt nach außen, während die dunkleren Blätter auf eine nach innen fließende Energie hinweisen.

Einige Menschen haben große Mengen schlecht assimilierter Energie im Körper, so daß die Energie mit großer Heftigkeit in den Chakren ein- und ausfließen kann. Wenn die Energie bei einem Menschen heftig ausströmt, kann er manisch werden oder in unbeherrschbare Ekstase verfallen. Eine solche Person hat keine gute Verbindung zu körperlichen Energien. Die Energie fällt ab, kann sehr tief absinken und Depressionen erzeugen. Sie wird buchstäblich in den Körper hineingepreßt. Wenn du solchen Höhen und Tiefen unterworfen bist, versuche dich nicht ins Extrem verfallen zu lassen, sondern bemühe dich um Gleichgewicht. Versuche, die Energie über den ganzen Körper verteilt zu spüren. Nimm die Energie der Ekstase oder der Depression, verbreite sie über den gesamten Körper und assimiliere sie in dir selbst, bis du dich ausgeglichener fühlst.

Bei höher entwickelten Menschen fließen die Chakren ruhig in der Richtung, die dem Schicksal der jeweiligen Person entspricht. Wenn nötig, kann die Fließrichtung auch umgekehrt werden. Ein Chakra ähnelt von der Form her einer drehenden Schüssel. Bei höher entwickelten Menschen findet man kleinere Wirbel, die in der Schüssel schweben, angeordnet wie Blütenblätter, bis an den Rand der Schüssel. Im mitfühlenden und liebenden Herz-Chakra gibt es zum Beispiel zwölf Blütenblätter, im Solarplexus-Chakra zehn, im kleineren Kronen-Chakra zwölf und im äußeren Kronen-Chakra neunhundertsechzig.

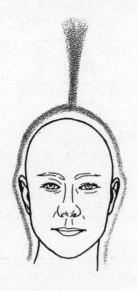

Die schattierte Linie weist auf die Lage des ätherischen Körpers hin, in dem sich die Chakren befinden.

Tabelle 1						
gemein-same Anzahl	Name im Sanskrit	Bezeich-nung	Stelle an der Wirbel-säule	Stelle an der Vorder-seite des Körpers	Farbe	Anzahl der Blüten-blätter
7	Sahasrara	Krone	über dem ersten Halswirbel	Oberseite des Kopfes	Mitte: weiß und Gold; außen: farbig	Mitte: 12 außen: 960
		fünftes Auge	über dem zweiten Halswirbel	Mitte der Stirn	helle Regenbo-genfarben	16
6	Ajna	drittes Auge	über dem zweiten Halswirbel	zwischen den Augen-brauen	halb rosa-gelb, halb blau-purpur	96
5	Vishudda	Hals	über dem dritten Halswirbel	Mitte des Halses	silbrig blau	16
4	Anahata	Herz	über dem fünften Brustwirbel	Mitte der Brust	grün	12
		Solarplexus	Über dem siebten Brustwirbel	Solarplexus	gelb	24
3	Manipura	Nabel	über dem zehnten Brustwirbel	Nabel	orange	10
2	Svadhi-shthana	Mitte, Sexual-zentrum	über dem ersten Lendenwirbel	in der Mitte unter dem Nabel	zinnober	6
1	Muladhara	Wurzel	Steißbein		euchtend orange-rot	4

Eigenschaften der Chakren

Element	Fähigkeit	Drüsen	Charakter (P=positiv, N=negativ)	Fähigkeiten nach Aktivierung der astralen Ebene des Chakras d. Kundalini
Geist	Sprache	Zirbeldrüse	P - Einheit mit allem, kosmisches Verständnis N - Niedergeschlagenheit, Entfremdung vom Leben	Fähigkeit, den Körper bei vollem Bewußtsein zu verlassen, besseres Verständnis des Lebens, Perfektion der astralen Funktionen
Verstand		Hypophyse	P - Überblick über das Leben N - Engstirnigkeit	Zugang zu einem unbegrenzten Wissensreservoir
Verstand	Erkenntnis	Hypophyse	P - Brüderlichkeit, kreatives Denken N - Wunsch, andere zu beherrschen, Egoismus	Sehen geometrischer Formen, Farben, Visionen, Hören der Stimme des höheren Selbst
Äther	Klänge	Schilddrüse	P - Vernunft, Logik N - Starrsinn, Vorurteile, Unfähigkeit, andere Standpunkte zu verstehen	Hellhörigkeit, astrale Klänge, Musik
Luft	Tastsinn, Gefühl	Thymus	P - Mitgefühl, Intuition N - Hartherzigkeit, Verschlossenheit, Verzweiflung	empfindlich für Schmerzen u. Leiden anderer, kann sie im eigenen Körper spüren
	Verhalten	Bauchspeicheldrüse	P - Flexibilität im Umgang mit Energien, Offenheit für Veränderung und Wchstum N- Festgefahrenheit, Angst vor Neuem	Sinn für kommende Veränderungen und ihre Angebrachtheit
Feuer	Sehen	Leyden-Zellen	P- ruhige, gelassene, aber farbige Emotionen N - übertriebene Emotionalität, besitzergreifende Liebe	empfindlich für astrale Einflüsse, Gefühlserinnerungen, Erinnerungen an Astralreisen
Wasser	Geschmack	Eierstöcke und Hoden	P - Vitalität, Sexualität N - Lust, niedrige Emotionen	grundlegendes Verständnis der Zyklen von Schöpfung und Zerfall, Geburt und Tod
Erde	Geruch, Assimilation	Adrenalin	P - gesundes Selbstvertrauen durch Erdverbundenheit N - Unsicherheit, Nichts zum Festhalten, Verlust der Schwerkraft	Beginn des Eintrittes in die Welt der reinen Erkenntnis

Wenn ein Chakra und seine Blütenblätter richtig fließen, entsteht eine bestimmte Schwingungsfrequenz, die den Menschen für übersinnliche Fähigkeiten öffnen und auf höhere spirituelle Ebenen bringen kann. Ein höher entwickelter Mensch arbeitet auf einer höheren Oktave. Wenn ein Chakra richtig gereinigt ist und sich auf die richtige Weise dreht, hat man durch diese Frequenz Zugang zu höheren Oktaven und kann in höheren Dimensionen aktiv werden. Mit der Entwicklung übersinnlicher und spiritueller Fähigkeiten entwickelt sich gleichzeitig das Bewußtsein für kosmische Energien und andere Begabungen.

Man sollte darauf achten, daß ein Anfänger nicht direkt nach höheren Oktaven streben sollte. Die Gegenden sollten zuerst gereinigt und richtig angepaßt werden, sonst drohen Verzerrungen der gespeicherten Energien, der Informationen und des gesamten Verhaltens, die den Eindruck erwecken, als hätte man sich eher zurück- und nicht weiterentwickelt.

Halte dich nicht zu lange damit auf, herauszufinden, welches Symbol oder welche Farbe du in jedem Chakra sehen solltest. Während der Reinigung und Entwicklung der Chakren wirst du viele Symbole sehen, den zunehmenden Mond, Quadrate, Sterne, Dreiecke, Diamantformen und Kreise. Die Farben werden sich verändern, während du an verschiedenen Energiefrequenzen arbeitest. Wenn du dich zwingst, zu früh mit den Blütenblättern und den Farben, die jedem Chakra zugeschrieben werden (siehe **Tabelle 1**), zu arbeiten, können Irritationen und Krankheit die Folge sein.

Wenn man die höheren Oktaven (Ebenen) erreicht hat, werden die Farben der Chakren eine klare, leuchtende Qualität annehmen. Noch nicht entwickelt sind die Farben sehr trübe oder haben dunkle Flecken.

Die Energie unterentwickelter Chakren ist unausgeglichen, und ein Mensch, der hauptsächlich durch sie bestimmt wird, bezieht sich auf die Welt im wesentlichen durch ein oder zwei Chakren. Wenn beispielsweise eins davon das Sex-Chakra ist, wird der Betroffene früher oder später immer anfangen, über Sex zu sprechen oder Ausdrücke zu verwenden, die einen sexuellen

Anklang haben, ganz gleich, worum das Gespräch eigentlich geht. Eine übermäßig emotionale Person wird sich immer in ihre Gefühle hineinsteigern, ganz gleich, was vor sich geht. Der übermäßig Mentale wird das Emotionale vernachlässigen und sich seines Körpers nicht immer bewußt sein. Wir sollten daher so weit wie möglich auf einen ausgeglichenen Energiefluß der Chakren hinarbeiten.

Die Chakren befinden sich auf einer ätherisch-feinstofflichen Ebene etwas außerhalb des Körpers. Je weiter du diese Ebene entwickelst, desto mehr Chakren wirst du finden, die sich weiter vom Körper entfernt befinden. In der äußersten Schicht der emotionalen oder astralen Aura befindet sich beispielsweise ein weiteres Chakra, außerhalb der mentalen Aura ebenfalls und so weiter in allen sieben Körpern. Irgendwann müssen alle diese Chakren entwickelt werden, aber ihre Entwicklung basiert auf der Entwicklung der anderen Chakren, die sich etwas außerhalb des physischen Körpers befinden.

7.
Die Chakren der sieben Körper

Wie im vierten Kapitel bereits erwähnt, haben wir sieben elementare Körper oder Schwingungszustände, die von unserem Bewußtsein bewohnt werden. Unsere Chakren beziehen sich auf diese vier Ebenen: die physische, die emotionale oder astrale, die mentale, die intuitiv-mitfühlende, Wille/Geist-, seelische und göttliche Ebene. Die ersten drei beziehen sich auf unsere persönliche und die letzten vier auf unsere spirituelle Ebene. Jeder der sieben Körper hat verschiedene Ebenen oder Unterebenen, deren Schwingungsraten denen der sieben Körper entsprechen. Der physische Körper zum Beispiel hat Unterebenen, die der physischen, der emotionalen oder astralen, der mentalen, der intuitiv-mitfühlenden, der Wille/Geist-, der seelischen sowie der göttlichen Ebene entsprechen. Jede Unterebene hat ihre eigenen Energiewirbel (Chakren). Die stärksten Chakren des Körpers sind die Doppelchakren, zum Beispiel die physischen Chakren des physischen Körpers, die emotionalen des emotionalen Körpers und die mentalen des mentalen Körpers. Für Informationen über die Funktionen der Chakren im Verhältnis zu den Hauptebenen und Unterebenen des Körpers siehe **Tabelle 1** im vorangegangenen Kapitel. **Tabelle 2** gibt an, wo sich sämtliche Unterebenen befinden.

Alle Ebenen stehen in Verbindung miteinander. Wenn eine betroffen ist, sind alle anderen ebenfalls betroffen. Ein Problem, das sich auf einer bestimmten Ebene eines Körpers stellt, wird ebenso auf den entsprechenden Ebenen der anderen sechs Körper vorhanden sein. Zum Beispiel werden Schwierigkeiten auf der emotionalen Ebene des physischen Körpers sich ebenso auf der emotionalen Ebene der emotionalen, mentalen, intuitiv-mitfühlenden, Wille/Geist-, seelischen und göttlichen Körper zei-

Chakren der Ebenen → / Chakren der sieben Körper ↓	1. Chakren der physischen Ebene (ätherisch)	2. Chakren der emotionalen Ebene (astral)	3. Chakren der mentalen Ebene	4. Chakren der intuitiv-mit-fühlenden Ebene	5. Chakren der Wille/Geist - Ebene	6. Chakren der seelischen Ebene	7. Chakren der göttlichen Ebene
Chakren des physischen (ätherischen) Körpers	Handrücken und Fersen	Milz	Schulterspitzen und Gesäßknochen des Beckens	etwas unterhalb der Wangenknochen, im Unterkiefer	am Brustbein zwischen den Brüsten	Nebennierendrüsen	Steißbein (Wurzel-Chakra)
Chakren des emotionalen (astralen) Körpers	Bauch	Nabel-Chakra	untere Rückenwirbel, über Wurzel-Chakra unterhalb des Kreuzes	Brustbeinfortsatz am unteren Ende des Brustbeins	an der Wirbelsäule etwas unterhalb der Hüfte	etwa 5 cm zu beiden Seiten des mitfühlenden Herz-Chakras	mitfühlendes Herz-Chakra (im mittleren oberen Brustbereich)
Chakren des mentalen Körpers	unterer Halsbereich	Schläfen	drittes Auge, zwischen den Augenbrauen	über dem Nabel, in der Mitte des Querdams	im oberen Halsbereich an der Zungenwurzel unter dem Kinn	fünftes Auge (Mitte der Stirn)	siebentes Auge, oben vorn am Kopf, 3-5 cm hinter Haaransatz
Chakren des intuitiv-mit fühlenden Körpers	Leber	an den Hüften außen, Oberschenkel- und Oberarm-Mitte	am Brustbein direkt über dem Brustbeinfortsatz	mitfühlendes Herz-Chakra	auf beiden Seiten der Nase, rechts und links vom Nasenloch	Pupillen beider Augen	Medulla oblongata, Hirnstamm
Chakren des Wille/Geist Körpers	Handflächen und Fußsohlen	Kniekehlen und Innenseiten der Ellenbogen	Armbeugen und im Schritt	3-5 cm unter dem Perineum (unterhalb des Körpers)	sexuelles Kraft-Chakra (in der Mitte zwischen Nabel und Schambein)	weiche Stelle oder »Loch« im Hinterkopf	vier Fingerbreit über dem Kopf
Chakren des seelischen Körpers	großes Fußgewölbe und Daumenseite des Handgeleks (am Knochen)	Innenseite der Beine direkt über d. Knien und der Arme direkt über d. Ellenbogen	Vorderseite der Armbeugen und in den Oberschenkelbeugen	Eierstöcke oder Hoden	etwa 3 cm über den unteren Rippen auf beiden Seiten der Brust	beide Seiten des Halses, Innenseite des Schlüsselbeins	direkt über den Ohren auf beiden Seiten des Kopfes
Chakren des göttlichen Körpers	Finger- und Zehenspitzen direkt unter den Nägeln	hervorstehender Knochen am Hinterkopf (devotionales Chakra)	untere Ränder des Illium, Schambein	Solarplexus	»Hufeisen« am Halsansatz	etwa 3-5 cm rechts und links des Nabels	Kronen-Chakra (auf der Mitte des Scheitels)

gen. Ebenso wird eine Energieauslösung oder Reinigung auf einer Ebene die Auslösung und Reinigung auf der entsprechenden Ebene der anderen Körper erleichtern. Das Endziel für alle Körper ist es, gereinigt zu werden und in Harmonie zu kommen. Erst dann verfügen wir über volle Kraft und körperliches Wohlbefinden.

Beispiel. Schwierigkeiten auf der dritten (mentalen) Ebene des intuitiv-mitfühlenden Körpers können ein gestörtes Verhältnis zu deiner eigenen Erkenntnisfähigkeit mit sich bringen. Das äußert sich entweder als die Vorstellung, daß dein Wissen keinen Wert besitzt, oder als das Gefühl, daß es die absolute Wahrheit ist, was dich starrsinnig und eitel macht. Diese Fehlfunktion auf der mentalen Ebene des intuitiv-mitfühlenden Körpers wird wahrscheinlich gleichzeitig eine Fehlfunktion in deiner Einstellung deinem physischen Körper, deinen Gefühlen, deinem geistigen Potential und deiner Denkfähigkeit (Wille/Geist) gegenüber verursachen. Wenn du Schwierigkeiten hast, deinen physischen Körper zu akzeptieren, dann kannst du auch Schwierigkeiten auf der physischen Ebene der anderen Körper haben: dein Bauch (emotionaler Körper), dein Hals (mentaler Körper), deine Leber (intuitiv-mitfühlender Körper), die Handflächen und Fußsohlen (Wille/Geist-Körper), dein Spann und die Seiten deiner Handgelenke (seelischer Körper) sowie die Enden deiner Zehen und Finger (göttlicher Körper).

Unterschiede des Fische-Zeitalters und des Wassermann-Zeitalters

Im Fische-Zeitalter, das vor etwa zweitausendsechshundert Jahren begonnen hat, haben die Menschen ihr ganzes Leben lang hauptsächlich an einem, selten an zwei oder drei Körpern gearbeitet. Um die Möglichkeiten des Wassermann-Zeitalters auszuschöpfen, müssen wir jetzt alle Körper reinigen, entwickeln. Nur so können wir die notwendige Einheit erreichen. Das ist ein Grund, aus dem heutzutage anscheinend soviel Karma hervorbricht. Wir erleben eine umfassende Grundreinigung auf allen

Gebieten. Menschen, die Schwierigkeiten haben, mit der dramatischen Reinigung des Wassermann-Zeitalters zurechtzukommen, laufen Gefahr, daß sie aggressiv oder innerlich wütend werden und schlimme Depressionen bekommen, wenn sie mit den gewaltigen Energien und ihrer eigenen Unfähigkeit, sie zu nutzen, konfrontiert werden. Wer jedoch bereits seinen Körper gut gereinigt und eine Einheit erreicht hat oder bereits intensiv an einer Reinigung arbeitet, wird die Energien des Wassermann-Zeitalters auf konstruktive, freudige, schöpferische und spirituelle Weise nutzen können.

Ein Aspekt des Wassermann-Zeitalters ist ein gesteigertes Bewußtsein für den physischen Körper und seine Funktionen. Die meisten Menschen sind darauf trainiert, sich hauptsächlich auf die Kraft ihres Denkens zu verlassen, wenn sie wissen wollen, was vor sich geht. Wenn wir uns jedoch auf das Bewußtsein einstimmen, das von den Chakren durch den Körper empfangen wird, sind wir besser auf die höheren mentalen und spirituellen Energien eingestimmt, und unterliegen nicht so stark den Beschränkungen und Programmierungen unseres Gehirns. Die Entwicklung und der Gebrauch des Gehirns war im Fische-Zeitalter sehr wichtig, im Wassermann-Zeitalter müssen wir unseren Einflußbereich jedoch zusätzlich auf die höheren Oktaven der mentalen und spirituellen Energien erweitern.

Körper und Chakren

Die folgenden Abbildungen zeigen, wo sich die sieben Chakra-Ebenen jedes Körpers befinden. Es empfiehlt sich, daß du dich mit den Problemzonen deines Körpers einschließlich der dazugehörigen Chakren vertraut machst. Im nächsten Kapitel werden Übungen vorgestellt, welche die Reinigung und Entwicklung der Chakren fördern.

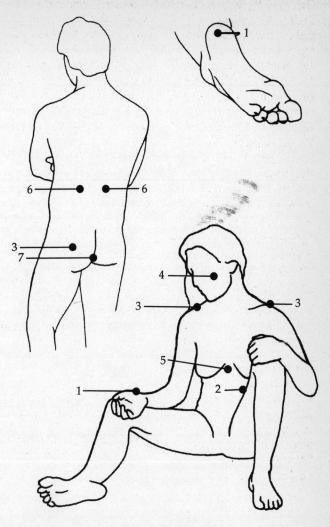

Chakren am physischen Körper

Physischer Körper

Der physische Körper ist der dichteste der sieben Körper. Er ist der einzige, den man sehen kann ohne über besonders entwickelte visionäre Fähigkeiten zu verfügen. Mit Hilfe des physischen Körpers drücken wir uns aus, nehmen wir auf und werden uns bewußt. Die folgenden sieben Chakra-Ebenen umfassen den physischen Körper:

1. Physische Ebene

vier Positionen: Fersen und Hände

Funktion: Energieventil zur Selbstbehauptung und zur Auslösung physischer Aggressivität; Kraftpunkte

zu weit geöffnet: sehr anspruchsvoll

blockiert: Tendenz, auf den Zehenspitzen zu laufen; sich nicht ausdrücken zu können oder kein Bedürfnis zu haben, wahrgenommen zu werden; das Gefühl, auf Eiern zu laufen; Hände scheinen kalt und zurückgezogen; Schwierigkeiten auf andere zuzugehen, Hände zu schütteln oder andere zu berühren

2. Emotionale Ebene

Position: Milz

Funktion: innere Ruhe auf der emotionalen Ebene

zu weit geöffnet: Ausdruck überschüssigen Ärgers, manchmal auf ungesunde Weise

blockiert: Verdrängung überschüssigen Ärgers, der auf unbewußte Weise ausgelöst werden kann

3. Mentale Ebene

vier Positionen: Spitzen der Schultern über den Armbeugen und auf beiden Seiten des Beckens (Sitzknochen)

Funktion: Ausdruck einer kopfbetonten Einstellung dem Körper und seinen Funktionen in der Welt gegenüber

zu weit geöffnet: übermäßiges Körperbewußtsein und zu starke Beschäftigung mit körperlichen Belangen

blockiert: kein Gefühl für Erschöpfungszustände, Müdigkeit oder Schmerzen; keine Verbindung zum physischen Körper, Unfähigkeit, sich um seine eigenen Probleme zu kümmern

4. Intuitiv-mitfühlende Ebene

zwei Positionen: etwas unterhalb der Wangenknochen und innerhalb des Unterkiefers

Funktion: liefert Energie für tieferes Verständnis und Mitgefühl für den Körper

zu weit geöffnet: Körperbesessenheit

blockiert: Ignorieren der Bedürfnisse des Körpers; sehr ähnlich dem vorhergehenden Chakra

5. Wille/Geist-Ebene

Position: zwischen den Brüsten am Brustbein

Funktion: Bereitschaft, das Leben wirklich zu leben; liefert die Willenskraft für physische Aktivität und Überleben

zu weit geöffnet: Unvorsichtigkeit, wenn Vorsicht geboten ist

blockiert: Angst, wirklich zu leben oder sein Herz an eine Sache zu hängen; manchmal Lebensmüdigkeit

6. Seelische Ebene

zwei Positionen: Adrenalindrüsen (über den Nieren)

Funktion: Selbsterhaltung; Wissen, wann es gilt zu kämpfen oder zu fliehen; Handlung auf der Ebene des reinen Daseins; »Gesundheitspolizei«

zu weit geöffnet: zu sehr mit Flucht, Kampf oder Rechthaberei beschäftigt

blockiert: Zwang, die eigene Existenz zu rechtfertigen; Gefühl der Unverbundenheit mit der seelischen Ebene; unterdrückter Ärger; Offenheit für Krankheit und das Gefühl, zurückgewiesen zu werden

7. Göttliche Ebene

Position: Wurzel-Chakra, Steißbein

Funktion: reinigt und harmonisiert die Energien der unteren Ebenen; Gefühl von Sicherheit, festen Boden unter den Füßen zu haben und über Energie von einer höheren Ebene zu verfügen

zu weit geöffnet: übertriebene Risikofreudigkeit

blockiert: Mangel an Sicherheit; Unfähigkeit, mit Energien unterer Ebenen umzugehen

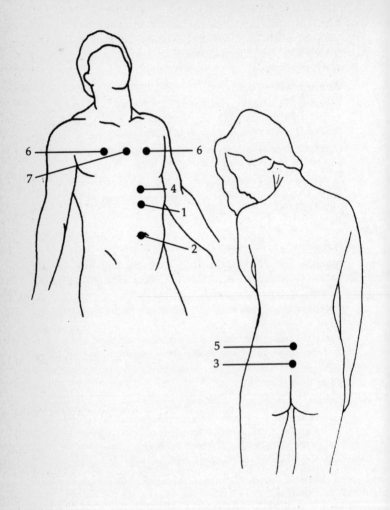

Chakren am emotionalen Körper

Emotionaler Körper

Der emotionale Körper schwingt mit einer Frequenz, durch die wir Emotionen fühlen und ausdrücken können. Gleichzeitig ist er das Tor zum Göttlichen. Wenn er vollständig entwickelt ist, dient er als Organ für Gefühle göttlicher Liebe.

1. Physische Ebene

Position: Bauch

Funktion: Verarbeitung von Emotionen

zu weit geöffnet: Leichtgläubigkeit; übertriebene Gefühlsbetontheit

blockiert: Unfähigkeit, mit Emotionen zurechtzukommen und sie zu verarbeiten; Unfähigkeit, angemessen emotional zu handeln

2. Emotionale Ebene

Position: Nabel

Funktion: stärkstes der emotionalen Chakren; verbindendes Element zu anderen Menschen auf der Gefühlsebene

zu weit geöffnet: zu emotional; wegen übermäßigem emotionalem Druck unfähig, klar zu denken

blockiert: wenig verfeinerte und unterentwickelte Gefühle; vulkanische Natur; Energien können blockiert sein, aber der Betroffene ist starkt mit Gefühlen beschäftigt

3. Mentale Ebene

Position: im unteren Teil des Rückens, über dem WurzelChakra und unter dem Kreuz

Funktion: Nachdenken oder Urteilen über Gefühle; Humor und Akzeptieren des Lebens

zu weit geöffnet: übermäßig mit Gefühlen beschäftigt

blockiert: Humorlosigkeit; sich selbst und seine Gefühle zu ernst nehmend

4. Intuitiv-mitfühlende Ebene

Position: Brustbeinfortsatz an der Unterseite des Brustbeins

Funktion: Unterscheidung, was für einen Menschen richtig und falsch ist; Beginn bewußter Energie

zu weit geöffnet: übertriebene Schuldgefühle; permanenter Wunsch, die eigenen Positionen und Gefühle zu erklären und zu rechtfertigen

blockiert: blockierte Schuldgefühle; kann sich die Erwartungen anderer zu eigen machen, ohne sie zu verstehen

5. Wille/Geist-Ebene

Position: unter der Hüfte an der Wirbelsäule im Rücken

Funktion: emotionale Stärke; hilft, Emotionen auszugleichen; fördert das Gefühl, Rückgrat zu haben

zu weit geöffnet: anderen mit emotionalen Mitteln den eigenen Willen aufzwingen; übermäßig energisch

blockiert: willensschwach; leicht in seinem emotionalen Urteil über andere zu beeinflussen

6. Seelische Ebene

zwei Positionen: auf beiden Seiten des mitfühlenden Herz-Chakras

Funktion: hilft die Fähigkeit stärken, Liebe zu geben und zu empfangen und sich des eigenen Daseins im Prozeß der Liebe bewußt zu werden

zu weit geöffnet: kann übermäßiges Bedürfnis entwickeln, zu lieben und geliebt zu werden

blockiert: wagt nicht zu lieben oder fühlt sich nicht wert zu lieben oder geliebt zu werden; Blockierungen auf der rechten Seite beziehen sich auf die Einstellungen und Überzeugungen über die Liebe. Blockierungen auf der linken beziehen sich auf Gefühle für die Liebe

7. Göttliche Ebene

Position: das mitfühlende Herz-Chakra (Zentrum der oberen Brust)

Funktion: Gefühl der Einheit aller Ebenen; Integration der Emotionen ins Gleichgewicht; Ausgeglichenheit; Liebe, Mitgefühl und Verständnis für die Mitmenschen

zu weit geöffnet: übertrieben bemüht, genug zu lieben, genug für andere zu tun; kann sich völlig überanstrengt fühlen

blockiert: hartherzig; verschlossen; zu ängstlich, um zu lieben

Mentaler Körper

Der mentale Körper ist die Frequenz, durch die wir denken und urteilen. Wenn wir auf den unteren Ebenen des mentalen Körpers arbeiten, können unsere Gedanken und Einstellungen stark von unseren Gefühlen beeinflußt werden. Das kann leicht zu

Wunschdenken führen, das Voreingenommenheit, vorschnelle Urteile und andere Formen emotional eingefärbter Denkweisen nach sich zieht. Wenn wir auf den höheren Ebenen des mentalen Körpers arbeiten, sind wir fähig zu abstraktem Denken, Kreativität, logischen Schlußfolgerungen und einer Beherrschung von Mathematik und Philosophie.

1. Physische Ebene

Position: unterer Hals

Funktion: akzeptieren, was ist; Möglichkeiten organisieren, mit Situationen umzugehen; ein Gefühl der Macht, Veränderungen herbeizuführen

zu weit geöffnet: versucht ständig, Kontrolle über etwas auszuüben, normalerweise über das Leben seiner Mitmenschen

blockiert: Unfähigkeit, mental zu akzeptieren (zu »schlucken«); Unfähigkeit, mit Situationen umzugehen; kann zu übermäßigem Stolz oder Vorurteilen neigen

2. Emotionale Ebene

Position: Schläfen

Funktion: Gefühle über wahrgenommene Dinge

zu weit geöffnet: übertriebene Versuche, alles zu verstehen

blockiert: kann den Blick verzerren oder nur das sehen, was leicht wahrzunehmen ist

3. Mentale Ebene

Position: drittes Auge (zwischen den Augenbrauen)

Funktion: Sitz des Ego; stärkt das Ich als getrenntes Individuum; Hellsichtigkeit

zu weit geöffnet: egoistisch

blockiert: schwaches oder in sich gekehrtes Ego; anderen Dimensionen des Lebens verschlossen

4. Intuitiv-mitfühlende Ebene

Position: Zentrum des Querdarms (über dem Nabel)

Funktion: emotionale Ebene der Annahme oder Zurückweisung von Gedanken; emotional-mentale Verbindung

zu weit geöffnet: das Gefühl, die eigenen Gedanken seien außerordentlich bedeutsam

blockiert: unverdaute Gedanken oder Ideen blockiert; können zur Verstopfung führen

5. Wille/Geist-Ebene

Position: oberer Hals, an der Zungenwurzel und hinten auf Höhe des Kinns

Funktion: aktiviert den Willen, seine Gedanken auszudrücken und kein Blatt vor den Mund zu nehmen

zu weit geöffnet: übertriebenes Ausdrücken der eigenen Gedanken (zuviel reden)

blockiert: Mangel an Vertrauen in die eigenen mentalen Fähigkeiten; Wörter bleiben im Halse stecken; Halsentzündung

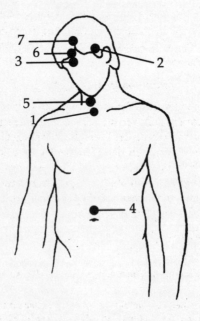

Chakren des mentalen Körpers

6. Seelische Ebene

Position: fünftes Auge (Mitte der Stirn)

Funktion: öffnet das höhere Denken für kreative Ideen; macht die größeren Zusammenhänge im Leben und den eigenen Platz darin bewußt

zu weit geöffnet: zu sehr mit altruistischen Werten beschäftigt

blockiert: egozentrisch; Mangel an Weitsicht

7. Göttliche Ebene

Position: siebentes Auge (direkt über dem fünften Auge, zwei bis drei Zentimeter über dem normalen Haaransatz)

Funktion: Selbsterkenntnis der Seele; Ort der Kommunikation mit dem höheren Selbst

zu weit geöffnet: zu sehr mit der höheren Vision des Selbst beschäftigt

blockiert: Unfähigkeit, spirituelle Einsichten wahrzunehmen und zu nutzen, überwiegend mit der ausschließlich menschlichen Seite des Lebens beschäftigt

Intuitiv-mitfühlender Körper

Dies ist die Frequenz, auf der man Mitgefühl zeigt und sich selbst und seine Mitmenschen versteht. Gleichzeitig ist sie Ausdrucksmittel für höhere Formen der Liebe – ein Weg zu Gott. Sie stellt die Verbindung zwischen der emotionalen und der göttlichen Ebene her. In diesem Körper befinden wir uns jenseits der Grenzen von Raum und Zeit. Es gibt Verständnis ohne die Notwendigkeit, durch einen Urteils- und Denkprozeß zu gehen. Dieser Körper ist der Sitz der Intuition.

1. Physische Ebene

Position: Leber

Funktion: Energie für Taten, die man spirituell für sich selbst für richtig hält

zu weit geöffnet: kein Gefühl dafür, wie die eigene spirituelle Richtung am besten mit der Richtung der Mitmenschen in Einklang gebracht werden kann; zu ungeduldig mit den eigenen Einsichten

blockiert: feige; kann sich, was das Verfolgen der eigenen spirituellen

Richtung anbelangt, wie ein Feigling vorkommen

2. Emotionale Ebene

vier Positionen: in der Mitte am äußeren Rand der Hüften und Oberarme

Funktion: Verbindung mit anderen Menschen; fühlen des Energiestromes zwischen sich selbst und anderen

zu weit geöffnet: überempfindlich für die Energie anderer und nicht ausgeglichen mit der eigenen

blockiert: von anderen abgetrennt

3. Mentale Ebene

Position: unterer Teil des Brustbeins über dem Brustbeinfortsatz

Funktion: angemessene Flexibilität im Leben und bei Beziehungen

zu weit geöffnet: übermäßig tolerant

blockiert: zu anhänglich oder abstoßend

4. Intuitiv-mitfühlende Ebene

Position: Herz-Chakra – oberes Zentrum der Brust (Dieses Chakra ist dasselbe wie die siebente Ebene des emotionalen Körpers.)

Funktion: das wichtigste Chakra, um bedingungslose Liebe, Mitgefühl und Verständnis zum Ausdruck zu bringen

zu weit geöffnet: übermäßig um andere besorgt; Mangel an Balance zwischen sich selbst und anderen

blockiert: hartherzig; Liebe, Mitgefühl und Verständnis an Bedingungen geknüpft

5. *Wille/Geist-Ebene*

zwei Positionen: beide Seiten der Nasenwurzel

Funktion: Macht-Chakren, die Mut machen, die Energien von Himmel und Erde praktisch nutzbar zu machen

zu weit geöffnet: entweder zu exzessiv mit der Energie des Himmels oder der Erde beschäftigt; Unfähigkeit, die Energien zurück zum Selbst zu führen

blockiert: fühlt sich auf den genannten Gebieten machtlos oder inkompetent

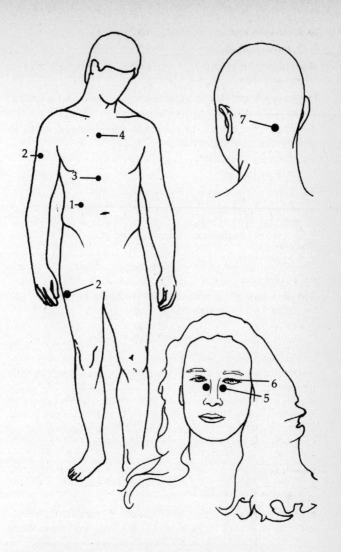

Chakren des intuitiv-mitfühlenden Körpers

113

6. Seelische Ebene

zwei Positionen: Pupillen

Funktion: tiefer Ausdruck der Präsenz des reinen Daseins; manchmal »Fenster der Seele« genannt

zu weit geöffnet: übertriebenes Bedürfnis, tiefgreifende Gefühle zu haben

blockiert: Angst vor der eigenen Tiefe; die Augen können aussehen, als ob niemand da wäre (kann dasselbe Gefühl haben, wenn er Menschen ansieht)

7. Göttliche Ebene

Position: Gehirnstamm, medulla oblongata

Funktion: stimuliert göttliches Verstehen; glückselige Selbstwahrnehmung in der Vereinigung mit Gott; harmonisiert das Verständnis aus Einblicken auf den unteren Ebenen mit dem göttlichen Plan für das eigene Leben

zu weit geöffnet: zu stark mit höheren Ebenen auf Kosten der menschlichen Ebene beschäftigt

blockiert: zu stark mit der menschlichen Ebene und dem profanen Bewußtsein des Lebens beschäftigt

Wille/Geist-Körper

Der Wille/Geist-Körper ist das Transportmittel oder die Frequenz, durch die sich der Geist ausdrücken kann. Er kanalisiert Energie, die sich als Wille verwirklicht, und ist die höchste Ebene, die ein Mensch erreichen kann, wenn er die seelische und die göttliche Ebene ablehnt. Das birgt die Gefahr großer Negativität und Karma in sich, denn die Energie ist so hoch, daß sie, wenn sie mißbraucht wird, viel Schaden anrichten kann. Hier muß man sich entscheiden: göttlicher Wille oder menschlicher Wille.

1. Physische Ebene

vier Positionen: Handflächen und Fußsohlen

Funktion: das Gefühl von Energie im Verhältnis zur Außenwelt

zu weit geöffnet: zu stark mit anderen beschäftigt; übertriebenes Mitteilungsbedürfnis und Wunsch, die Welt zu verbessern

blockiert: schlechter Kreislauf; kalte Hände und Füße; Hemmungen, sich der Welt mitzuteilen

2. Emotionale Ebene

vier Positionen: Kniekehlen und Innenseiten der Ellenbogen

Funktion: Fähigkeit, sich auf der emotionalen Ebene zu behaupten und auf der Gefühlsebene handlungsfähig zu sein

zu weit geöffnet: zu dogmatisch

blockiert: schwache Knie; Mangel an emotionaler Durchsetzungskraft des eigenen Willens und eigener Wünsche

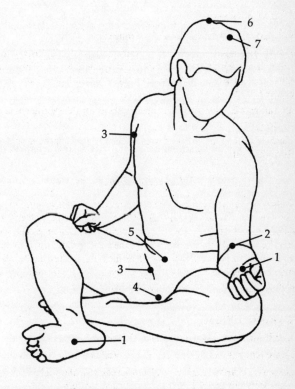

Chakren des Wille/Geist-Körpers

3. Mentale Ebene

vier Positionen: Armbeugen und Leisten

Funktion: mentales Annehmen des eigenen Willens und der eigenen Wünsche; Umsetzung von Gedanken in die Tat

zu weit geöffnet: zu egoistisch

blockiert: mangelndes Selbstwertgefühl; auf einigen Gebieten Angst und Zurückhaltung

4. Intuitiv-mitfühlende Ebene

Position: drei Zentimeter unterhalb des Schritts

Funktion: liefert Energie zum Verstehen und zur Machtausübung; Chakra-Entsprechung der göttlichen Ebene dieses Körpers

zu weit geöffnet: dieses Chakra sollte mit Vorsicht behandelt werden, denn die Kraft kann leicht in Negativität umschlagen, wenn der Körper nicht auf den Umgang mit höheren Energie vorbereitet ist

blockiert: verstärkt negative sexuelle Energien; verstärkt Gefühle von Gewalt oder das Bedürfnis zu explodieren

5. Wille/Geist-Ebene

Position: sexuelles Kraftzentrum (die zwei Chakren unterhalb des Nabels)

Funktion: Kraftquelle für physische Energie, Sexualtrieb, heilende Energie, Lebensfreude

zu weit geöffnet: überschüssige unkontrollierte Kraft oder sexuelle Energie

blockiert: Angst vor der eigenen Courage, Mangel an Lebensfreude, negative oder pervertierte sexuelle Energien

6. Seelische Ebene

Position: auf dem Scheitel hinter dem Kronen-Chakra

Funktion: hilft dabei, Nirvana oder glückselige Zustände zu erreichen; »nicht mein, sondern dein Wille geschehe«

zu weit geöffnet: geistesabwesend; unfähig, die höheren Energien im alltäglichen Leben zu nutzen

blockiert: verunklärt das Bewußtsein der höheren spirituellen und mentalen Ebenen

7. Göttliche Ebene

Position: vier Fingerbreit über dem Kopf, kleiner als das Kronen-Chakra

Funktion: menschliche und spirituelle Energien vermischen sich hier und machen es möglich, daß man auf aktive, praktische Weise auf höhere Ebenen gelangt

zu weit geöffnet: verträumt oder nachlässig mit physischen körperlichen Energien

blockiert: erzeugt Gefühle von Isolation, Einsamkeit, mangelnder Verbindung mit der seelischen Ebene; wütend auf sich selbst

Seelischer Körper

Der seelische Körper ist Ausdrucksmittel der seelischen Energien und Sitz der Präsenz des reinen Daseins, des »Ich bin«. Auf der menschlichen Ebene kann man sich von dem seelischen Körper führen lassen.

1. Physische Ebene

vier Positionen: in der Mitte des großen Fußgewölbes und auf der Daumenseite des Handgelenks

Funktion: verstärkt die Fähigkeit, die Präsenz des reinen Daseins zu aktivieren; verleiht der Seele Ausdruck auf der physischen Ebene

zu weit geöffnet: zu stark mit sich selbst beschäftigt; geneigt, andere zu ignorieren

blockiert: schwache Füße und Hände; hält sich im allgemeinen vom Leben fern

2. Emotionale Ebene

vier Positionen: auf der Innenseite der Beine etwas über den Knien und auf der Innenseite der Arme etwas über den Ellenbogen

Funktion: reines Dasein im Fluß der Gefühle

zu weit geöffnet: zu stark mit den Prioritäten der eigenen Gefühle beschäftigt

blockiert: schwache Knie; zieht die Arme an den Körper; scheut zurück vor tieferen, persönlicheren Emotionen

3. Mentale Ebene

vier Positionen: zwischen Beinen und Becken an der Innenseite der Oberschenkel und auf der Körperseite der Armbeugen

Funktion: das reine Dasein im Denken ausgedrückt; eine logische, gesunde Einstellung dem Leben gegenüber als Person und Individuum

zu weit geöffnet: zu stark damit beschäftigt, sich individuell als Person auszudrücken

blockiert: schlechte Haltung; Gefühl, im Leben zu kurz gekommen zu sein; Trennung von Verstand und Seele

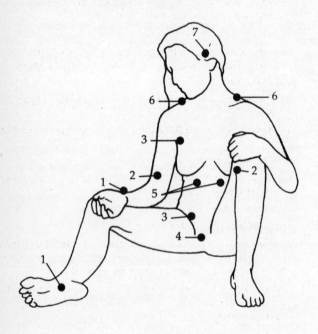

Chakren des seelischen Körpers

4. Intuitiv-mitfühlende Ebene

zwei Positionen: Eierstöcke oder Hoden

Funktion: Entwicklung der sexuellen Orientierung sich selbst und der Welt gegenüber; gesunde Identität im Gegensatzpaar

zu weit geöffnet: Eitelkeit und Selbstüberschätzung

blockiert: Angst vor der Sexualität und Mangel an Spiritualität; Angst, für eine Beziehung zum anderen Geschlecht nicht geeignet zu sein

5. Wille/Geist-Ebene

zwei Positionen: ungefähr drei Zentimeter über den unteren Rippen auf beiden Seiten der Brust

Funktion: Fähigkeit, den Atem des Lebens aufzunehmen und zu nutzen; Bestätigung des Rechtes auf Leben

zu weit geöffnet: übertriebenes Bedürfnis nach Weite

blockiert: das Gefühl, die Energien anderer Menschen zu ertränken; Probleme mit den Lungen; gewohnheitsmäßig schlechte Atmung

6. Seelische Ebene:

zwei Positionen: auf beiden Seiten des Halses in der Wölbung zwischen Körper und Hals

Funktion: Ausdruck von Selbstachtung; Selbstwertgefühl; erhobenes Haupt

zu weit geöffnet: Stolz

blockiert: Spannungen in der Halsgegend; die Neigung, Hals und Kopf einzuziehen (Schildkröten-Komplex)

7. Göttliche Ebene

zwei Positionen: direkt über den Ohren

Funktion: sich selbst als eins mit Gott erleben; das Selbst als Bestandteil des göttlichen Bewußtseins erfahren; die Lenkung des eigenen Lebens durch die Erkenntnis des göttlichen Bewußtseins

blockiert: Kopfschmerzen; schlechte Wahrnehmung oder Einsicht in die Energien des eigenen Schicksals; das Gefühl, daß einem »die Felle davonschwimmen«

Göttlicher Körper

Der göttliche Körper ist der siebente und höchste. In diesem Körper treten wir in Beziehung zum göttlichen Funken in uns. Durch seine Energie können wir die Präsenz Gottes tief in unserem Leben fühlen und uns ganz mit Gott vereint wahrnehmen. Diese Energie hat viele Namen: »göttliche Realität« oder »Quelle«, jeder hat seinen eigenen Begriff von ihr.

1. Physische Ebene

zwanzig Positionen: Finger- und Zehenspitzen

Funktion: heilende Energien und Wahrnehmungen von Energien in der Umgebung

zu weit geöffnet: zieht die Energie ab

blockiert: kann sich in Wut und (symbolisch wie buchstäblich) in Ellenbogenfreiheit verwandeln; kann Hände und Füße gesundheitlich beeinträchtigen

2. Emotionale Ebene

Position: devotionales Chakra, Zentrum des Hinterkopfes

Funktion: bringt Verehrung des Göttlichen zum Ausdruck

zu weit geöffnet: kann übertrieben dem eigenen Ego oder einer bestimmten Sache dienen (fanatisch oder übereifrig), besonders wenn gleichzeitig das Kronen-Chakra blockiert ist

blockiert: Mangel an Gefühl, Interesse an oder zumindest Anerkennung einer göttlichen Ebene oder göttlicher Wesenheiten sowie der eigenen Verbindung mit ihnen; zeigt manchmal anderen gegenüber die kalte Schulter

3. Mentale Ebene

zwei Positionen: direkt innerhalb des Beckenknochens über dem Hüftgelenk

Funktion: Ausdruck von Dankbarkeit und Vertrauen; macht innerlich bereit für die Fülle

zu weit geöffnet: »Blauäugigkeit«, Gier

blockiert: kann Dankbarkeit behindern und den Fluß der inneren Fülle hemmen

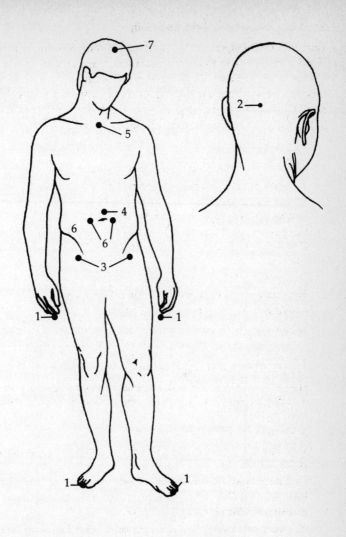

Chakren des göttlichen Körpers

4. Intuitiv-mitfühlende Ebene

Position: Solarplexus, direkt unterhalb des Brustbeinfortsatz-Chakras; verwandt mit der Bauchspeicheldrüse

Funktion: spirituelle Energien treten durch dieses Chakra in den Körper ein, um von dort aus verteilt zu werden; erweckt und verfeinert das System für höhere Schwingungen und eine gewissen Süße des Lebens; viele Energien fließen durch dieses Chakra, um Lebensumstände Wirklichkeit werden zu lassen; bezieht sich auf den Platz, den man im Leben einnimmt

zu weit geöffnet: übertriebene Suche nach dem süßen Leben; übermäßig um den Platz im Leben besorgt

blockiert: für spirituelle Energien, süßes Leben und Lebensfreude verschlossen; Angst vor Veränderungen und vor einer Öffnung für größere Dinge im Leben

5. Wille/Geist-Ebene

Position: im Hohlraum im unteren Teil des Halses (Knochen bilden die Form eines Hufeisens)

Funktion: Bedürfnis oder Wille, der Welt zu Diensten zu sein

zu weit geöffnet: übermäßige Hingabe an andere auf Kosten der Energie des eigenen Schicksals; Gefühl, die Welt zu erretten

blockiert: Angst, anderen zuviel zu geben oder zu Diensten zu sein; Märtyrergefühle

6. Seelische Ebene

zwei Positionen: drei Zentimeter oder mehr auf beiden Seiten des Nabels (je nach Körpergröße)

Funktion: Vereinigung der Energien des Körpers mit göttlichen oder anderen Energien

zu weit geöffnet: überzogene Suche nach Einheit

blockiert: kann destruktiv für sich selbst und andere sein

7. Göttliche Ebene

Position: Kronen-Chakra, Mitte des Scheitels

Funktion: Verbindung mit den höheren spirituellen Ebenen; Ausgeglichenheit im Alltag

zu weit geöffnet: wirklichkeitsfern; unfähig im Alltag zu funktionieren; kann sich energielos und schwach fühlen

blockiert: Negativität; Selbstzweifel; mangelnde Verbindung mit den göttlichen Ebenen; Unausgeglichenheit; Verwirrung

8.
Die Entwicklung der Chakren

Die Arbeit mit Chakren

Am besten ist es, immer nur mit einer Ebene eines Chakra-Körpers auf einmal zu arbeiten. Das effektivste Vorgehen dabei ist es, auf der physischen Ebene des physischen Körpers zu beginnen, dann die emotionale Ebene des physischen Körpers in Angriff zu nehmen und so weiter fortzufahren, bis man alle sieben Ebenen des physischen Körpers behandelt hat. Nach der Beendigung der Arbeit am physischen Körper fährt man fort mit dem emotionalen, mentalen und so weiter mit sämtlichen Körpern.

Eine Ausnahme von dieser Regel solltest du machen, wenn ein bestimmtes Chakra oder ein Körper schmerzt, verspannt ist oder sich von selbst öffnen will. Dann solltest du mit dieser Stelle beginnen. Behandle erst alle Chakren auf dieser Ebene und beginne dann mit dem physischen Körper, um dich aufsteigend durch sämtliche Körper durchzuarbeiten.

Es ist am besten, mit nur einem Körper auf einmal zu arbeiten. Zu viele Körper gleichzeitig würden dich nur verwirren. Die Folge könnten Ohrensausen, Geistesabwesenheit und Konfusion sein.

Reinigung und Öffnung von Chakren

Lokalisiere mit der Hand ein oder mehrere Chakren in deinem Körper. Folge den Anweisungen, indem du dich auf die Körperteile konzentrierst, die auf den Bildern der vorangegangenen Kapitel angegeben sind. Im allgemeinen wird sich die Energie der Chakren anders anfühlen als die der benachbarten Regionen.

Massiere das Chakra leicht. Das hilft, es zu öffnen und eventuelle Blockaden aufzulösen. Wenn es sehr schmerzhaft ist, massiere es nicht. Halte stattdessen deine Hand über das Chakra und sende deine Energie hinein. Die zusätzliche Energie hilft, den Block aufzulösen. Du kannst die weitere Auslösung dadurch unterstützen, indem du dir vorstellst, wie die Energie aus deiner Hand in das Chakra geht. Energie folgt der Vorstellung. Laß nach ein paar Minuten das Chakra frei. Achte darauf, den Brustbeinfortsatz nicht zu stark zu belasten, er kann leicht verletzt werden.

Leg dich hin oder sitz bequem. Laß deinen Körper völlig los und deinen Gedanken und Gefühlen freien Lauf. Wenn die Energie eines Chakras ausgelöst wird, kommen dir viele Informationen zu Bewußtsein. Vielleicht ist es eine wichtige Botschaft, die Erinnerung an eine bestimmte Begebenheit oder an eine Körperhaltung. Laß deinen Geist gehen, wohin er will. Die Übermittlung dieser Botschaften kann einen Augenblick oder bis zu fünfzehn oder dreißig Minuten dauern. Tu, was sich richtig für dich anfühlt, aber unterbrich den Prozeß nicht zu früh. Wenn nichts passiert und du das Gefühl hast, du solltest aufhören, dann unterbrich die Übung. Wenn du dich jedoch rastlos, unbehaglich oder reizbar fühlst, heißt das wahrscheinlich, daß du weitermachen solltest. Vergiß nicht, daß die Blockaden wahrscheinlich schon seit längerer Zeit existieren und du wahrscheinlich nicht möchtest, daß sie sich nur unvollständig auflösen oder gleich nach ihrer Auflösung wieder neu bilden. Wenn die Reinigung komplett ist, erlebst du normalerweise eine Auslösung von Energie und fühlst dich erfrischt und voller Elan.

Energieströme

Versuche anfangs die Energie direkt aus deinen Chakren kommen zu lassen, wobei du es vermeiden solltest, sie in irgendeine Richtung drehen zu lassen. Laß die Energie einfach auf direkte Weise herauskommen, bis sich die Gegend frei und klar anfühlt. Wenn du möchtest, kannst du in einer späteren Phase der Arbeit deine Chakren so drehen lassen, daß die Energie, die sich über die Oberseite des Chakras bewegt, nach links dreht (von außen gesehen im Uhrzeigersinn). Solange die Energie fließt oder sich vom Körper in einer Spiralbewegung fortbewegt, bist du auf einer verfeinerten emotionalen oder spirituellen Ebene. Wenn sie sich jedoch spiralförmig in den Körper zurückbewegt, kann sie negative oder deprimierende Gefühle erzeugen. Manchmal kannst du auch Energie in einer Spiralbewegung über das Chakra hinweg auf die rechte Seite des Körpers senden (von außen gesehen entgegen dem Uhrzeigersinn). Dadurch kannst du Verbindung mit den mentalen oder höheren mentalen Schwingungen bekommen, vorausgesetzt, die Energie bewegt sich vom Körper weg, denn auch hier kann eine Bewegung zurück zum Körper zu depressiver Haltung und negativen Wahrnehmungen führen.

Experimentiere mit dem Fluß deiner Chakren. Am Anfang ist es schwierig, sich der Richtung bewußt zu sein, aber mit etwas Übung wirst du ein größeres Bewußtsein entwickeln und deine Lebensenergie in den Griff bekommen.

Haltung

Oft sitzen oder stehen wir auf eine Weise, die einen guten Chakra-Fluß blockiert. Du kannst zum Beispiel Probleme mit deiner Existenz haben, wodurch es dir schwerfällt, dich so, wie du bist, anzunehmen. Du neigst dann leicht zu einer gekrümmten Haltung mit nach vorne gezogenen Schultern oder nach vorn gebeugtem Oberkörper, um die mentale Ebene des seelischen Körpers zu verschließen. Vielleicht verspannst du deine Ellenbogen und Knie, um bestimmte Gefühle abzuwehren. Oder du wölbst deine Brust nach innen, um die verschiedenen Chakren des Brustbeins zu blockieren und setzt damit deinen Lebenswillen (die Wille/Geist-Ebene des physischen Körpers) aufs Spiel. Achte auf deine Körperhaltung. Wenn du das Gefühl hast, daß du durch die Art, wie du dich hältst, Chakren blockierst, arbeite mit den betroffenen Chakren, um herauszufinden, welche Gedanken und Gefühle in ihnen enthalten sind. Du kannst dadurch viel über dich und deine Haltung der Welt gegenüber lernen.

Körperbewußtsein

Wenn du merkst, wie sich deine Haltung verändert, sobald du kleine Schmerzen oder Spannungen verspürst, kann das ein Zeichen sein, daß irgendwo im Körper Energie in die falsche Richtung fließt. Es sind immer die Chakren, die in solchen Problemzonen in Mitleidenschaft gezogen werden. Wir selbst können sie unbewußt durch Angst, Abwenden von den Dingen oder Zurückhaltung dicht machen. Wenn wir das tun, ziehen wir die Energie in den Körper zurück und verursachen Schwerfälligkeit, Depression oder verspannte Muskeln.

Wenn wir uns leicht und froh fühlen, fließt die Energie aus uns hinaus. Sie strahlt aus unserem Körper und öffnet unsere Chakren. In besonders freudigen, glücklichen Hochstimmungen kann Energie in blockierten Gegenden losgelassen werden. Einige Tage später merkst du plötzlich, daß du deprimiert und abgespannt bist und irgendetwas mit der ausgelösten Energie anfangen mußt. Wenn du das einmal angefangen hast, mußt du auch damit arbeiten und zulassen, daß die Reinigung weitergeht. Es sollte dann eigentlich nicht mehr lange dauern, und du fühlst dich wieder ausgezeichnet.

Empfehlungen

Ich empfehle, das fünfte Auge zu entwickeln, bevor man mit dem dritten arbeitet, denn alles, was der dritte Auge kann, kann das fünfte noch besser. Die Gefahr einer intensiven Arbeit mit dem dritten Auge ist, daß es so stark mit dem Ego verbunden ist, daß es spirituellen Stolz aufkommen lassen kann. Das fünfte Auge hingegen hilft, zuerst das Blickfeld auf das Ganze und dann auf das Individuum zu richten. Ebenfalls empfehle ich, das Herz-Chakra, das für den Lebenswillen zuständig ist, zuerst zu entwickeln, um das Herz zu stärken. Eine vorzeitige Entwicklung des mitfühlenden Herz-Chakras kann zu übertriebenem Mitgefühl und Energieverlust führen. Es ist nicht gut, zuviel von einem Herz-Chakra zu geben, bevor die innere Kraft gefestigt ist und man gelernt hat, die Energie richtig zu kanalisieren.

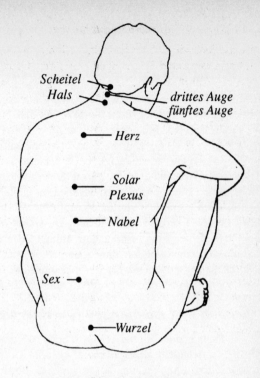

Chakra-Öffnungen am Rücken

Vordere oder hintere Chakren?

In diesem Buch beschäftigen wir uns hauptsächlich mit Chakren der Wirbelsäule, die sich nach vorn öffnen und nicht nach hinten. Solange die Vorderseite des Körpers nicht gereinigt und vitalisiert ist, wird auch die Energie der Wirbelsäule blockiert sein. Sobald sich die vorderen Chakren öffnen, werden sich auch die Nadis oder Verbindungen von den vorderen Chakren zu den Öffnungen der Wirbelsäule öffnen. Außerdem kann die direkte Arbeit an den Wirbelsäulenöffnungen ein übermäßiges Interesse an Dingen erzeugen, die dem Wachstum des Menschen eher schaden. Solche

Dinge mögen vielleicht interessant sein, aber nicht besonders wichtig für das innere Wachstum.

Die Öffnung von Körperenergien

Stell dich in die Mitte des Raumes. Fühle, wie du deine Energie vom ganzen Körper auf den ganzen Raum ausstrahlst, bis hinein in die Ecken. Das ist eine Methode, um Energie von den Chakren freizusetzen und sie ins Gleichgewicht zu bringen. Das schließt sämtliche Chakren ein, auch solche, die in diesem Buch nicht erwähnt werden. Wenn du das tust, stärkst du damit deine Aura. Statt die Energien anderer Menschen ungehemmt in dich aufzunehmen und dich körperlich von ihnen beeinflussen zu lassen, kannst du fremde Energien zurückhalten. Du spürst dann am äußeren Rand deiner Aura, was andere fühlen oder denken. Außerdem werden die Energien, die aus deinem Körper hinausgehen, durch die vorherrschende Energie in deiner Aura gebremst und modifiziert und beeinflussen dadurch andere nicht so stark.

Senden und Empfangen von Energie

Chakren sind Sender und Empfänger von Energie. Wir übertragen Energie und verwandeln sie in Botschaften oder Gefühle für andere Menschen. Aber wir empfangen auch ständig Energien von anderen, manchmal unterschwellig und unbewußt, manchmal sehr bewußt. Es kommt durchaus vor, daß die Energie anderer eine Beeinträchtigung unserer eigenen energetischen Struktur ist und dazu führt, daß wir meinen, uns mit Gefühlen oder Gedanken beschäftigen zu müssen, die eigentlich gar nicht unsere eigenen sind. Vielleicht nehmen uns die eindringenden Energien auch unseren gesamten Schwung. Wir können dann das Gefühl haben, unter Krankheit, Schmerzen oder Spannungen zu leiden.

Bewegung

Körperliche Betätigung ist unerläßlich zum Ausgleich der Energien, die sich durch den Körper bewegen. Viele Probleme erledigen sich von selbst, allein durch körperliche Bewegung. Yoga ist eine besonders geeignete Form der Körperarbeit, um bessere Bedingungen für die Chakren zu erzeugen. Auch freies Tanzen hilft. Wenn man tanzt, betont man bestimmte Körperbewegungen und setzt damit blockierte Energien frei. Aber auch das Ausruhen ist wichtig. Es läßt dein System selbständig seine Energien ausgleichen und seine eigenen Einstellungen vornehmen. Oft trägt dein Körper von selbst dazu bei, sich zu heilen und blockierte Areale zu lockern, wenn du ihn nur in Ruhe läßt.

Die Öffnung und Entwicklung der Chakren der sieben Körper

Es folgt eine Serie meditativer Übungen, die dazu dienen können, die Chakren, wie im siebenten Kapitel beschrieben, zu öffnen und zu entwickeln. Sie können allein oder in der Gruppe durchgeführt werden.

Wenn die Gegend eines bestimmten Chakras schmerzt, solltest du sie nicht massieren, sondern nur Energie dorthin senden. Du kannst das entweder rein mental oder durch deine Fingerspitzen tun und dadurch die Energiestruktur, die den Schmerz verursacht, auflösen. Dein Körper läßt dich wissen, was er braucht, seine Botschaften sind jedoch sehr subtil. Wenn du sie hörst, wirst du spüren, was du zu tun und zu lassen hast. Aber selbst wenn du gut zuhörst, wird dein Körper sich bisweilen in Schmerzen zurückziehen. Wenn du dich dann nicht um die betroffene Gegend kümmerst, kann die Energie leichte oder sogar schwere Krankheiten nach sich ziehen. Wenn die Energie zu erstarrt, blockiert oder verstopft ist, bist du anfällig für Unfälle, die durch die Energie ausgelöst werden. In den physischen Chakren können sich Erschöpfung und große Schmerzen ausbreiten. Dein Körper verfügt über starke Selbstheilungskräfte. Wenn du ihm Zeit läßt und die richtigen Werkzeuge in die Hand gibst, wird er die Dinge selbst regeln. Astrologische Einflüsse, falsche Ernährung, Überarbeitung oder Vernachlässigung des Körpers können ebenfalls dein Wohlbefinden erheblich beeinträchtigen.

Ein Körper ist eine lebendige Maschine. Wie an jeder Maschine gibt es auch am Körper Knöpfe und Hebel, die man bedienen kann. Die Chakren sind die Bedienungsknöpfe der menschlichen Maschine. Unser Lebensstil und unsere Einstellung dem Leben gegenüber ist stark vom Fluß der Chakren abhängig. Durch die Auslösung von Energie, die durch die folgenden Übungen herbeigeführt wird, wirst du merken, wie wichtig Chakren für dein Leben sind. Du wirst verstehen, wie du dich selbst vom Leben und vom Bewußtsein abschottest und wie du die Präsenz verstärken kannst oder dich, lediglich durch den Chakrafluß, für neue Dinge öffnen kannst. Wenn du dich auf deine Chakren einstimmst, nimm dein Bewußtsein mit und laß die Energie beziehungsweise das Bewußtsein der Chakren dir eine Antwort auf deine Fragen geben.

Physischer Körper

physischer Körper – physische Ebene: Fersen

Stell dich an eine Stelle, an der du viel Platz zum Herumlaufen hast. Fühle die Energie in deinen Fersen. Fang an, durch deine Hände zu atmen, dann durch deine Füße und schließlich durch die Oberseite deines Kopfes. Achte gut auf die Fersen. Geh umher und fühle die Energie in deinen Füßen. Roll deinen Fuß gut von der Ferse ab, in einem selbstbewußten Gang. Fühle den Energiefluß. Viele Menschen stoppen die Energie an ihren Fersen, was zu schlechten Füßen führt. Wenn du möchtest, setz dich oder leg dich hin und versetz dich in einen meditativen Zustand. Laß in deinem Inneren Informationen aufsteigen, wie es um deine Fersen bestellt ist. Wie steht es um dein Selbstbewußtsein, um deine Bereitschaft, in der Welt Spuren zu hinterlassen?

physischer Körper – physische Ebene: Handballen

Viele Menschen geben, wenn sie einem die Hand geben, ihre Hand gar nicht wirklich her. Ihre Finger strecken sich zögernd aus, und es ist keine Kraft in ihrer Hand. Gibst du jemandem die Hand oder nur die Finger? Nimmst du die Hand des anderen mit deiner ganzen Hand einschließlich des Ballens? Sei dir dieses Teiles deiner Hand bewußt und wie aktiv er werden kann. Wenn du diese Übung zu zweit oder in der Gruppe machst, wechselt euch gegenseitig ab mit dem Händeschütteln. Wie fühlt sich ein kräftiger Handschlag an?

physischer Körper – emotionale Ebene: Milz

Entspanne deine Milz. Frag dich, ob du noch immer irgendwelchen Ärger aus deiner Kindheit mit dir herumträgst. Wenn du etwas findest, verteile es über deinen ganzen Körper und verdünne und entschärfe es damit. So kannst du leichter daraus lernen und es handhaben. Während der Ärger sich durch deinen Körper bewegt, kannst du ihn in Stärke und Verständnis verwandeln.

Die Milz ist eine Art Sicherheitsventil für übersteigerte Emotionen. Richte deine Aufmerksamkeit auf die Milzgegend und frag dich, ob es dort eine Überkapazität an Emotionen gibt. Wenn du etwas findest, bemüh dich um ein gesundes Verständnis und suche nach Situationen, in denen die überschüssigen Emotionen ausgelöst werden können. Wenn du nicht allein damit fertigwirst, such einen Therapeuten auf, der dir helfen kann.

physischer Körper – mentale Ebene:
Oberseite der Schultern (in dem Dreieck zwischen Hals und Schlüsselbein) und der Teil des Beckens, auf dem man sitzt

Diese Ebene betrifft die mentale Einstellung, die du deinem Körper gegenüber hast. Massiere deine Schultern und laß sie sich ganz entspannen. Frage deine Chakren, ob es Überanstrengungen oder Schmerzen aus der Vergangenheit gibt, die du blockiert hast. Manchmal sind wir nur müde wegen alter Schmerzen. Wenn du sie findest, setz die Energie durch dein System frei und nimm von ihr Kenntnis. Während du sie losläßt, verwandelst du die Müdigkeit oder den physischen Schmerz in Stärke. Wenn du dich bleiern fühlst und dich nicht richtig bewegen kannst, kann es an diesen Chakren liegen. Du kannst die Energie auf eine sehr positive, schöne Weise fließen lassen und dich mit deinem physischen Körper sehr wohlfühlen.

physischer Körper – intuitiv-mitfühlende Ebene:
etwas unterhalb der Jochbögen nahe am Unterkiefer

Massiere diese Stellen gut. Wenn du sie weiter aufwecken willst, sende Energie in diese Chakren. Stimme dich auf sie ein und frage sie, was sie dir über deinen Körper zu sagen haben. Vielleicht fühlst du, wie sich dein ganzer Körper entspannt.

physischer Körper – Wille/Geist-Ebene:
zwischen den Brüsten und dem Brustbein

Frage dich, an welche Bereiche deines Lebens du wirklich dein Herz hängst. Wo ist dein Lebenswille? Dann frage dich, wo es dir an Lebenswillen fehlt oder wo du dich zurückhältst.

physischer Körper – seelische Ebene:
Adrenalindrüsen, über den Nieren im Rücken

Diese Chakren drehen sich um die Alternative »Fliehen oder Kämpfen?«. Sie geben dir, wenn nötig, die Energie zu kämpfen oder dich aus dem Staube zu machen. Sie haben mit Selbsterhaltung und Heilung zu tun. Es ist möglich, in ihnen soviel Ärger zu verstauen (und dabei die Energie buchstäblich zu komprimieren), daß dein Adrenalin nicht mehr fließen kann. Natürlich führt das über kurz oder lang zur Depression. Sprich mit deinen Adrenalindrüsen. Frage sie, wo du etwas mehr kämpfen und wo du loslassen solltest. Dann frage sie, welche Krankheiten aus deiner Unterdrückung von Energien an dieser Stelle resultieren.

physischer Körper – göttliche Ebene:
Wurzelchakra am Steißbein

Diese Ebene kann dir Sicherheit vermitteln. Frage das Chakra, ob etwas zu deiner Sicherheit beiträgt oder ob es dir das Gefühl von Unsicherheit gibt und beseitigt werden sollte. Diese Ebene kann gleichzeitig die Energien der unteren Ebenen reinigen und harmonisieren.

Beende die Übung der Chakren des physischen Körpers, indem du deinen Körper dehnst und streckst, dich genüßlich räkelst. Vielleicht möchtest du Musik hören oder tanzen, um die Lebensgeister zu wecken und Energie fließen zu lassen. Schick deinem Körper Liebe und Anerkennung.

Emotionaler Körper

emotionaler Körper – physische Ebene: der Bauch

Dieses Chakra bezieht sich auf deine Fähigkeit, mit Dingen fertigzuwerden, zu verdauen, was dir zustößt, nicht nur auf der physischen Ebene, sondern auch mit deinen Emotionen. Massiere leicht deinen Bauch, entspanne dich. Setz dich in Verbindung mit deinem Bauch und frag dich, welche Emotionen du besser verdauen solltest.

emotionaler Körper – emotionale Ebene: der Nabel

Dies ist der Hauptsitz deiner Emotionen und Gefühle. Wenn du dich in dieses Chakra einstimmst, bitte um positive, schöne Gefühle, die du zum Ausdruck bringen kannst. Dann frag das Chakra, welche negativen Gefühle dort gespeichert sind und was alles noch darauf wartet, irgendwann wie ein Vulkan zum Ausbruch zu kommen.

emotionaler Körper – mentale Ebene: unterer Teil des Rückens an der Wirbelsäule etwas oberhalb des Wurzel-Chakras

Dieses Chakra bezieht sich auf deine Einstellung deinen Gefühlen gegenüber. Bist du übertrieben ernst? Hast du dir in deinen Gefühlen einen Sinn für Homor bewahrt? Massiere das Chakra und frag dich, wo du dich in deinem Leben zu ernst nimmst. Frag dich auch, was du ernster nehmen solltest.

emotionaler Körper – intuitiv-mitfühlende Ebene: der Brustbeinfortsatz am unteren Ende des Brustbeins

In seiner tieferen Bedeutung verleiht dir dieses Chakra eine innere Richtung. Es ist die leise, kleine Stimme in deinem Inneren. Im negativen Sinn kann es sich auf Schuldgefühle und Beschränkungen, die dir von anderen aufgezwungen werden, beziehen. Massiere es leicht. Frage dich, ob du Schuldgefühle hast, die dir von anderen auferlegt wurden. Geh noch tiefer: Frag dich, welche Schuldgefühle du von deiner eigenen leisen, kleinen Stimme eingeflüstert bekommen hast. Meditiere und arbeite mit dem, was du findest. Dieser Bereich bezieht sich ebenfalls auf ein tiefgehendes Verständnis, wer du wirklich bist und zu was du dich entwickeln kannst. Es ist wie ein Samenkorn des Selbst. Frage dieses Chakra, wie du dir selbst gegenüber ehrlicher sein kannst.

emotionaler Körper – Wille/Geist-Ebene:
Unter der Hüfte an der Wirbelsäule

Dieses Chakra steht für den emotionalen Willen, deinen Gefühlen Stärke zu verleihen. Wenn es nicht richtig eingesetzt wird, kehrt es seine Energie um und macht dich übertrieben emotional. Massiere die Gegend und frag dich, in welchen Körperpartien du mehr positive Gefühlsenergie brauchen könntest und in welchen du zu emotional wirst.

emotionaler Körper – seelische Ebene:
Chakren auf beiden Seiten des mitfühlenden Herz-Chakras

Das Chakra auf der Linken bezieht sich auf Gefühle über die Liebe. Fühlst du dich gut dabei? Macht die Liebe dich glücklich oder fühlst du dich schuldig? Das Chakra zur Rechten bezieht sich auf mentale Einstellungen. Gedanken wie: »Ich sollte diesen Menschen eigentlich lieben« oder: »Ich sollte diesen Menschen eigentlich nicht lieben« und die Frage, ob man das Recht hat, jemanden zu lieben oder nicht. Wenn dein mitfühlendes Herz-Chakra fließt und offen ist, weißt du, daß die anderen Chakren zu beiden Seiten ebenso frei sind.

Diese Chakren legen deiner Liebe Bedingungen auf. Massiere sie beide. Laß die Energie fließen. Frage das linke, inwiefern es deiner Liebe Bedingungen auferlegt. Dann stell dem rechten dieselbe Frage. Bekomme ein Gefühl für ihre Offenheit. Laß das mitfühlende Herz-Chakra, das zwischen ihnen liegt, sich entspannen (siehe nächstes Chakra).

emotionaler Körper – göttliche Ebene:
Zentrum der oberen Brust

Massiere diese Gegend. Laß sie sich öffnen. Denk daran, wie die benachbarten Chakren entspannt und geöffnet sind. Fühlst du dich in dir selbst sicher genug, um die Energie von hier aus in bedingungsloser Liebe zu anderen Menschen fließen zu lassen? Das bedeutet jedoch nicht, daß du die Gedanken oder Taten deiner Mitmenschen gutheißen mußt, sondern nur, daß du bedingungslos lieben kannst. Frage das Chakra, wen du ohne Vorbehalte liebst und wen nicht.

Mentaler Körper

mentaler Körper – physische Ebene:
unterer Hals, etwas oberhalb des oberen Brustbeins

Dieses Chakra ist sehr wichtig, denn es hat damit zu tun, daß du Gegebenheiten akzeptieren kannst und Wege findest, mit ihnen zu arbeiten. Es kann große Kräfte auslösen. Etwas zu akzeptieren heißt noch lange nicht, daß man es auch mögen oder sich damit abfinden muß, sondern einfach, daß man es sieht und akzeptiert, daß es so ist. Dann kannst du die Kraft sammeln, um dich zu organisieren und etwas damit anzufangen.

Atme tief und ruhig ein. Öffne dich soweit wie möglich für das Chakra. Frage dich, ob es Bereiche deines Lebens gibt, die du besser akzeptieren und damit umgehen mußt. Frage nach Vorschlägen, wie du das tun könntest. Frage dann ebenfalls nach Bereichen, in denen du gut bist und bei denen du aufhören kannst, dir selbst Vorwürfe zu machen.

mentaler Körper – emotionale Ebene: die Schläfen

Dieses Gebiet hat damit zu tun, welche Gefühle das, was du siehst, bei dir hervorrufen. Vielleicht bist du verspannt und dein Blick ist dadurch verzerrt. Das kann dazu führen, daß du nur das siehst, was du sehen willst, oder von dem du meinst, daß du damit fertigwirst. Massiere die Schläfen. Laß die Energie fließen und

135

frag das Bewußtsein der Schläfen, was sie blockieren, weil du es nicht sehen willst. Frag, was du tun kannst, um die Dinge mit mehr Klarheit und Schärfe zu sehen.

mentaler Körper – mentale Ebene: drittes Auge zwischen den Augenbrauen

Dieses Auge steht mit dem Ego in Verbindung und versieht das menschliche Selbstbewußtsein mit Energie. Frag dieses Auge, auf welchem Gebiet du durch zuviel Ego deinen Blick verstellst. Frag aber auch, auf welchem Gebiet du gut bist und es nicht tust.

mentaler Körper – intuitiv-mitfühlende Ebene: das Zentrum des Querdarms ungefähr in der Mitte zwischen dem Nabel und dem Solarplexus-Chakra

Dieses Chakra bezieht sich auf das Verstehen deiner Gedanken. Glaubst du, deine Lebenshaltung ist im allgemeinen richtig? Auch dieses Chakra birgt die Gefahr von Selbstzweifeln und -vorwürfen in sich. Nicht integrierte Gedanken und schwer anzupassenden Vorstellungen können zu geistiger Verstopfung führen. Sende etwas Energie zu dem Chakra, um es zu öffnen, und frage nach drei Bereichen deines Lebens, auf denen du mehr Mitgefühl für die eigenen Gedanken und Vorstellungen haben solltest.

mentaler Körper – Wille/Geist-Ebene: oberer Hals, direkt unterhalb des Kinns und unter der Zungenwurzel

Dieses Chakra hat mit dem Ausdrücken von Gedanken und Reden in der Öffentlichkeit zu tun. Wenn es blockiert ist, kann es zu einem Mangel an Vertrauen in die eigenen mentalen Fähigkeiten führen. Das Wort bleibt einem buchstäblich im Halse stecken, man bekommt eine heisere Stimme und verliert die Klarheit und Lockerheit der freien Rede. Massiere das Chakra. Über welche Bereiche deines Lebens hast du Schwierigkeiten zu sprechen? Welche sind offen?

mentaler Körper – seelische Ebene:
fünftes Auge (Zentrum der Stirn)

Die seelische Ebene des mentalen Körpers aktiviert das höhere Bewußtsein und erlaubt dir einen größeren Weit- und Überblick. Ohne an dieser Stelle ausreichend geöffnet zu sein, wirst du wahrscheinlich nicht einmal wissen, daß es Wissensgebiete gibt, die deinen Horizont übersteigen. Wenn dieses Chakra geschlossen ist, hast du vielleicht das Gefühl, du weißt alles, aber in Wirklichkeit weißt du gar nichts. Massiere das fünfte Auge. Laß die Energie hinausfließen. Frage dich, auf welchen Gebieten du immer besser wirst und deinen Verständnishorizont erweiterst und auf welchen du stehenbleibst.

mentaler Körper – göttliche Ebene: siebentes Auge
(zwei bis drei Zentimeter über dem normalen Haaransatz
oder drei bis vier Zentimeter vom sechsten Auge entfernt)

Bewege einen Finger leicht über diese Gegend, vielleicht fühlst du das Chakra. Massiere es und frage, ob du ein weißes Licht von der spirituellen Ebene sehen kannst. Wenn das Licht *stattdessen* dunkel oder trübe ist, weißt du, daß du entweder dieses Chakra noch weiter entwickeln, oder durch ein längere Reinigung gehen mußt. Wenn du überhaupt kein Licht siehst, kann es sein, daß du trotzdem merkst, wie es in das System eintritt. Laß das weiße Licht vom siebenten Auge, gleich ob du es siehst oder nicht, herabkommen und aus dem dritten Auge hinausgehen, um das Ego zu erheben und zu reinigen. Dann fühle die Energien über deinen ganzen Körper.

Intuitiv-mitfühlender Körper

intuitiv-mitfühlender Körper – physische Ebene:
die Leber, auf der rechten Seite des Körpers,
teils unter den Rippen, teils noch tiefer

Dieses Chakra betrifft dein Handeln als Konsequenz aus dem, was du für spirituell richtig für dich hältst. Massiere leicht die

Gegend. Dann frage nach einer Situation, in der du auf eine Weise gehandelt hast, die du für spirituell richtig hältst. Wie hast du dich dabei gefühlt? Dann frag nach einer Situation, in der du zu feige warst, um konsequent zu handeln.

intuitiv-mitfühlender Körper – emotionale Ebene:
am Mittelpunkt der Außenseiten von Hüften und Oberarmen

Diese Chakren betreffen die Beziehung zwischen Menschen. Entspanne deine Oberarme und massiere die Chakren. Entspanne dann die Hüften und massiere die Chakren dort. Visualisiere die verschiedenen Menschen, zu denen du eine Beziehung hast. Denk nacheinander an alle und beobachte, ob sich das Chakra öffnen oder schließen will. Im New Age sind wir aufgerufen, mit vielen Menschen tiefere und engere Freundschaft zu schließen. Daher ist es wichtig, diese Chakren zu entspannen. Übe das, wenn du mit Menschen zusammen bist, bei denen du daran gewöhnt bist, diese Chakren zu verspannen.

intuitiv-mitfühlender Körper – mentale Ebene:
die Unterseite des Brustbeins etwas oberhalb des
Brustbeinfortsatzes

Dieses Chakra hat viel damit zu tu, ob du mit dem Leben im Fluß bist, es ablehnst oder zu stark an ihm hängst. Energie, die in diesem Chakra auf die falsche Bahn gerät, kann eine sehr zynische, spitze Zunge erzeugen und gehört normalerweise zu einem Menschen, mit dem man nur schlecht auskommt. Es gibt zwar Humor, der ist jedoch oft so scharf, daß andere sich davon verletzt fühlen können. Massiere das Chakra. Laß es fließen. Frage, wo du zu sehr an etwas hängst und wo du zu ablehnend bist. Dann frage, wo du es richtig machst.

intuitiv-mitfühlender Körper – intuitiv-mitfühlende Ebene:
zwischen den Brüsten, in der Mitte zwischen dem oberen
Ende des Brustbeins und den Chakren

Wenn dieses Chakra geöffnet ist, kann es sein, daß du zuviel Mitgefühl zeigst und dabei Energie verlierst. Es ist auch möglich, daß du dieses Chakra verschließt und hartherzig wirst. Vergiß nicht, daß dies dasselbe Chakra ist wie die göttliche Ebene des emotionalen Körpers. Es ist eines der wichtigsten Chakren. Wir können durch dieses Chakra bedingungslose Liebe und Mitgefühl verspüren. Unsere Intuition arbeitet auf einem sehr hohen Niveau und hebt unser Leben auf eine viel höhere spirituelle Ebene. Massiere das Chakra. Fühlt es sich verspannt an oder zu weit geöffnet? Laß die Energie fließen und frage das Chakra, in welchen Situatioen du zuviel Mitgefühl zeigst und in welchen du zu hartherzig bist.

intuitiv-mitfühlender Körper – Wille/Geist-Ebene: auf beiden Seiten der Nase

Dies sind die Kraft-Chakren. Ich nenne sie auch manchmal »Indianer-Chakren«, denn sie sind damit beschäftigt die Kräfte des Himmels und der Erde zusammenzuführen, um Mut und Verständnis im täglichen Leben zu erzeugen. Massiere sie. Vielleicht möchtest du wissen, ob du in einem früheren Leben einem Naturvolk angehört hast und diese Chakren weit geöffnet waren und gut genutzt wurden. Dann frage, in welchen Situationen deines gegenwärtigen Lebens du mehr Offenheit in diesen Chakren gebrauchen kannst. Wann blockierst du sie?

intuitiv-mitfühlender Körper – seelische Ebene: Pupillen

Durch diese Chakren kannst du die wahre Seele eines anderen Menschen sehen und andere können deine Seele sehen. Wenn du eimal allein bist, schau in einen Spiegel. Sieh, wie tief du in dich hineinschauen kannst. Wenn du mit anderen zusammen bist, schau ihnen tief in die Augen und laß sie in deine Augen schauen. Ist es dir peinlich oder unangenehm? Hast du das Gefühl, völlig ungeschützt zu sein? Viele Menschen haben Schwierigkeiten, auf dieser Ebene wirklich offen zu sein. Um die Dinge nicht unnötig zu erschweren, möchtest du bei dieser Übung vielleicht nicht allzu tief gehen. Wenn du die Energie mehr in deinem Rücken hältst, kann dir das die Kraft geben, tiefer in die Übung hineinzugehen.

intuitiv-mitfühlender Körper – göttliche Ebene:
Medulla oblongata, die hintere Unterseite des Kopfes an der
Schädelbasis

Die Öffnung dieses Chakras regt göttliches Verständnis an und
hebt das Bewußtsein auf die Ebene der Einheit mit Gott. Die
negative Seite dieses Chakras ist, daß du in einem beinahe
ausschließlich weltlichem Bewußtsein gefangen bleibst. Massiere das Chakra. Wo hast du bisher in deinem Leben einen göttlichen
Plan erkennen können und dich wirklich eins mit Gott gefühlt?
Vielleicht fühlst du eine friedliche, glückselige innere Ruhe.
Frage das Chakra, wo du dein Schicksal blockierst. Vielleicht
erhältst du eine überraschende Antwort.

Wille/Geist-Körper

Wille/Geist-Körper – physische Ebene:
Handflächen und Fußsohlen

Energie von hier hilft dem Menschen, sich auf die Außenwelt zu
beziehen. Dies sind einige der stärksten Positionen für heilende
Energien. Massiere Hände und Füße. Laß die Energie aus jedem
der Chakren hinausfließen. Wo scheint sie am meisten blockiert?
Geh ein wenig umher (am besten barfuß) und fühle, wie sich die
Energie mit dem Boden oder der Erde verbindet. Achte darauf,
wie der Rest des Körpers reagiert. Oft hat man das Gefühl, etwas
wird lebendig. Vielleicht möchtest du dich dann hinsetzen und die
Energie mehr in deinen Händen öffnen. Halte deine Hände
fünfzehn bis zwanzig Zentimeter vom Körper entfernt. Bewege
sie an deinem Körper entlang und fühle die Energie der Handflächen deinen Körper entspannen und heilen. Vielleicht spürst du
mehr Energie, wenn du die rechte Hand über die linke Seite des
Körpers und dann die linke über die rechte Seite bewegst. Das
beinhaltet eine zusätzliche Polarität und kann die Energie erhöhen.

Wille/Geist-Körper – emotionale Ebene:
Kniekehlen und Innenseiten der Ellenbogen

Viele Menschen leben in emotionaler Sorge. Sie sind ängstlich und haben das Gefühl, es ist nicht angebracht, den machtvollen Wille/Geist-Körper einzusetzen. Tritt in einen meditativen Zustand ein und massiere die Kniekehlen und die Innenseiten deiner Ellenbogen. Gibt es etwas, das dir Angst macht und dich irritiert? Visualisiere, wie du dich in diesen Situationen richtig verhältst und laß die Energie auf eine schöne und gesunde Weise abfließen.

Wille/Geist-Körper – mentale Ebene: Armbeugen und Leisten

Massiere diese Chakren. Achte darauf, geschwollene Lymphknoten nicht zu stark zu massieren. (Die meisten Menschen sind ohnehin zu kitzlig, um sich an diesen Stellen tief massieren zu lassen.) Laß die Energie fließen. Fühle die Stärke in deinem Körper, ein Gefühl von Macht und spiritueller Begeisterung, während sie deinen ganzen Körper erfüllt und die Bereiche der Chakren sich öffnen. Vielleicht möchtest du ein wenig umherlaufen und fühlen, wie die Chakren offen und im Fluß sind. Tritt dann in einen meditativen Zustand ein und visualisiere, wie du diese »Plätze der Macht« in deinem Alltag nutzen kannst.

Wille/Geist-Körper – intuitiv-mitfühlende Ebene:
ungefähr drei Zentimeter unterhalb des Schrittes

Vergleiche die siebente Ebene dieses Körpers, von der dieses Chakra das entsprechende Gegenstück ist.

Wille/Geist-Körper – Wille/Geist-Ebene:
sexuelles Kraftzentrum, zwei Chakren unterhalb des Nabels

Dies ist das intensivste der Sex-Chakren und hat nicht nur mit Sexualität zu tun, sondern auch mit sexueller Energie, die in Kraft verwandelt wird. Viele Menschen blockieren dieses Chakra, ohne es zu wissen. Tritt in einen meditativen Zustand ein und massiere die Gegend. Sei dir selbst gegenüber so ehrlich wie möglich. Übst du gern Herrschaft über andere aus? Fühlst du es, wenn du es tust?

Wenn es so ist, tust du es dann auf gesunde oder ungesunde Weise? Beherrschst du gern andere mit Hilfe deiner sexuellen Kraft? Wann läßt du zu, daß andere dich mit ihrer sexuellen Kraft beherrschen? Nach der Meditation fühle die ruhigen, schönen und starken Energien, die aus dem Chakra kommen und entwickle ein Bewußtsein dafür, wie sie dein übriges Leben betreffen.

Wille/Geist-Körper – seelische Ebene:
hinter den Kronen-Chakra auf dem Scheitel

Eine Vertiefung am oberen Hinterkopf kann darauf hinweisen, daß deine Zirbeldrüse ausgezeichnet funktioniert. Manchmal ist dieses Chakra, wenn es geöffnet ist, wie ein kleiner Teller. Es hilft bei der Kommunikation mit höheren Dimensionen und führt zu erhabenen Glückszuständen. Massiere das Chakra. Laß die Energie fließen. Atme tief und ruhig und fühle, wie du im Körper schwebst. Bitte das Chakra, dich für diesen Glückszustand zu öffnen. Das kann einige Übung erfordern. Wenn du die Meditation beendet hast, bring die Energie zurück in deinen Körper und laß deinen ganzen Körper ein Glücksgefühl erleben. Streck dich gut, damit du die Energien miteinander verbinden kannst. (Glückszustände sind sehr schön, aber manchmal ist es nicht leicht, den Kontakt zur Wirklichkeit nicht ganz zu verlieren.) Wegen der erheblichen Wirksamkeit dieser Übung solltest du am Anfang nicht länger als ein paar Minuten damit arbeiten.

Wille/Geist-Körper – göttliche Ebene:
einen Fingerbreit über dem Kronen-Chakra

Dieses Chakra, kleiner als das Kronen-Chakra, liegt an dem Punkt, an dem sich menschliche und spirituelle Energien treffen. Spüre aus einer sehr bequemen Position heraus (am besten du legst dich dazu hin) die Gegend über deinem Kopf und unter dem Schritt (dem intuitiv-mitfühlenden Chakra dieses Körpers). Laß die Energien sich von diesem Chakra aus spiralförmig nach außen ausbreiten. Experimentiere mit der Drehrichtung der Spirale. Wenn die Energien einige Zeit geflossen sind, geh in einen tiefen meditativen Zustand über. Bitte darum, mit der kosmischen

Energie verbunden zu werden. Bleibe am Anfang nicht mehr als ein paar Minuten in dieser Übung, denn sie kann sehr heftig sein. Wenn du mit deiner Meditation zu Ende bist, streck dich gründlich aus.

Seelischer Körper

seelischer Körper – physische Ebene:
vier Chakren, am Spann beider Füße und auf der
Daumenseite am Handgelenk

Diese Chakren betreffen die Aktivität deines bloßen Daseins. Sie helfen, deine Hände und Füße mit Bewußtsein zu versehen, so daß du bewußter handeln kannst. Du kannst hier mit sicherem Tritt auftreten und von deiner seelischen Ebene aus aktiv werden. (Es gibt ein Gebet, von dem ich gern Gebrauch mache, um Stärke, Bewußtsein und Lenkung zu erhalten: Ich bitte die Seele, zu mir zu kommen und die Persönlichkeit meines Körpers völlig zu durchdringen.) Massiere diese Chakren. Frage, welche Situationen deine Seele und dein reines Sein zu blockieren scheinen. Welche Situationen erleichtern die Öffnung?

seelischer Körper – emotionale Ebene:
über den Knien auf der Innenseite der Beine und dicht über
den Ellenbogen auf der Innenseite der Arme

Diese Chakren beziehen sich auf deine Gefühle für das reines Sein oder die seelische Ebene. Wenn sie blockiert sind, neigst du dazu, die Arme dichter an den Körper heranzuziehen, und die Knie sind im allgemeinen schwach. Massiere diese Gegenden. Laß die Energie durch sie fließen und bitte die Kraft deiner seelischen Energie, deine Emotionen zu verfeinern und zu reinigen. Frage, was dich zum Schließen dieser Chakren bewegt und was zum Öffnen.

seelischer Körper – mentale Ebene:
auf der Vorderseite der Leistengegend direkt in der Biegung
und an der Vorderseite der Armbeugen

Diese Chakren des reinen Seins erlauben es dir, dich für den transzendenten Teil des Lebens und für die Dinge, die den Rahmen des Alltäglichen sprengen, zu öffnen. Sie bringen Energie zur Erforschung und Wahrnehmung neuer Möglichkeiten des Seins. Massiere die Chakren. Frage sie, wo du im Leben mehr Forschungsdrang entwickeln könntest und wo du bereits sehr aufgeschlossen bist.

seelischer Körper – intuitiv-mitfühlende Ebene:
auf der Vorderseite der Keimdrüsen – Eierstöcke oder Hoden

Die Energie, die von diesen Chakren ausgeht, hilft dir, deine polare Identität (männlich oder weiblich) zu fühlen und zu verstehen. Ihre Funktion ist sehr wichtig, denn ein Großteil des Lebens basiert auf dem Zusammenspiel von Polaritäten. Wenn wir uns für Polaritäten öffnen, funktionieren wir besser. Schenk deiner polaren Identität die notwendige Anerkennung. Laß die Energien der Eierstöcke oder der Hoden fließen. Es können einige sexuelle Gefühle aufsteigen, aber das ist gut so. Man sollte für die eigene Sexualität genauso entspannt und aufgeschlossen sein wie für andere Gefühle, Gedanken und spirituelle Energien. Vielen Menschen ist es peinlich, über ihre polare Identität zu sprechen. Unsere Unfähigkeit, polare Energie anzunehmen und damit zu arbeiten, hält uns auf vielen Gebieten unnötig auf. Wo hältst du deine Energie zurück? Hast du das Gefühl, nicht weiblich oder männlich genug zu sein? Wo gehst du gut mit diesen Energien um?

seelischer Körper – Wille/Geist-Ebene: untere Rippen

Dies sind die dem Brustbeinfortsatz entsprechenden Chakren. Sie beziehen sich auf deinen Platz in der Welt und betreffen besonders deine Willenskraft, den Atem des Lebens aufzunehmen, dir das Recht zum Sein nicht nehmen zu lassen, dich im Atmen zu verwirklichen und alles zu erreichen, was du dir im Leben wünschst. Öffne deine Lungen. Gib ihnen Raum und atme wirklich. Massiere diese Chakren und bekomme das Gefühl, daß deine ganze Brust sich durch sie erhebt und daß du das Recht hast zu atmen. Frage dann das Bewußtsein dieser Chakren, wann du sie blockierst und wann du sie öffnest.

seelischer Körper – seelische Ebene: an den Seiten des Halses, in der Beuge zwischen Hals und Rumpf

Diese Chakren beziehen sich stark auf deine Selbstachtung und sind sehr einflußreich. Ihr Verschluß kann zu Verspannungen führen oder zu einer hochmütigen Haltung, die sehr schwer wieder zu überwinden ist. Du kannst die Angst entwickeln, dein Sein offen zum Ausdruck zu bringen, und ziehst vielleicht daher deinen Kopf wie eine Schildkröte ein. Das beeinträchtigt auf jeden Fall diese Chakren. Laß sie geöffnet sein und frag dich, wo du dich besser entspannen solltest, um deine Fähigkeit zu unterstützen, dich von deinem Sein tragen zu lassen. Frage dich, in welchen Situationen du dazu neigst, diesen Fluß zu blockieren, und in welchen du ihn öffnen kannst.

seelischer Körper – göttliche Ebene: über den Ohren, auf beiden Seiten des Kopfes hinter den Schläfen

Diese Chakren beziehen sich auf ein Gefühl von Einheit mit dem göttlichen Bewußtsein und Verbindung mit dem Universum. Wenn sie blockiert sind, fühlst du dich vielleicht isoliert, einsam und hast Angst vor dem Leben. Einige geistige Erkrankungen betreffen diese Chakren. Massiere sie. Laß die Energie fließen. Laß dich von ihnen tragen und fühle dich eins mit Gott. Du bist Bestandteil von Gottes Energie und Bewußtsein. Als Individuum stellst du eine Abspaltung des Einen dar. Sei dir dieser Energie bewußt und verbreite sie über deinen ganzen Körper. Dann frage dich, welche Situationen dir helfen, die Energie zu fühlen und welche sie blockieren.

Göttlicher Körper

göttlicher Körper – physische Ebne:
zwanzig Positionen, die Finger- und Zehenspitzen

Die Energie, die von diesen Chakren ausgeht, kann zur Heilung eingesetzt werden. Darüber hinaus wirkt sie wie eine kleine Antenne, mit der du ein Gefühl dafür entwickeln kannst, was vor dir liegt. Massiere deine Zehen und Finger, um den Energiefluß durch diese Chakren zu fördern. Atme tief und ruhig durch und fühle, wie du mit der Energie, die dich umgibt, immer mehr verbunden wirst. Auf welche Weise hebt der Fluß dieser Chakren dein Bewußtsein?

göttlicher Körper – emotionale Ebene:
in der Mitte des Hinterkopfes

Wenn ein Mensch betet, fließt mehr Energie aus diesem Chakra als aus dem Kronen-Chakra. Auch eine Verbeugung, die Energie einer Respektbezeugung, öffnet dieses Chakra. Mach also eine Verbeugung und laß die Energien aus diesem Chakra der Ergebenheit fließen. Ist es eine angenehmens Gefühl? Es gibt Menschen, bei denen dieses Chakra übermäßig weit geöffnet ist. Bei ihnen kann es sein, daß sie sich anderen Menschen oder einer bestimmten Sache so eingehend widmen, daß ihr ganzes Leben dadurch außer Balance gerät. Bei anderen ist das Chakra verschlossen, und eine Verbeugung ist ihnen unangenehm. Wenn das bei dir der Fall ist, solltest du versuchen herauszubekommen, an welcher Stelle du dich verschließt. Projizierst du deine eigenen Fehler auf andere? Leidest du unter paranoiden Vorstellungen? Massiere das Chakra. Laß einen ruhigen Energiefluß von ihm ausgehen und gib dich deinem Schicksal hin, deiner Einheit mit deinen Mitmenschen, dem Kosmos und deiner göttlichen Quelle. Laß nach ein paar Minuten dieser Meditation die Energie deinen ganzen Körper durchdringen und richte deinen Kopf wieder gerade auf.

göttlicher Körper – mentale Ebene:
etwas innerhalb der Beckenknochen in der Leistengegend

Der Ausdruck von Dankbarkeit gehört zu einem gesunden Leben. Geschlossene Chakren des göttlichen Körpers auf der mentalen Ebene können Probleme mit den Eingeweiden verursachen. Massiere diese Gegenden, laß die Chakren sich öffnen und die Energie fließen. Frag dich, auf welchen Gebieten deines Lebens du mehr Dankbarkeit zeigen kannst und wo du dich der Fülle des Lebens besser öffnen solltest. Vielleicht möchtest du ein paar Minuten nichts anderes tun, als dankbar für alles zu sein.

göttlicher Körper – intuitiv-mitfühlende Ebene:
Solarplexus

Dieses Chakra ist eines der wichtigsten für den Beginn des Wassermann-Zeitalters, einer Zeit, in der wir die Wahl haben zwischen so vielen verschiedenen Möglichkeiten. Massiere das Solarplexus-Chakra. Atme dort hinein und frage dich, was du blockierst. Dann bitte darum, zu wissen, auf welchen Gebieten des Lebens du mehr beherrschend und aktiv sein solltest.

göttlicher Körper – Wille/Geist-Ebene:
auf der Vorderseite des Halsansatzes, wo die Brustplatte eine
hufeisenartige Form annimmt

Manchmal erwartet man von bestimmten Menschen mehr, als diese eigentlich tun wollen. Bei anderen wird ein übertriebenes Bedürfnis, anderen zu Diensten zu sein, deutlich. Für viele ist dieses Chakra die Ursache für zahlreiche quälende Unannehmlichkeiten. Massiere es leicht. Laß die Energie hinausfließen und frage dich, indem du deine Aufmerksamkeit auf dieses Chakra richtest, wo im Leben du dich besonders gequält fühlst oder übertrieben dienstfertig bist. Frage dich gleichzeitig, wo du dich besonders zurückhältst.

göttlicher Körper – seelische Ebene:
zu beiden Seiten des Nabels

Diese Chakren sind die Begleiter des Nabels. Sie helfen, die Energien des Körpers mit den göttlichen Energien und denen deiner Mitmenschen zu vereinen. Massiere erst die Chakren und dann den Nabel, um einen ausgeglichenen Fluß zu gewährleisten. Laß die Energien hinausfließen. Wo suchst du in deinem Leben besonders stark nach einer Vereinigung mit anderen und wo behinderst du sie? Während die Energie aus diesen Chakren hinausfließt, meditiere über deine Beziehungen zu anderen auf der irdischen und kosmischen Ebene.

göttlicher Körper – göttliche Ebene:
am Scheitel, das Kronen-Chakra

Dies ist eines der bestbekannten Chakren. Es ist sehr wichtig für unser Wachstum und unsere Verbindung zu den höheren Ebenen. Massiere dein Kronen-Chakra. Fühle die Oberseite deines Kopfes. Fühlt sie sich verspannt an? Öffne sie und laß die Energie hinausfließen. Fühle, während sie fließt, die Einheit mit anderen Menschen und mit deiner göttlichen Quelle. Verhalte dich diesem Chakra gegenüber meditativ und achte auf alle energetischen Veränderungen, *auf* plötzliche Einsichten oder spirituelle Erlebnisse. Wenn dieses Chakra übermäßig weit geöffnet ist, fühlst du vielleicht, wie die Energie stark aus dir hinausfließt. Wenn das der Fall ist, ist es am besten, die Energie um deinen Körper herum zu verringern und einige oder auch die gesamte Energie zurückzubringen, um sie innerhalb deines gesamten Körpers zu verteilen, um ihn wieder zu Kräften kommen zu lassen. Übermäßiger Energiefluß vom Kronen-Chakra kann einen Menschen schwächen. Wenn dieses Chakra bei dir besonders weit geöffnet ist, frage dich, welche Lebensumstände dies verursacht haben könnten. Es könnte eine Angst sein, ganz Mensch zu sein, oder auch aus einer Zeit stammen, in der du voller negativer Emotionen stecktest.

Töne und Kundalini-Bewegung

Klänge sind ein wichtiger Bestandteil unseres Lebens. Sie aktivieren energetische Abläufe, lösen Blockaden auf und erhöhen den Lebensfluß. Gleichzeitig spielen sie eine wichtige Rolle bei der Auslösung der Kundalini und der Öffnung der Chakren. Dauernde Schwingungen einer bestimmten Frequenz bringen Bewegung in die Energie, auf die sie einwirken. Bestimmte Klänge können Glas zum Zerbersten bringen, andere aktivieren den Energiefluß in Bereichen, die dieselbe oder eine verwandte Frequenz haben.

Mantras

Die folgenden Wörter sind Begriffe aus dem Sanskrit. Sie sind Mantras (Gedankenformen), die sich auf die Chakren beziehen. Wiederhole diese Laute fünf bis zehn Mal und konzentriere dich auf die entsprechenden Chakren. Am Anfang sind einige Minuten pro Chakra durchaus ausreichend. Setz dich entweder im Lotossitz oder leg dich hin. Atme dreimal vollständig durch, bevor du anfängst. (Dabei ist es normal, wenn du mehr Zeit mit bestimmten Chakren verbringst, als mit anderen.)

Wurzel – *Lam*

Geschlechtszentrum – *Vam*

Nabel – *Ram*

Herz – *Yam*

Hals – *Ham*

Fünftes Auge – *Om*

Krone – *Aum*

Als Variation für das Kronen-Chakra kannst du dich für alle Klänge gleichzeitig, für das Summen des Universums, öffnen. Wenn du die Keim-Mantras visualisieren möchtest, kannst du das mit Hilfe der jainistischen Version der Mantras tun.

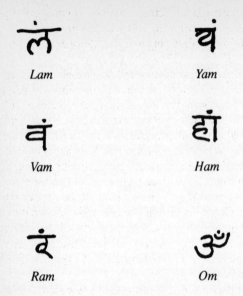

Die Chakren mit Glücksgefühlen überströmen

Dies ist eine ausgezeichnete Übung, um die Chakren zu reinigen und zu vitalisieren und gleichzeitig die Kundalini zu bewegen. Sie ist so stark, daß man dabei leicht müde werden und das Interesse verlieren kann. Ich empfehle daher, sich anfangs nur auf zwei Chakren zu konzentrieren: auf Nabel- und Kronen-Chakra. Wenn deine Aufmerksamkeitsspanne sich erweitert hat, kannst du weitere Chakren hinzufügen. Manchmal sucht sich die Energie die Chakren, mit denen sie arbeiten will, selbst aus. Laß es geschehen. Wenn du fertig bist, verteile die Energie im ganzen Körper. Laß sie sich niemals in einem Körperteil konzentrieren.

Stell das Wurzel-Chakra erst einmal zurück, bis alle anderen aktiviert sind. Wenn man das Wurzel-Chakra vor den anderen aktiviert, kann man große Schwierigkeiten bekommen, denn es gäbe zu viele Blockierungen, und die Hauptkraft würde nach unten gerichtet sein. Das steht einem evolutionären Prozeß eher entgegen.

Bring die Energie vom unteren Teil der Wirbelsäule herauf und aus der Öffnung des Chakras, mit dem du die Übung angefangen hast, hinaus. Wenn sich die Gegend steif oder blockiert anfühlt, massiere sie. Visualisiere eine rote Flamme, die all die Schlacke und Negativität des Chakras ausbrennt und es für den Fluß der reinen Energie vorbereitet. Es kann eine Vielzahl verschiedener Empfindungen, Erinnerungen und Gedanken dabei geben. Laß es einfach geschehen. Hänge ihnen nicht nach und zolle ihnen nicht zuviel Aufmerksamkeit. Laß die rote Flamme sie verbrennen und die betroffene Gegend reinigen. Die emotionalen oder mentalen Energien in einigen Chakren scheinen manchmal überwältigend, besonders im sexuellen, emotionalen oder niederen mentalen Bereich. Laß sie nicht überhandnehmen. Visualisiere, wie die rote Flamme sie reinigt.

Nach dem Brennen fühlst du vielleicht, wie sich die Energie im Uhrzeigersinn dreht (von außen betrachtet). Laß es geschehen. Das Chakra beginnt mit seiner natürlichen drehenden Bewegung. Nachdem es sich für eine Weile gedreht hat, laß es sich in seiner Drehung so weit wie möglich ausdehnen. Auch wenn das drehende Gefühl nicht mehr da ist, laß die Energie sich trotzdem ausdehnen und immer weiter werden, bis sie in einen Zustand totalen Glücks eintritt. Stell dir vor, dein Atem geht durch dieses Chakra.

Am Anfang solltest du nicht länger als fünf Minuten in diesem Glückszustand verweilen. Die Energie hat sehr viel Kraft, und dein System ist wahrscheinlich noch nicht darauf eingestellt, selbst wenn es sich sehr gut anfühlt. Denk daran, daß du, sobald du anfängst, dich müde, schläfrig oder gelangweilt zu fühlen, die Energie auf den ganzen Körper verteilst und dann die Übung erst einmal beendest. Du solltest diese Übung nicht durchführen, wenn du Schwierigkeiten hast, interessiert und aufmerksam zu bleiben.

Laß die Energie nach Beendigung der Übung sich im ganzen

Universum verteilen. Bringe sie nicht wieder zurück in das Chakra, sie ist viel zu stark. Geh weiter zum nächsten Chakra. Am besten du fängst mit den unteren Chakren an und arbeitest dich immer weiter nach oben vor. Manchmal wird es natürlich erscheinen, einige Chakren, die normalerweise mit eingeschlossen werden, zu überspringen und gleich mit den nächsten fortzufahren. Irgendwann solltest du mit allen Chakren wie beschrieben verfahren. Nachdem du dir das Kronen-Chakra vorgenommen hast, vermische einen Teil der Energie mit der spirituellen Energie von außerhalb und laß sie den Körper durchrieseln und in die Zellen eindringen.

Wenn alle Chakren gereinigt und vitalisiert sind, geh zum Wurzel-Chakra. Danach solltest du nicht versäumen, die Energie in die Wirbelsäule zurück, aufwärts und aus dem Kronen-Chakra hinaus zu lassen, damit sie sich mit der spirituellen Energie vermischen, über deinen Körper rieseln und in die Zellen eindringen kann. Ganz gleich wie viele Chakren du dir vornimmst, beende die Übung immer mit dem Kronen-Chakra, um die Kraft der Energie auszugleichen. Wenn du die unteren Chakren zuletzt angehst, besteht die Gefahr, daß die Energie dort steckenbleibt. Eine zu starke Konzentration von Energie in dieser Gegend kann physische, mentale und emotionale Probleme nach sich ziehen. Vielleicht stellst du nach einer Weile fest, daß die drei Hauptbrennpunkte der Energie, der Nabel, das Herz und das fünfte Auge, von selbst rein bleiben. Andere merken, daß während der Übung ihr drittes Auge (zwischen den Augenbrauen) aktiviert wird. Wenn die spontane Reinigung stattfindet, solltest du nicht eingreifen, sondern dich für die Energien öffnen. Nimm dir wenn möglich auch Zeit für den Glückszustand, der eine segnende und energiespendende Kraft beinhaltet.

Du kannst die Übung beenden, indem du die Energien im Körper verteilst oder sie zum Kronen-Chakra führst, sie dort mit den göttlichen Energien zusammenbringst und die Verbindung beider Energien durch dein System strömen läßt.

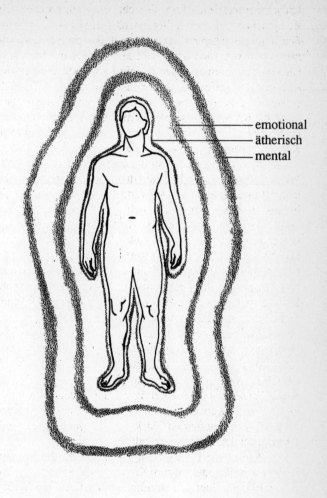

ätherischer, emotionaler und mentaler Körper

9.
Die Bestimmung des persönlichen Chakraflusses

Das Messen der Chakren

Im folgenden Kapitel werden wir die Wirkungen fließender und blockierter Chakra-Energien auf Persönlichkeit und Verhalten untersuchen. Dabei spielen die sieben Haupt-Chakren, aber auch sieben weniger bekannte Chakren eine Rolle. Es gibt noch viel mehr Chakren, und wenn man sich die Mühe macht, kann man sicherlich die Wirkung sämtlicher Chakren untersuchen, aber die generelle Persönlichkeit wird durch diese vierzehn Chakren bestimmt.

Tabelle 3 ist eine Liste von vierzehn Chakren und ihrer Position im Körper. Es empfiehlt sich, ihren Energiefluß nur für die drei niederen Körper (physisch, emotional und mental) zu messen. Der Charakter eines Menschen wird im wesentlichen durch sie bestimmt. Die höheren Körper sind nicht so leicht zu messen. Ihre Größe, ihre feinstoffliche Natur und die Schwierigkeit, sie zu lokalisieren, wenn sie nicht gut entwickelt sind, machen es beinahe unmöglich.

Die **Abbildung** auf der vorangegangenen Seite zeigt, wie gleichmäßig fließende Körperenergien aussehen. Der ätherische Körper dehnt sich über den physischen und der emotionale über den ätherischen aus. Alle gemeinsam durchdringen den physischen Körper.

Es kann eine Weile dauern, bis es gelingt, die äußeren Grenzen des Chakraflusses zu bestimmen. Die folgenden Übungen erleichtern die Messung.

Tabelle 3 Energietest in den Chakrazonen							
Chakra Zone	7	6	5	4	SP	3	M
ätherischer Körper							
emotionaler Körper							
mentaler Körper							

Vorderseite

7 – Krone
6 – Stirn/fünftes Auge
5 – Hals
4 – Herz
SP – Solarplexus
3 – Nabel
M – Milz
2 – Sexualität
Z – Zchcn (Spitzc dcs großen Zehs unter dem Zehennagel)
F – Füße (Mitte der Fußsohle)

Rücken

1 – Wurzel
W – Wille
AL – Ausstiegsluke
D – Devotional-Chakra

Name:

Datum:

Tabelle 3 Energietest in den Chakrazonen								
Chakra Zone	2	Z	F	1	W	AL	D	Durchschnitt
ätherischer Körper								
emotionaler Körper								
mentaler Körper								

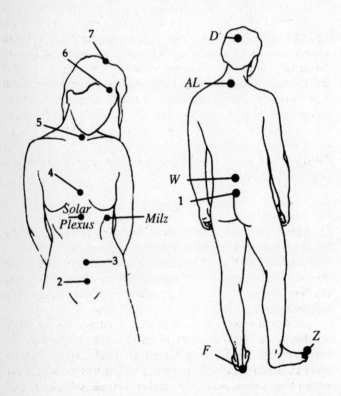

Energietest in den Chakrazonen – Vorder- und Rückseite

Reibe deine Handflächen kräftig gegeneinander, um statische Elektrizität zu erzeugen und deine Sensitivität zu erhöhen.

Halte deine Hände so weit auseinander, wie du kannst, immer mit den Handflächen zueinander gerichtet.

Bewege deine Hände langsam aufeinander zu. Schon nach wenigen Zentimetern spürst du vielleicht eine erste »Mauer« von Energie, wie der Rand eines unsichtbaren Ballons. Vielleicht spürst du auch plötzlich etwas Warmes oder ein Kribbeln in den Handflächen. Starke Energien können sich durch deine Arme bewegen. An dieser Stelle befindet sich bei den meisten Menschen der äußere Rand des emotionalen Körpers.

Es sollte nicht allzu schwer sein, die Energien auf diese Weise zu spüren, denn du spürst sie mit beiden Chakren der Handflächen. Wenn du beginnst, die Energien zu spüren, wirst du merken, daß ihre Qualität für jeden Körper anders ist. Ein ruhiger Körper fühlt sich vielleicht »sanft« an, während ein gereizter und erregter Körper sich wie kleine, etwa fünf bis sechs Zentimeter lange Silbernadeln anfühlt und auch so aussieht. Es gibt Menschen, die die Fähigkeit entwickelt haben, die äußeren Grenzen dieser Energieschichten zu sehen. Andere können ihre Anzahl sehen oder sogar hören.

Technik

Du kannst die Chakren mit einem Zollstock messen. Laß die Person, die gemessen werden soll, sich mit dem Rücken auf den Boden legen, die Arme seitlich am Körper. Reibe deine Hände, bis du statische Elektrizität spürst. Lokalisiere die physische Energie der Person, etwa zehn bis fünfzehn Zentimeter um den gesamten Körper herum.

Als nächstes stelle fest, wo sich die Chakren, die gemessen werden sollen, befinden. Halte einen Moment ein und fühle die Energien über den Chakren mit deiner Hand. Laß die Energie nicht an deiner Hand »abprallen«, denn das würde ihren natürlichen Fluß stören. Aus dem gleichen Grunde solltest du auch vermeiden, die Person mit dem Zollstock zu berühren. Hebe deine Hand hoch, etwa sechzig Zentimeter, führe sie über das Chakra und nähere dich dann langsam und vorsichtig dem Körper, bis du die Grenze des ätherischen Körpers und das Chakra auf dieser Ebene spürst. Miß den Abstand und notiere die Werte. Dann tust du dasselbe mit dem emotionalen Körper, wobei du mit einem Meter Abstand beginnst. Notiere den Abstand, wenn du ihn gefunden hast. Für die mentale Ebene beginnst du bei zwei Metern. Dazu mußt du dich auf einen Hocker oder Stuhl stellen. Aber Vorsicht: Wenn du fällst, störst du nicht nur die Energien, sondern läufst Gefahr, dich und deinen Partner zu verletzen. Wenn du die Chakren nicht in Abständen lokalisieren kannst, die innerhalb der sechzig Zentimeter-, ein Meter- und zwei Meter-Grenze liegen, geh weiter nach außen.

Du wirst lernen, die Unterschiede zwischen den ätherischen, emotionalen und mentalen Energien zu spüren. Mach dir keinen Streß beim Finden der richtigen Energien am Anfang. Du würdest nur nervös, und alles würde noch schwieriger. Oft kann dein Partner fühlen, wenn du die jeweiligen Energien triffst, und dich anleiten. Wenn du dich später fragst, ob die Messungen richtig waren, kannst du sie noch einmal wiederholen und anschließend die Ergebnisse vergleichen. Die Messungen sollten am Anfang nicht zuviel Zeit in Anspruch nehmen, sonst werden die Energien dich regelrecht auslaugen. Du fühlst dich dann völlig zerschlagen. Trink ein Glas Wasser und ruhe ein paar Minuten, dann wirst du dich in der Regel schon viel besser fühlen und kannst weitermachen. Wenn du Schwierigkeiten hast, einen bestimmten Chakrafluß zu lokalisieren, befindet er sich vielleicht weiter rechts oder links, oben oder unten. Notiere auf jeden Fall eventuelle Abweichungen.

Wenn du die vorderen Chakren gemessen hast, fahre mit den Chakren am Rücken fort. Nach der Messung kannst du die durchschnittlichen Werte der drei Flüsse (ätherisch, emotional und mental) ermitteln und auf deiner Tabelle eintragen. Notiere eventuelle starke Schwankungen innerhalb einer Ebene. Eine Abweichung von weniger als zehn Zentimetern im ätherischen Körper ist normal. Im emotionalen können es auch schon einmal fünfzehn und im mentalen bis zu zwanzig Zentimeter sein. Alles, was darüber hinausgeht, bedeutet, daß die Energien sich im

Ungleichgewicht befinden, was zu Verwirrung und plötzlichem Stimmungswechsel führen kann. Auf der anderen Seite kann eine übermäßige Gleichmäßigkeit ein Zeichen für Starre sein. In einer wirklich ausgeglichenen Person sind die höheren Chakren (Herz, fünftes Auge und Krone) etwas höher als der Rest.

Wenn du eine persönliche Messung vornimmst, solltest du die folgenden Dinge beachten:

Energieflüsse können täglich variieren. Eine Grundstruktur kann bleiben, wie sie ist, wenn die Person keine Anstrengungen macht und keine gravierenden Veränderungen durchlebt.

Extremer Ärger, Verletztheit, Liebe oder andere Emotionen werden sich im Energiefluß bemerkbar machen. Wenn du die Werte extrem emotionaler Zustände mit normalen Werten vergleichst, wirst du sehen, was Ärger deinem System zufügen kann.

Persönliche Probleme verursachen ein Ungleichgewicht der Energien und umgekehrt. Es ist schwierig, was von beiden am Anfang gestanden hat.

Körperliche Verletzungen können Energie auslösen oder einen Energiefluß verursachen.

Wenn ein Chakra zu weit geöffnet ist, kannst du deine Hand darüberlegen, die Energie wieder zurück in den Körper schieben und sie mental zu einem Chakra lenken, das zu wenig Energie hat.

Wenn ein Chakra zu wenig Energie hat, massiere es einschließlich seiner Umgebung. Das wird eventuelle Muskelspannungen auflösen und dir ermöglichen, mental Energie aus diesem Chakra zu entlassen.

Immer wenn du bei einem Chakra mehrere Grenzen oder Wände spürst, notiere diejenigen, die am weitesten vom Körper entfernt liegen. Mehrere Wände weisen darauf hin, daß der Körper oder das Chakra erst zum Teil entwickelt ist.

Die Analyse der persönlichen Chakrastruktur

Wenn wir den Energiefluß des physischen, emotionalen und mentalen Körpers durch die Chakrasysteme gemessen haben, sind wir bereit, die Gesamtstruktur zu untersuchen und die Körperpartien zu finden, in denen man eine »Energiekrise« erlebt. Persönliche Probleme werden durch ein Ungleichgewicht oder eine Störung des Energieflusses innerhalb des physischen, emotionalen und mentalen Körpers verursacht. Die Chakrastruktur zeigt deutlich, an welchen Stellen ein Ungleichgewicht auftritt.

Ein Chakra, das weit über dem Durchschnitt liegt, ist wahrscheinlich zu weit geöffnet und erhält zuviel Energie. Wenn es weit darunter liegt, ist es blockiert und erhält keine ausreichende Energie. (Die Symptome zu weit geöffneter und blockierter Chakren werden im achten Kapitel im einzelnen erläutert.) Neben den Messungen der einzelnen Chakren ist es wichtig, auf besondere Strukturen oder Verhältnisse zwischen Chakren und Körpern zu achten. Es gibt eine Vielzahl von Strukturen des Zusammenspiels von Körpern und Chakren, die persönliche Störungen verursachen können, aber wir wollen hier nur auf einige weit verbreitete Modelle eingehen. Für eine einigermaßen genaue Analyse einer Chakrastruktur ist es wichtig, auf folgende Punkte zu achten:

Achte auf die Höhen und Tiefen jedes einzelnen Körpers, um zu bestimmen, wo die Energie zu stark fließt, wo sie blockiert ist und in welchen Körperpartien die Ungleichgewichte auftreten.

Ungleichgewichte im Chakrasystem des physischen Körpers äußern sich sowohl im Verhalten eines Menschen als auch durch physische Krankheiten. Ungleichgewichte im emotionalen Körper werden sich natürlich durch Emotionen und Gefühle äußern und Ungleichgewichte im mentalen Körper durch Gedanken. Wenn ein Problem in einem Körper sehr schwerwiegend ist, kann es die anderen Körper ebenfalls betreffen.

Allgemeine Verspannung und Steifheit weist normalerweise auf ein sehr niedriges Energieniveau hin, das im ganzen Körper gleichmäßig gering ist. Das ist eine äußerst ungesunde Situation. Besser ist es, sehr unregelmäßige Strömungen zu haben, bei der wenigstens ein wenig Energie fließen kann. Am besten ist jedoch ein mäßiger Fluß, der deutliche Strukturen aufweist.

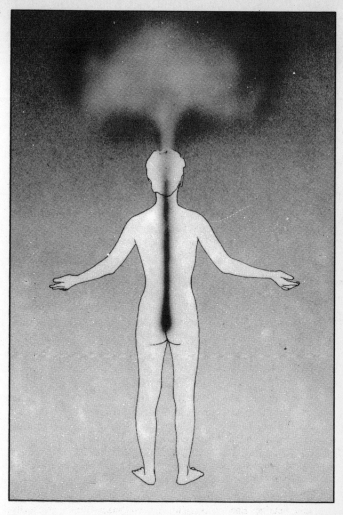

Das rot-orange der Kundalini läuft die Wirbelsäule hinauf und vermischt sich mit der göttlichen Energie (Vereinigung von Shakti und Shakta). Die Farben verwandeln sich in Gold und manchmal auch in Silber.

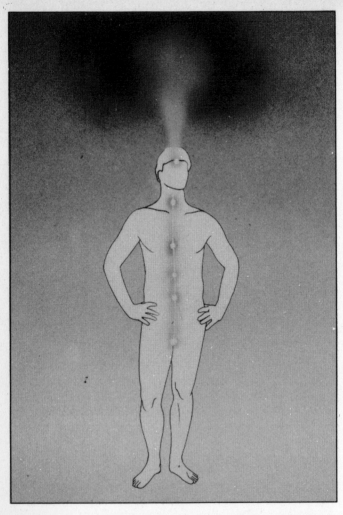

Stell Dir vor oder fühle, wie Energie von der Shushumna und den Chakren ausgeht.

Die Pingala ist silbrig mit einem goldenen Schatten. Sie ist vom Wesen her männlich. Die Shushumna verläuft durch die Wirbelsäule, ist silbrig mit einem bläulichen Schatten und hat spirituelle Eigenschaften. Die Ida ist silbrig mit einem rötlichen Schatten. Sie ist vom Wesen her weiblich.

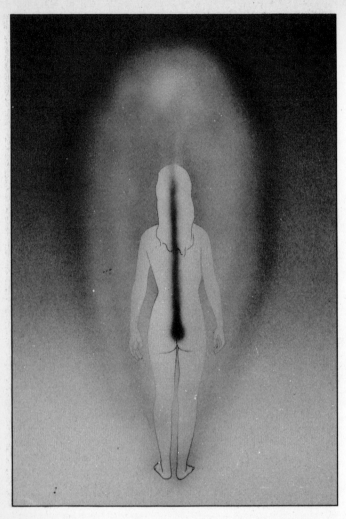

Die rot-orange Kundalini steigt durch den Körper auf und verläßt den Körper durch das Kronen-Chakra. Sie vermischt sich über dem Kopf mit der göttlichen Energie (strahlend weiß oder silbrig) und die Mischung rieselt leuchtend golden oder silbern über den ganzen Körper.

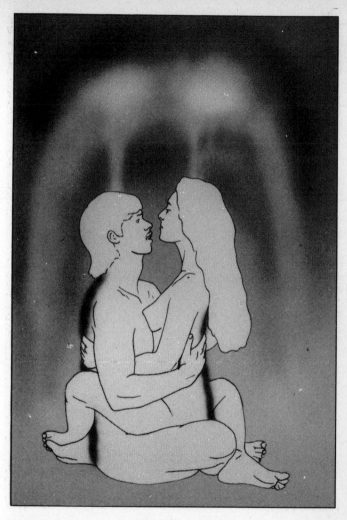

Nach der Vorbereitung der Körper in der tantrischen Maithuna-Haltung kann das Aufsteigen der Kundalini durch sexuelle Erregung herbeigeführt werden.

Stell dir die Kundalini als sanfte, ewig brennende Kerze über deinem Kopf vor. (Ebenso kannst du das Bild eines immerblühenden Lotos oder einer Rose verwenden.) Bei der Kerze stell Dir vor oder sieh, wie Lichtfunken auf dich herabrieseln.

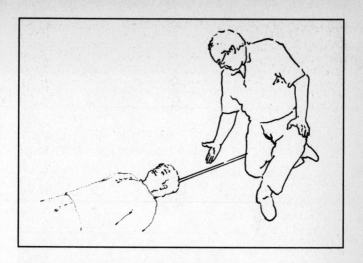

Bild 1: Die Messung des Kronen-Chakras

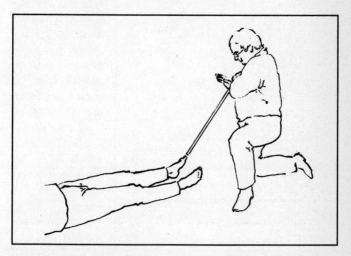

Bild 2: Die Messung des Zehen-Chakras (beachte den Winkel, in dem die Energie gemessen wird)

Bild 3: Die Messung des Energieflusses des fünften Auges

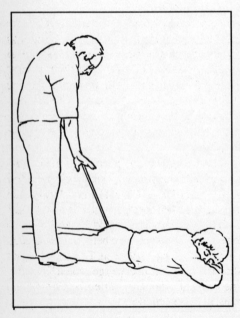

Bild 4: Die Messung des Wurzel-Chakras (beachte auch hier den Winkel des Chakra-Flusses). Alle Chakren fließen direkt aus dem Körper mit Ausnahme der Zehen-, Wurzel- und Milz-Chakren, bei denen der Fluß von der linken Seite des Körpers ausgeht.

Dinge, auf die man achten sollte

Zwischen den Körpern sollte eine gute Balance herrschen. Sei auf der Hut, falls ein Körper sich gegenüber den anderen verschließen sollte. Die ätherische Ebene sollte im allgemeinen etwa dreißig Zentimeter, die emotionale etwa sechzig und die mentale etwa einhundertfünfzig Zentimeter Abstand von der physischen haben.

Wenn die mentale Ebene beispielsweise über zwei Meter und die physische unter zwanzig Zentimeter mißt, weist das auf einen Mangel an Durchsetzungskraft, an Aufmerksamkeit gegegenüber dem physischen Körper hin. Körperliche Inaktivität und zuviel Energie im mentalen Körper bedeutet, daß man mehr denkt als handelt. Ein emotionaler Körper von einem Meter zwanzig oder mehr und ein mentaler Körper von einem Meter siebzig oder einem Meter achtzig bedeutet zuviel Gefühl. Übermäßig hohe physische Energien deuten auf einen Menschen, der handelt, ohne zu denken und ohne zu fühlen.

Wenn ein Chakra stark blockiert ist, achte darauf, wohin der Überschuß geht. Ein blockiertes Herz kann sich in Form von Ärger durch die Milz oder durch exzessive sexuelle Energien im Sexualchakra äußern. Ein unterentwickeltes Hals-Chakra weist auf die Unfähigkeit, die Dinge zu nehmen, wie sie sind, auf innere Hemmungen, ein überversorgtes Herz-Chakra und ein übertriebenes Liebesbedürfnis. Die Energie eines blockierten Nabels und einer blockierten Milz kann auf das Sexual- oder Wurzel-Chakra übergreifen.

Ein Mensch, der übertrieben stark mit einem bestimmten Problem zu kämpfen hat, sendet im allgemeinen besonders viel Energie zu dem entsprechenden Chakra. Dieses Chakra kann sich daraufhin weit öffnen und die Aufmerksamkeit der Person ständig in Anspruch nehmen. Dadurch wird das Problem noch verstärkt. Es wird zu einem Teufelskreis. Versuche, die Energie von dem betreffenden Chakra wegzunehmen, um die Überlastung abzubauen. Eine Möglichkeit ist, die Energie von diesem Chakra aus über den gesamten Körper zu verteilen. Damit kannst du die Situation entschärfen, neue Einsichten und ein neues Bewußtsein entstehen lassen.

Ein besonders niedriges Kronen-Chakra macht dich empfänglich für herablassende Bemerkungen (gegenüber anderen, aber auch vor dir selbst) und liefert dich der Gefahr aus, kopflastig zu werden. Eine besonders hohe Krone ist jedoch nichts Schlimmes, obwohl sie zuviel Energie auslösen und aufbrechen kann, was sich in allgemeiner Abgespanntheit und einem Mangel an Energie für alltägliche Angelegenheiten äußern kann. Es ist unerläßlich, in dieser Hinsicht einen Ausgleich zu erzielen. Dazu solltest du versuchen, einen Teil der Energie wieder zurückzubringen und über den ganzen Körper zu verteilen.

Ein zu hohes fünftes Auge ist nichts Beunruhigendes, es sei denn, es zieht Energie von anderen Chakren ab. Es kann auf lebhafte Träume, Hellsichtigkeit oder auch Kopfschmerzen hinweisen. Ein besonders niedriges fünftes Auge bedeutet einen Mangel an Weitsichtigkeit.

Ein übermäßig hohes Hals-Chakra weist auf eine Persönlichkeit hin, die sich allzu leicht überzeugen läßt und manchmal unvernünftig handelt. Ein zu niedriges Hals-Chakra bedeutet einen Mangel an Fähigkeit, das Leben so zu nehmen, wie es ist und die Unfähigkeit, in der Öffentlichkeit die eigene Meinung zu sagen.

Ein besonders hohes Herz-Chakra heißt, daß der Betroffene liebevoller ist, als ihm selbst guttut. Er kann sich leicht energielos fühlen oder buchstäblich Herzschmerzen bekommen. Ein außergewöhnlich niedriges Herz-Chakra produziert Niedergeschlagenheit, ein »gebrochenes Herz«, Müdigkeit, Erschöpfung oder Hartherzigkeit. Es kann Schmerzen geben, die aus einer früheren Phase des Lebens oder einem früheren Leben übriggeblieben sind.

Ein außergewöhnlich hohes Nabel-Chakra produziert einen übermäßig emotionalen Zustand, bei dem kaum noch Energie zum Denken oder Handeln übrigbleibt. Ein außergewöhnlich niedriges Nabel-Chakra weist auf eine gefühlsmäßige Blockierung oder eine Angst vor Gefühlen hin.

Ein übermäßig hohes Milz-Chakra kann sich in unkontrolliertem Ärger und in Schwierigkeiten, klar zu denken, äußern.

Ein übermäßig niedriges Milz-Chakra deutet auf die Angst, Ärger zum Ausdruck zu bringen.

Ein außergewöhnlich hoher Wille (bei gleichzeitig geschlossenem Herzen) weist auf einen starken Willen und auf einen Menschen hin, mit dem man nicht so leicht auskommt. Ein besonders niedriger Wille zeigt normalerweise auf ein vorherrschendes Gefühl von Hilflosigkeit hin, in dem die Energie sich überwiegend im emotionalen Bereich ansammelt. Der Wille sollte durch die Energien von Herz- und Nabel-Chakra ausgeglichen sein.

Ein außergewöhnlich hohes Wurzel-Chakra macht es schwer, still zu sitzen. Der Betroffene läuft Gefahr, gleichzeitig viele Möglichkeiten, die sich ihm bieten, zu versäumen und seinen Ärger zu unterdrücken. Die Folge davon können Hämorrhoiden sein. Ein besonders niedriges Wurzel-Chakra kann die Angst erzeugen, Fehler zu machen. Wenn sowohl Kopf- wie Wurzel-Chakra verschlossen sind, kann das zu einer allgemeinen Lebensangst führen. Man möchte sich am liebsten verstecken (Schildkröten-Komplex).

Wenn das devotionale Chakra zu stark ausgebildet ist und noch höher reicht als das Kronen-Chakra, dann weist das auf eine Neigung zu wahlloser Hingabe hin, sowohl zu Personen wie zu Ideen. Ein niedriges devotionales Chakra beschreibt einen Menschen, der für die Gedanken anderer nicht zugänglich ist und die Neigung hat, seine eigenen Gedanken auf andere zu projizieren und die eigenen Rechte vor die der anderen stellt.

Ein außergewöhnlich weit geöffnetes »Schlupfloch«-Chakra kann zur Realitätsferne führen, besonders wenn der Kopf zu weit nach vorne geneigt ist. (Das Chakra hat seinen Namen dadurch erhalten, daß es in schwierigen Zeiten als »Sicherheitsventil für überschüssige Energie dient.) Es verstopft die Energie zum Gehirn. In Extremfällen kann das zur Paranoia führen. Ein besonders niedriges »Schlupfloch«-Chakra kann ein unkritisches Annehmen der Welt bedeuten.

Besonders hohe Fuß-Chakren weisen auf allgemeine Ärgerlichkeit. Man muß ständig herumlaufen, um sich über sein

Fühlen und Denken klar zu werden, und hat das Bedürfnis, gehört zu werden und seine Spuren in der Welt zu hinterlassen. Ein starkes Aufschlagen der Ferse steht symbolisch für diese Tendenz. Besonders niedrige Fuß-Chakren weisen einen »Schleicher« hin, der Angst hat, richtig aufzutreten, der wie auf Eiern läuft, sich davor scheut, auf seinen eigenen Beinen zu stehen, und sich ständig an andere anhängt. Wenn die Zehen besonders hoch sind, erzeugt das das Bedürfnis, Ärger durch Treten (sich den Weg freitreten) zu beseitigen. Wenn die Zehen zu niedrig sind, können sie sich verkrampfen, was ein Bild für ein übersteigertes Sicherheitsbedürfnis ist – wie ein Vogel, der sich an einem Zweig festklammert.

Wenn Herz- und emotionales Chakra stark verschlossen sind, neigt der Betroffene dazu, seiner Liebe ausschließlich geschlechtlichen Ausdruck zu verleihen. Das Sex-Chakra kann auch durch einen Energieüberschuß der anderen Chakren zu hoch werden, zusammen mit höheren emotionalen oder mentalen Werten. Das führt dazu, daß man mehr über Sex nachdenkt, als es zu tun. Ein besonders niedriges Sexual-Chakra weist auf die Unfähigkeit, sich sexuell auszudrücken oder die Geschlechtsenergie auf andere Weise zu nutzen.

Schwindelgefühle können sowohl die Folge von zu hohem, als auch von zu niedrigem Fluß des Solarplexus-Chakra sein. Dieses Extrem deutet auf Probleme beim Handeln, Fühlen oder Denken angesichts des eigenen Schicksals hin. Wenn es zu weit geöffnet ist, führt das zu einer übertriebenen Beschäftigung mit dem eigenen Schicksal und den Trivialiäten des Alltags – zu verschlossen, erzeugt es die Angst, im Leben seinen Platz einzunehmen und das zu tun, was die Situation erfordert.

Tabelle 4 Beisspiele für Chakra-Messungen (Angaben in cm)

		7	6	5	4	SP	3	M	2	Z	F	1	W	AL	D	Ø
A	ätherischer Körper	53	67	71	84	58	69	76	61	48	91	91	56	67	66	66
	emotonaler Körper	107	94	127	122	94	142	160	86	117	198	127	147	89	122	122
	mentaler Körper	183	198	218	203	163	213	274	188	175	244	188	188	188	203	203
B	ätherischer Körper	33	25	36	18	28	33	43	64	36	41	25	30	38	33	36
	emotonaler Körper	86	66	89	71	81	107	119	124	114	117	53	58	61	64	86
	mentaler Körper	196	150	127	150	150	142	213	196	198	178	122	137	122	109	157
C	ätherischer Körper	20	23	20	23	23	20	23	20	25	23	28	38	30	23	25
	emotonaler Körper	56	43	56	58	51	53	58	33	40	58	97	74	89	89	61
	mentaler Körper	127	137	137	152	132	89	122	91	152	137	198	137	180	188	142
D	ätherischer Körper	89	33	25	23	33	20	25	38	46	36	46	36	43	69	41
	ätherischer Körper	169	119	117	122	119	119	79	91	122	84	114	140	109	114	112
	emotonaler Körper	165	211	183	180	173	150	142	167	188	150	193	180	180	193	175
E	ätherischer Körper	66	48	64	61	56	56	91	81	25	36	84	78	30	66	61
	emotonaler Körper	97	109	117	119	112	107	147	122	109	67	208	132	112	94	109
	mentaler Körper	213	206	198	218	175	175	175	185	193	150	290	196	191	183	196
		Krone	Stirn/Fünftes Auge	Hals	Herz	Solar Plexus	Nabel	Milz	Energie/Sexualität	Zehen	Füße	Wurzel	Wille	Austiegslike	Dvotional-Chakra	Durchschnitt

Probemessungen

Tabelle 4 zeigt die Messungen von fünf Personen mit den verschiedensten persönlichen Hintergründen. B und C haben die niedrigsten Werte der Gruppe. Beide befinden sich in geordneten Verhältnissen und gehen traditionellen Berufen nach. A, D und E haben mehr Freiheit, ihrem persönlichen und spirituellen Wachstum nachzugehen. Alle drei arbeiten häufig an ihren spirituellen Energien.

Person A: Der höchste Wert liegt auf dem Milz-Chakra, mentale Ebene. Die Person stand zur Zeit der Messung unter starkem Streß. Die Krone ist niedriger als normal (2,40 m), was auf ein Ungleichgewicht und insbesondere auf mangelndes Selbstwertgefühl hinweist. Die Gesamtwerte sind hoch, was darauf schließen läßt, daß eine innere Entwicklung stattfindet, aber eine Krone, die im Vergleich zum devotionalen Chakra niedrig ist, weist auf ein Bedürfnis nach mehr Anerkennung des eigenen Wesens hin. Der »Deckel« ist geschlossen und verhindert, daß das Kronen-Chakra fließen kann. Ein Herz-Chakra, das auf allen drei Ebenen höher ist als das Kronen-Chakra, weist darauf hin, daß A seine eigenen Bedürfnisse denen seiner Mitmenschen unterordnet.

Person B: Diese Person lebt in außerordentlich geordneten, traditionellen Verhältnissen und hat einen anstrengenden, streßvollen Beruf. Das wirkt sich in erhöhten Milz-Chakra-Werten auf der ätherischen, emotionalen und mentalen Ebene aus. Die devotionale Energie ist niedriger als der Durchschnitt. Unzufriedenheit und Trennung verschärfen Streß und Ärger. B's Kronen-Chakra liegt über dem Durchschnitt, ein Hinweis auf innere Entwicklung.

Person C: Diese Person befindet sich in dem anstrengendsten und am festesten strukturierten Beruf der ganzen Gruppe. Die Werte für das »Schlupfloch« sind höher als der Durchschnitt. Folglich gibt es einen stark ausgeprägten Wunsch zu fliehen, aber die devotionalen Energien auf der emotionalen und mentalen Ebene sind noch höher, was darauf hinweist, daß die Person versucht, dazubleiben und mit den Dingen fertigzuwerden. Das devotionale Chakra ist viel höher als das Kronen-Chakra. Das bedeutet, daß die Person sich nicht genug Zeit für ihre persönlichen Angelegenheiten nimmt. C's Selbstwertgefühl könnte sicherlich besser sein.

Person D: Gut mental entwickelt, aber Kronen- und Nabel-Chakra sind zu niedrig. Ein niedriges Nabel-Chakra auf der mentalen Ebene weist auf Schwierigkeiten hin, Emotionen zu verarbeiten. Da gleichzeitig die Werte auf der ätherischen Ebene niedrig sind, gibt es auch Schwierigkeiten, emotional zu handeln. Was das Wahrnehmen von Emotionen anbelangt, ist das Bild jedoch wesentlich ausgeglichener. Das devotionale Chakra ist höher als die Krone, ein Zeichen für zu starke Hingabe an die Angelegenheiten anderer und die Notwendigkeit, sich mehr Zeit für persönliche Dinge zu nehmen.

Person E: Hohe Werte für die mentale und emotionale Ebene beim Wurzel-Chakra, was nahelegt, daß E trotz einer guten Entwicklung auf seinem verfügbaren Potential »sitzenbleibt«, besonders, was seine Führungsqualitäten anbelangt. Die Maße des emotionalen Körpers am Kronen-Chakra sind niedriger als der Durchschnitt, während die ätherischen und mentalen überdurchschnittlich sind. Das weist darauf hin, daß E sich über sich sich selbst, über seine innere Balance und seinen Zustand der Erleuchtung nicht im klaren ist. Wenn einige Messungen hoch und andere niedrig sind, kann es Probleme mit der Nutzung der betreffenden Energien geben. E's Wurzel-Chakra ist mehr als doppelt so hoch wie das Kronen-Chakra, was deutlich darauf hinweist, daß E auch auf seinen Gefühlen »sitzt«. Die Ebene des mentalen Ausdrucks ist hoch im devotionalen Bereich, beim Willen und an den Füßen, was auf hellseherisches Talent und die Möglichkeit lebhafterer Träume hinweist.

10.
Eine Chakrensammlung

Begleitchakren

Die Chakren auf der Vorderseite des Körpers haben kleinere Begleitchakren auf beiden Seiten, die normalerweise einen geringeren Energiefluß aufweisen. Sie haben die Aufgabe, die Energiemenge zu regulieren, die durch das Hauptchakra geht, und zu bestimmen, wie diese Energie verwendet wird. Die Begleitchakren auf der rechten Körperhälfte beziehen sich auf Gedanken und mentale Haltung darüber, wie aktiv die Chakren sein sollten, während die auf der linken sich auf die gefühlsmäßige Ebene der Chakraaktivität beziehen.

Einführende Übung

Achte auf die Reihe der Hauptchakren und die Reihe der Begleitchakren, die fünf bis zehn Zentimeter rechts und links danebenliegen. Welche fühlen sich geöffnet an und welche geschlossen? Halte deine Hände ein paar Zentimeter über deinen Körper und bewege sie über die Begleitchakren, erst auf der einen Seite, dann auf der anderen. Welche fühlen sich blockiert an? Begleitchakren auf der linken Bauchseite betreffen den absteigenden Dickdarm sehr stark, die auf der rechten den aufsteigenden. Die Chakren der Brust beziehen sich auf beide Lungenflügel, die Begleitchakren in der Stirngegend auf die linke und rechte Gehirnhälfte sowie die übersinnliche Wahrnehmung.

Wenn du ein blockiertes Begleitchakra findest, laß die Energie hinausfließen, indem du es einschließlich der Umgebung leicht massierst. Wenn die Massage Schmerzen bereitet, sende die Energie von deinen Fingerspitzen oder Handflächen in die Problemzone. Sei nun ganz still. Laß deine Gedanken schweifen, deine Gefühle offen. Vielleicht fällt dir jetzt ein, was die Blockierung verursacht hat. Wenn du willst, kannst du die Luft mit Lavendelduft erfüllen. Lavendelduft

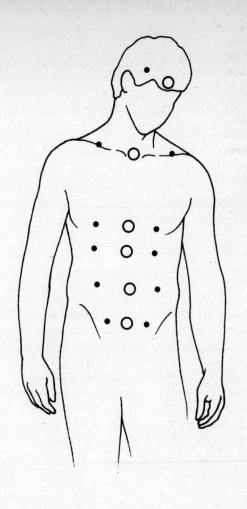

Begleitchakren (beachte die kleineren Chakren zu beiden Seiten der Haupt-Chakren in der Mitte).

setzt sich aus heilenden Energiefrequenzen zusammen, die alle nicht-spirituellen Angelegenheiten auslöschen.

Diese Übung kann starke Erinnerungen und Bilder auslösen. Daher ist es möglich, daß du mit der überwältigenden Möglichkeit konfrontiert wirst, dich selbst zu heilen. Vielleicht möchtest du dich an einen Therapeuten oder Berater wenden, der dir dabei assistiert. Es ist keinesfalls notwendig, daß du alles allein tust.

Drei Sexual-Chakren

Sexuelle Energie ist ein sehr wichtiger Bestandteil unserer Kundalini-Energie und kann uns auf vielfältige Weise betreffen, nicht nur sexuell. Wir alle beziehen uns zwar auf ein bestimmtes Sexual-Chakra, während andere in den Hintergrund treten, aber es gibt Sexual-Chakren, die geöffnet sein müssen, um persönliches Wachstum zu ermöglichen.

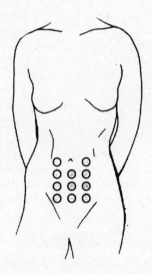

Die Begleitchakren zu beiden Seiten des Nabels und die Sexual-Chakren

Die drei Sexual-Chakren liegen zwischen Nabel und Schambein. Das erste drei bis fünf Zentimeter (je nach Körpergröße) unter dem Nabel, das zweite noch einmal so weit unter dem ersten und das unterste über dem Schambein. Die Energie vom oberen kann sowohl kreativ als auch sexuell genutzt werden. Wenn es gut funktioniert, verstärkt es spielerische Tendenzen und Lebensfreude. Wenn es hingegen nur schlecht arbeitet, macht es streng, humorlos und unkreativ. Die Oberflächlichkeit, die daraus folgt, kann positive oder negative Ergebnisse nach sich ziehen, je nachdem, wie es genutzt wird.

Das zweite Sexual-Chakra, eins tiefer, bezieht sich auf Macht. Sexuelle Vereinigung kann Menschen Macht und Kraft geben. Sie kann dem ganzen Körper viel Energie, innere Stabilität, Charisma und Wohlbefinden verleihen. Obwohl diese Energie ein großes heilendes Potential besitzt, fördert sie, wenn sie ins Gegenteil verkehrt wird, den Wunsch, andere zu sexuell zu beherrschen. Es gibt Leute, die ich »Trophäensammler« nennen würde, Menschen, die es immer wieder darauf anlegen, zu sehen, wieviel sexuelle Anzeihungskraft sie auf andere ausüben können. Trophäensammler haben kein Interesse an der positiven Seite der sexuellen Energie. Vergewaltigung ist die schlimmste Wesensäußerung ihres Ungleichgewichtes.

Das dritte Sexual-Chakra, etwas oberhalb des Schambeins, bezieht sich auf transformatorischen Sex. Die positive Energie transformiert hier die sexuelle Energie in ihre höhere Oktave, die spirituelle Energie. Menschen, die die Energie des dritten Sexual-Chakras nutzen, können Visionen haben und ein neues spirituelles Bewußtsein entwickeln. Die negative Seite dieses Chakras manifestiert sich in dem Gefühl, daß Sex etwas Schlechtes und Schmutziges ist.

Negative Chakren

Sexuelle Energie ist unglaublich machtvoll, aber übertriebene Mengen davon in den Begleitchakren, ohne ausreichende Energie in den Hauptchakren, um sie auszugleichen, kann zu einer Umkehrung ins Negative führen (zur Rückseite des Körpers hinaus). Das kann einen Erlöserkomplex erzeugen, in dem ein Mensch das Gefühl hat, er besäße alle Antworten, um die Menschheit zu retten. In extremen Fällen fühlt sich ein solcher »Messias« berufen, seinen eigenen Zeitplan um jeden Preis seinen Mitmenschen und der gesamten Menschheit aufzuzwingen. Eine Umkehrung kann sich auch in einem unstillbaren Verlangen nach Sex, Geld oder Macht äußern. Gewalt gegen sich selbst oder gegen andere ist leicht die Folge dieser Verfassung, denn die betroffene Person ist sehr leicht reizbar und explosiv. Wenn Menschen nicht kreativ sind und sich nicht zum Guten wenden wollen, werden sie frustriert. Sie glauben, es gibt keine Freude und sie können sowieso nichts tun. Die Konsequenz können kriminelle Neigungen oder andere destruktive Verhaltensweisen sein. Einige Kriminelle sind sehr kreativ, aber ihre Kreativität hat sich nicht auf positive Weise entwickeln können.

Ich glaube fest daran, daß es in der Zukunft Chakra- und Kundalini-Tests für Kinder geben wird. Ein falscher Fluß – zuviel Energie fließt zu den Begleit-Chakren und nicht genug zu den Hauptchakren – kann entweder durch schwere Kindheitserlebnisse oder durch Ereignisse aus einem vergangenen Leben verursacht werden. Physische und emotionale Mißhandlungen, das Erleiden traumatischer Erlebnisse, die eine positive persönliche Entfaltung behindern und Gefühle von Hilflosigkeit und Unfähigkeit erzeugen, können den Energiefluß der Chakren spalten und in kriminellem Verhalten, mangelnder Lernenergie und anderen Problemen münden. Schon frühzeitig könnte jedoch eine Beratung stattfinden, die neue Perspektiven aufzeigt. Der erste Schritt bestünde darin, die Person zu lehren, die Energie von den betreffenden Begleit-Chakren nach innen zu den Hauptchakren zu lenken. Sie könnte dann lernen, sich durch diese Chakren auf positivere Weise auszudrücken. Sie könnte beispielsweise kreativ-spielerische Energie durch das obere Sexual-Chakra ausdrücken oder eine positive, selbst bestätigende Kraft durch das sexuelle Kraftzentrum. Eine solche Person würde lernen, das spirituelle Selbst, die Transformation der niederen Natur in einer vergeistigtere Form zu spüren. In schweren Fällen bedarf es dazu einer Menge Arbeit, einschließlich professioneller Hilfe und Aufsicht durch einen gelernten Energietherapeuten. Das wäre notwendig wegen der unglaublichen Kraft, die von den Sexual-Chakren ausgehen kann. Jede Veränderung erfordert größte Wachsamkeit. Die Person würde dann lernen, die Energien in ihrem Körper auszugleichen, so daß überschüssige Kräfte sich nicht in bestimmten Gegenden des Körpers festsetzen können.

Die sieben Augen

Neben den zwei physischen Augen, die wir gewöhnt sind, gibt es noch fünf geistige Augen – alle in unserem Kopf –, die Bestandteil unseres erweiterten Bewußtseins sind und sich spontan auf unserem Pfad der Evolution öffnen. Das dritte Auge liegt zwischen den Augenbrauen; viertes, fünftes, sechstes und siebentes Auge liegen auf einer geraden Linie oberhalb des dritten auf der Stirn. Das vierte Auge liegt direkt über dem dritten, das fünfte in der Mitte der Stirn, das sechste etwas unter dem Haaransatz und das siebente etwa drei Zentimeter über dem Haaransatz. Jedes Auge hat seine eigene Funktion, und alle sind Bestandteil unserer vollständigen Entwicklung.

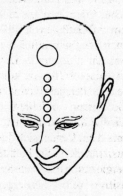

Position der zwei physischen und fünf psychischen Augen
(darüber, als größerer Kreis, das Kronen-Chakra)

Unsere zwei physischen Augen haben außer dem gewöhnlichen Sehen auch noch andere Funktionen. Das erste Auge – das rechte – dient hauptsächlich dazu, die Gestalt von Gegenständen zu erfassen. Es hilft bei der Wahrnehmung von Details. Das zweite Auge – das linke – bezieht sich auf unser emotionales Wesen, es geht mehr auf Farbe und Oberflächenstruktur ein als auf Form. Es verleiht uns einen Sinn für Proportionen für Gegenstände.

Unser drittes Auge sorgt für das Verständnis von Form und Funktion unserer physischen Welt. Es vergrößert das, was das erste Auge sieht, und bringt die Tiefe oder die dritte Dimension. Wenn es geöffnet ist, rückt es die Vorstellung von Höhen in die richtige Perspektive und lindert unsere Höhenangst oder Angst vor dem Fliegen. Unser viertes Auge dient dem Verständnis von Beziehungen und der Entwicklung des Glaubens an Gott. Es vergrößert, was das zweite Auge sieht. Unser fünftes Auge hilft beim Verständnis der universellen Wahrheiten und Ideale. Wir können mit seiner Hilfe »Begriffe« wahrnehmen, und es ist eine große Hilfe bei der Rückschau auf ein vergangenes Leben. Unser sechstes Auge ist notwendig für inneres Sehen sowie zum Verständnis unserer Essenz und des Sinnes unseres Lebens. Unser siebentes Auge hilft beim Verständnis der Totalität und des Sinnes des Universums. Mit seiner Hilfe empfangen wir göttliches Verständnis und sehen das strahlende Licht der Engel.

Es gibt nur wenige Menschen, bei denen alle sieben Augen entwickelt sind. Tatsächlich sind bei den meisten Menschen noch nicht einmal die ersten beiden Augen voll entwickelt. Das liegt hauptsächlich an der Ignoranz gegenüber den Möglichkeiten, die in den verschiedenen Formen des Sehens liegen, sowie an unserer Bequemlichkeit, wenn es um das Verstehen des Gesehenen, das eigentliche »Sehen«, geht. Darüber hinaus haben wir zu wenig Verständnis für die spirituelle »Erbschaft« eines erweiterten Bewußtseins. Alle diese inneren Haltungen legen uns einen Schleier über die Augen. Wenn es uns gelingt, diesen Schleier zu lüften, öffnen sich uns Welten.

Die Gefahren einer vorzeitigen Öffnung

Bei einer vorzeitigen Öffnung der Chakren drohen uns einige Gefahren. Die größte Gefahr ist der Mangel an Verständnis und die Angst vor dem Unbekannten. Drogen können die Augen eines Menschen vorzeitig »aufsprengen«, ebenso körperliche Verletzungen (ein Schlag auf den Kopf zum Beispiel) oder eine sprunghafte Entwicklung innerhalb des evolutionären Prozesses. Was auch immer der Grund sein mag, immer wenn sich ein Auge ohne das volle Verständnis öffnet, gibt es Verwirrung und Mißverständnisse. Was eigentlich ein Segen sein sollte, fühlt sich an wie ein Fluch.

Das Auge des Unterbewußtseins befindet sich auf der Nase zwischen den Augen

Das Auge des Unbewußten

Dieses Auge nennt man auch das »erste Bewußtseins-Auge«. Das Auge des Unbewußten befindet sich auf der Nase, an der Biegung, wo das Nasenbein an der Stirn angewachsen ist. An dieser

183

Stelle verbinden sich körperliches und emotionales Bewußtsein. Das Auge des Unbewußten bezieht sich folglich auf unser elementares oder primitives Leben, auf das »Gefühl im Bauch«, auf Überlebensstrategien und Umsichtigkeit. Wenn dieses Chakra geöffnet ist, steht die Person in Verbindung mit dem Unbewußten (was eigentlich überhaupt nicht »unbewußt« sein sollte). Alle emotionalen oder körperlichen Schwierigkeiten, denen ein Mensch auf der Ebene des Bewußtseins aus dem Wege geht, produzieren Blockaden, hemmen Wachstum und behindern das Bewußtsein.

Wenn dieses Chakra zu weit geöffnet ist, leidet die betreffende Person unter Zerstreutheit und findet sich mit körperlichen und emotionalen Dingen nicht mehr zurecht. Zu dicht verschlossen, verliert die Person den Kontakt mit der Lebensenergie.

Ein Indikator für die beginnende Öffnung dieses Auges und das Bewußtwerden unterbewußter Inhalte ist ein Drang, die Gegend dieses Chakras zu massieren.

Die sieben Herzen

Die sieben Herz-Chakren erhalten ihre Kraft vom Herz-Zentrum. Jedes der sieben Chakren hat eine andere Art von Liebesenergie. Sie liegen aufgereiht, eines nach dem anderen, oberhalb des Brustbeinfortsatzes. Bei durchschnittlich großen Menschen haben sie etwa die Größe eines Fünfmarkstückes. Wenn du sehr klein bist, sind die Abstände zwischen den Chakren etwas geringer, wenn du sehr groß bist, etwas größer.

Das erste Herz-Chakra

Position: am Brustbeinfortsatz, dem knochigen unteren Ende des Brustbeins

Funktion: Energie des Bewußtseins; Bestimmung von richtig und falsch

zu weit geöffnet: schuldbewußt, defensiv, rationalisierend

blockiert: keiner Schuld bewußt; leicht zu beeinflussen[1]

Das unterste Herz-Chakra funktioniert als dein Gewissen, als kleiner

---

[1] *Siehe auch: emotionaler Körper - intuitiv-mifühlende Ebene, S. 107*

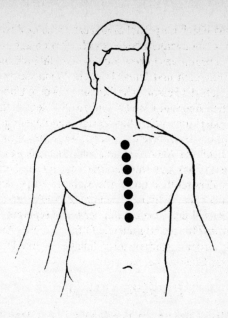

Die sieben Herz-Chakren bekommen ihre Energie von der Kundalini, die durch die Energie des Herzens beeinfluß wird.

Kompaß, der alle Erinnerungen an frühe (oder manchmal auch späte) Lehren hervorholt, die bestimmen, was man tun und was man lieber lassen sollte – aber auch was man auf gar keinen Fall versäumen darf. Die ersten Lehrer in diesem Sinne sind immer Vater und Mutter, aber im Laufe der Zeit kommen immer mehr dazu: Lehrer, Freunde, Lebensgefährten, Verwandte, die gesamte Kultur, in der man lebt, – und schließlich du selbst – alle herrschen über dein Herz und legen ihm Beschränkungen auf.

Das zweite Herz-Chakra

Position: etwas oberhalb des Brustbeinfortsatzes

Funktion: die Erhaltung des Gleichgewichtes ausgelöster Energie in Bezug auf die Verbundenheit mit anderen

zu weit geöffnet: zu starke Verbundenheit mit einer Person oder einem Ideal, was zu wenig Verständnis oder Energie übrigläßt, um die Kraft des Herzens auszugleichen

blockiert: lehnt alle Bindung ab; verschlossenes Herz

Das zweite Herz bezieht sich auf Bindungen: an Menschen, Dinge und Ideen. Oft ist hier eine widerliche, gefährliche und schwere Energie, besonders in Beziehungen. Vergiß nie, daß es unmöglich ist, einen anderen Menschen zu lieben und gleichzeitig zu kontrollieren, besitzen oder zu manipulieren. Die positive Seite einer Bindung besteht in gegenseitiger Fürsorge, Annehmen von Verantwortung und dem Willen, sich für andere hinzugeben.

Das dritte Herz-Chakra

Position: auf dem Brustbein zwischen den Brüsten.

Funktion: der Wille, ein gutes Leben zu führen

zu weit geöffnet: impulsiv, unbeherrscht

blockiert: Angst vor dem Leben; Willensschwäche[1]

Wir arbeiten in der grundlegenden Kundalini-Praxis hauptsächlich mit dem dritten Herz-Chakra, dem Chakra der Liebe und Lebensbejahung. Dein Herz an dieser Stelle ist dein Leben, deine Antriebskraft, die Fähigkeit, das Leben in vollen Zügen anzunehmen, es zu genießen, daraus zu lernen, es zu nutzen, persönlich zu wachsen, die göttlichen Ursprünge zu entdecken und in das Meer der Liebe, die Energie Gottes, zurückzukehren.

Das vierte Herz-Chakra

Position: oberhalb des dritten Herz-Chakras

Funktion: Vergebung, Lebensfreude

zu weit geöffnet: übertrieben nachsichtig; akzeptiert alles, selbst wenn es Verletzungen und Schaden nach sich zieht

blockiert: rachsüchtig; zwingt anderen Großzügigkeit und Leistungen ab

Das vierte Herz-Chakra beschäftigt sich mit Rachegedanken oder Vergebung. Vergebung ist ein großer Segen, sowohl für den, der gibt, als auch für den, der empfängt. Rache ist die Kehrseite der Medaille. Innere Verspanntheit und die Unfähigkeit, zu fließen oder loszulassen äußern sich

---

[1] Siehe auch: physischer Körper-Wille/Geist-Ebene, S. 105

in dem wütenden, mächtigen Verlangen nach Vergeltung, nach Besitz, nach Blockierung des Gefühls wirklicher Liebe.

Das fünfte Herz-Chakra

Position: in der Mitte zwischen der hufeisenförmigen Vertiefung am Halsansatz und dem dritten Herz-Chakra

Funktion: Lebenswille; Gleichgewicht, Mitgefühl

zu weit geöffnet: es allen recht machen wollen

blockiert: hartherzig

Das fünfte Herz-Chakra ist dein mitfühlendes Herz. Wenn es fließt, wird es die Menschen dazu bewegen, sich dir zu öffnen, wie sich eine Blume unter den wärmenden Strahlen der Sonne öffnet. Es kann gut sein, daß sie anfangen, dir all ihre Sorgen anzuvertrauen und sich wie emotionale Kletten an dich zu hängen. Sie können dich regelrecht auslaugen. Wenn du dich jemals in dieser Situation findest, stell dir vor, wie du die Energie aus deinem Herzen wieder wegnehmen und wieder in den Nabel oder das Herz-Chakra, aus dem sie gekommen ist, zurück verpflanzen kannst.

Das sechste Herz-Chakra

Position: etwas unterhalb des hufeisenförmigen Knochens an der Vorderseite des Halses

Funktion: sich für höhere spirituelle Ebenen öffnen; die Energie des Herzens in das spirituelle Wachstum legen

zu weit geöffnet: die Tendenz, die Dinge nur von einer höheren Warte oder durch die spirituelle Brille zu sehen und die menschlicheren Dinge des Lebens zu ignorieren

blockiert: ängstlich; lehnt höhere spirituelle Ebenen ab

Das sechste Herz-Chakra öffnet dich für das höhere spirituelle Wachstum, für die geistige Verschmelzung, die Ausschüttung der geistigen Liebe, die du für deinen Gott fühlst. Wahre Liebe, die wir für unsere Mitmenschen empfinden, ist diesem Gefühl sehr ähnlich. Eine Person, deren Fluß zu weit geöffnet ist, kann jedoch sehr schwierig sein. Sie hat die Neigung, sich in spirituellen Plattitüden zu verlieren und für die Realität anderer völlig verständnislos zu sein. Jemand, dessen Fluß hartnäckig blockiert ist, sieht ausschließlich die menschliche Seite des Lebens.

Das siebente Herz-Chakra

Position: an der Stelle, wo an der Halswurzel die Knochen eine hufeisenförmige Ausbuchtung zeigen

Funktion: der Dienst an der Welt

zu weit geöffnet: immer dienen zu wollen, selbst wenn es nicht gebraucht wird und unerwünscht ist

blockiert: sich selbst der nächste zu sein

Das siebente Herz-Chakra ist das Chakra des Dienens. Der Menschheit zu dienen ist ein sehr hohes Ziel. Wenn die Energie des siebenten Herzens blockiert ist oder in die falsche Richtung läuft, wird das Dienen jedoch zum Martyrium, ein widerwilliges, unakzeptables Geben aus niedrigen Beweggründen, das allen Beteiligten nur schadet. Ein Beispiel dafür ist der Pfadfinder, der, nur um seine tägliche gute Tat zu verrichten, eine alte Frau nötigt, von ihm über die Straße geholfen zu bekommen, und dabei überhaupt nicht merkt, daß sie ja nur auf den Bus gewartet hat. Fehlgeleitete Energie kann einen Menschen zum Märtyrer machen, der anderen zu Diensten ist, aber sich ständig beschwert, wie schlecht es ihm geht. Jemand, dessen Fluß blockiert ist, kann leicht Gelegenheiten, anderen zu helfen, versäumen. Wenn dieses Chakra sich jedoch im richtigen Fließgleichgewicht befindet, kann es für ein ganzes Leben zu einem höchst sinnstiftenden Element werden.

Eine meditative Übung für die sieben Herzen

Massiere sorgfältig das unterste Herz-Chakra. Wenn es sich überreizt anfühlt, kannst du es leicht verletzen, du solltest also sehr vorsichtig sein. Entspanne dich. Laß deinen Atem tief und sanft in deinen Körper hinein und beobachte ihn von dem stillen, unbewegten Ort aus, der sich tief in deinem Inneren befindet. Laß deinen Gedanken freien Lauf. Öffne dich für deine Erinnerungen, ohne Angst und ohne Sorgen. Schau auf deine Energie.

Frag dich, welche Regeln und Befehle in deinem Gewissen, deinem Herz-Chakra vergraben sind. Welche davon sind nicht mehr gültig und müssen zur Ruhe gesetzt werden. Fällt dir eine kritische Bemerkung oder ein unterschwelliger Befehl, der dir einmal gegeben wurde, wieder ein, finde heraus, welches Gefühl damit verbunden ist, inwiefern durch ihn deine Fähigkeit, dich zu entspannen, zu agieren, dich deiner eigenen Person und deines Lebens zu freuen, unterstützt oder behindert wird. Was kannst du loslassen? Was solltest du festhalten und verstärken?

Lenke deine Aufmerksamkeit auf das Chakra des Festhaltens und Loslassens, das als nächstes dran ist. Massiere die Gegend. Fühle den Energiefluß. Achte auf seine Qualität und erkenne die Gefühle, die Gedanken und das Wesen dessen, was dieses Herz in dir hervorruft. Frag dich, was du brauchst, worauf du Lust hast, was du liebst und was du besitzt. Vielleicht sind es materielle Dinge – Haus, Auto, Kleider, ein altes Schmuckstück, an dem du besonders hängst. Was bedeuten diese Bindungen für dich? Vielleicht hängst du auch besonders an bestimmten Menschen, an Ideen, an Weltanschauungen, an der Wahrnehmung eines Ideals. Was tun diese Bindungen mit deinem Leben? Befreien sie dich oder engen sie dich ein? Beruhigen sie dich oder machen sie dir Angst? An was willst du dich wirklich binden und was möchtest du loslassen? Kannst du du dir vorstellen, wie du weit über deine gegenwärtig so geschätzten Bindungen hinauswächst? Kannst du dir vorstellen, verantwortungsvoll zu lieben und gleichzeitig nicht festzuhalten?

Öffne das Chakra des Lebenswillens, das Haupt-Herz-Chakra in der Mitte deiner Brust zwischen den Brustwarzen. Fühle den mächtigen Energiefluß, die von diesem starken, durchdringenden Chakra der Liebe ausgeht. Spüre die Freude, die Offenheit, die Neugierde und die Lust auf das nächste Abenteuer. Laß die Energie hinausfließen, um die nächste Übungsstunde aufzunehmen. Schmeichle dir selbst. Durchforste die Lektionen deines Lebens nach Körnchen der Wahrheit und laß geduldig zu, daß sich die gegenwärtige Liebe, das Wissen und Verständnis allmählich verändern. Erlaube dir, dich so wahrzunehmen, wie du wirklich bist.

Öffne nun das Herz-Chakra von Rache und Vergebung (unmittelbar über dem Lebenswillen). Erlebe seine Energie. Achte auf die Veränderungen und entspann dich. Laß das Chakra fließen. Gibt es hier noch alten und vergessenen Groll? Welchen

Ballast kannst du über Bord werfen? Welche Art von Vergebung kannst du durch dieses Chakra auslösen? Atme tief und ruhig. Laß vor deinem inneren Auge ein Bild des Menschen entstehen, mit dem du in diesem Leben die größten Schwierigkeiten hattest, gleich, ob diese Person noch lebt oder schon gestorben ist. Höre seine Stimme. Was stört dich an der Person am meisten? Hast du sie geliebt? Liebst du sie immer noch? Geh in deiner Erinnerung zurück und bestimme den Grund der ersten Schwierigkeiten, die du mit dieser Person hattest. Wolltest du diese Person jemals schlagen – oder sogar umbringen? Gibt es etwas Körperliches an dieser Person, das dich besonders irritiert? Vielleicht hast du gemerkt, daß zwischen euch in einem früheren Leben schon einmal eine Beziehung bestanden hatte (Vater und Mutter zum Beispiel). Du hast jetzt die Möglichkeit, dieser Person alles zu verzeihen, was du ihr jemals gesagt oder getan hast. Nimm dir eine halbe Minute und sage immer wieder: »Ich vergebe mir selbst alles, was ich dieser Person angetan habe«. Nun bitte Gott um Vergebung für jegliche innere Feindschaft, die du dieser Person gegenüber gehegt haben solltest, und alles, was du ihr gesagt oder getan hast. Eine halbe Minute göttliche Vergebung – laß sie dir nicht entgehen!

Vergib nun still für dich der Person für alles, was sie dir angetan haben könnte – bestimmte Worte, bestimmte Taten. Verzeih es ihr jetzt. Eine halbe Minute nichts als verzeihen. Jetzt bete eine halbe Minute für die Person. Sende ihr deine Liebe, segne sie – selbst wenn es dir schwerfallen sollte – bete für sie. Nun entspann dich. Laß die Energie des süßen Ortes der Vergebung tief in dich einströmen.

Das nächste Chakra ist das mitfühlende Herz-Chakra. Massiere es, konzentriere sanft deine Aufmerksamkeit darauf, öffne das Chakra, laß dein Mitgefühl herausfließen. Fühle einfach nur das Mitgefühl. Laß es heraus, ohne Ansehen irgendeiner Person, für jeden, der dich in deinem Wesen, deinem Leben, irgendwie berührt. Mitgefühl für deine Freunde, deine Familie, deine Liebsten und schließlich für dich selbst. Ströme über vor süßem Mitgefühl, bekomm einen Geschmack für den Humor, der in deinem Mitgefühl steckt. Konzentriere die Kraft dieser Energie jetzt völlig auf dich selbst. Laß sie über deine Launen, deine Macken, deine Lieblingsstreitpunkte, deine geheimen Angewohnheiten hinwegwaschen. Habe für das tastende, neugierige, leuchtende wunderbare Wesen, das du selbst bist, ein Lächeln übrig. Geh einen Schritt weiter zum nächsten Herz-Chakra, das Chakra der Öffnung für höhere spirituelle Energien, direkt unterhalb des Hufeisens am Halsansatz. Laß in diesem Energiefluß ein Gebet entstehen. Wie fühlt sich die Öffnung für deine göttlichen Ursprünge an? Laß dein Gebet zu einem Wunsch nach dem Beginn eines neuen Lebens werden, die Hingabe deiner Seele an eine höhere Berufung. Überprüfe deinen Wunsch nach geheimen Befehlen und Verboten, nach Bindungen, nach Willfährigkeit und Egoismus, nach verborgenem Groll und nach alten Vorlieben. Jetzt formuliere deinen Wunsch noch einmal neu, laß das Gebet noch einmal aufleuchten und schick es ab zu Gott.

Als letztes richte dein Bewußtsein auf das Grübchen am Hals, das Chakra des Dienens. Laß zu, daß du dich konzentrierst auf ein totales Öffnen, Erweitern, Atmen über das leicht stockende, blockierende, verschließende Gefühl, das so leicht von dieser empfindlichen Gegend Besitz ergreift. Frage, welche Art von Dienst sich in deinem Leben zum gegenwärtigen Zeitpunkt anbietet. An welcher Stelle machst du die Anstrengung, deinen Beitrag zum Leben zu leisten? Wie fühlt sich deine dienende Energie an? Nimm sie wahr, erlebe sie, spüre sie mit deinem ganzen Wesen. Jetzt frage dich, welche neuen Betätigungsfelder sich in dir für deinen Dienst eröffnen. Bitte darum, die Möglichkeiten deines Tuns auf die höchstmögliche Weise auszuschöpfen. »Ich will Deinen Willen tun«. Bilde in dir diese Absicht, sende sie ab, widme dich aufs neue der Saat des Dienens, die in dir keimt. »Ich will Deinen Willen tun.«

Ein Kranz von Chakren

Der Kranz um die Krone

Um das Kronen-Chakra in der Mitte des Scheitels herum finden wir sechs weitere Chakren:

erstes Chakra: Dieses Chakra ist dasselbe wie das siebente Auge. (Für eine Beschreibung der sieben Augen siehe Seite 181.)

zweites Chakra: Befindet sich auf dem Hinterkopf. (Einige Menschen fühlen an dieser Stelle eine Vertiefung, ein Zeichen für eine höher entwickelte Zirbeldrüse.) Dieses Chakra ist dasselbe wie die seelische Ebene des Wille/Geist-Körpers. (Für eine nähere Beschreibung siehe Seite 114.)

drittes bis sechstes Chakra: Diese Chakren befinden sich zu beiden Seiten des Kranzes, zwei auf der rechten und zwei auf der linken. Sie beziehen sich auf höhere Bewußtseinszustände und erhalten Informationen von höheren Ebenen, ähnlich wie eine Antenne.

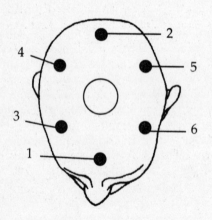

Der Ring von Chakren um die Krone
(die Krone in der Mitte, die anderen Chakren bilden den Ring)

Du solltest mit dem ersten und zweiten Chakra einzeln arbeiten und auch die Chakren drei bis sechs als eine Einheit betrachten. Wenn du die Chakren massierst (deine Finger über die Kopfhaut streichst), stellst du vielleicht energetische Veränderungen an den Stellen fest, an denen sich die Chakren befinden. Wenn du zwischen den Chakren eins und drei, drei und vier, vier und zwei, zwei und fünf sowie fünf und sechs die gleichen Abstände mißt, ist es leichter, sie zu lokalisieren. Nachdem du sie massiert hast, laß die Energie fließen und achte darauf, daß sie ebenso von den Chakren im Ring wie von deinem Kronen-Chakra fließt, damit die Balance gewahrt bleibt. Stell dir vor, du schwebst, und halte dich für alle Informationen oder Ideen offen. Versuche erst einmal, dir kein Urteil über die auftauchenden Gedanken zu machen. Schreibe sie einfach auf. Später kannst du ihre Bedeutung erforschen und sehen, wie sie Klarheit in dein Leben bringen können.

Der Kranz um die Fersen

»Wie oben, so auch unten« heißt in unserem Fall, daß ebenso, wie sich um das Kronen-Chakra herum ein Kranz von Chakren befindet, es einen entsprechenden Kranz um die Fersen-Chakren gibt.

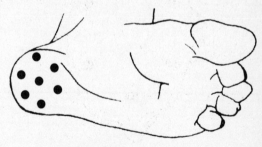

Der Ring um die Fersen
(Die Mitte bezieht sich auf das Kronen-Chakra, der Ring auf die Chakren, die das Kronen-Chakra umgeben.)

Diese Chakren erhalten in der Regel nicht sehr viel Aufmerksamkeit, aber sie sind sehr wichtig. Ihr Zweck besteht darin, deinen spirituellen Erfahrungen und deinem spirituellen Bewußtsein eine Basis zu verleihen und sie nutzbar zu machen. Wenn sowohl Kronen- als auch Fersen-Chakra geöffnet sind, befindet sich dein Kopf in den Wolken und deine Füße auf der Erde. Wir dürfen nicht vergessen, daß die Erde ein Teil des Himmels ist. Die Chakra-Kränze beziehen sich auf die kosmische Energie, so wie sie sich auf der irdischen Ebene manifestiert.

Übung

Finde einen freien Platz, an dem du umherlaufen kannst. Massiere den Kranz um das Fersen- und um das Scheitel-Chakra. Geh umher und spüre die Energie, wie sie durch die Ferse und durch den Kopf geht. Sei dir der Verbundenheit dieser beiden Chakren und der Kraft dieser Verbindung bewußt. Vielleicht möchtest du dich nach ein paar Minuten hinsetzen oder -legen. (Dabei solltest du auf jeden Fall deinen Rücken gerade halten.) Tritt in einen meditativen Zustand ein, sei offen für Bilder oder Gedanken, die in dir aufsteigen.

Für Anfänger sind die Chakrenkränze nicht so wichtig. Bei Menschen jedoch, deren verfügbare spirituelle Kraft wächst, sollten diese Chakren geöffnet und ausgeglichen sein, damit man sie auf optimale Weise nutzen kann. Sie helfen gleichzeitig, dem physischen Körper seine Kraft zu erhalten, die er braucht, um die starken höheren Energien zu bewältigen.

Schulterblattchakren

Diese Chakren befinden sich genau zwischen den Schulterblättern. Wenn sie geöffnet sind, versehen sie unser System mit Energie und öffnen uns für höhere Lernprozesse. Wenn sie geschlossen sind, ist es wichtig, sie zu massieren, obwohl es nicht leicht ist, diese Gegend bei sich selbst zu massieren. Man kann sich helfen, indem man sich an einem Türrahmen reibt, besser ist es jedoch, wenn man sich von einem Freund massieren lassen kann. Laß die Chakren aufgehen. Welche Energien hast du blockiert? Diese Chakren können dich für andere Welten und neue Wege öffnen.

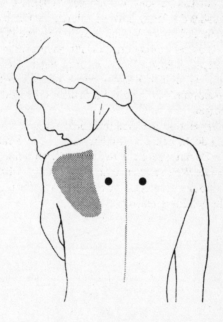

Die Schulterblatt-Chakren befinden sich direkt zwischen den Schulterblättern.

Chakren der Einheit und der Zerstörung

Diese Chakren sind Begleitchakren für die Nabel-Chakren (siehe Seite178) und diesen sehr ähnlich, außer daß das linke mehr mit Emotionen und das rechte mehr mit Gedanken zu tun hat. Wenn die Energie von diesen Chakren aus spürbar aus der Vorderseite des Körpers fließt, hast du ein Gefühl der Einheit sowohl zwischen den verschiedenen Körpern als auch zwischen dem gesamten Körpersystem und der göttlichen Energie.

Wenn die Energie dieser Chakren blockiert ist, geht sie nach hinten hinaus und kann äußerst destruktiv sein. Ein Mensch mit solchen Blockaden ist sich normalerweise seiner destruktiven Rolle nicht bewußt, weder, was sein eigenes Leben, noch was das seiner Mitmenschen anbelangt. Wenn du meinst, du bist destruktiv oder verursachst Probleme, solltest du diese Stellen überprüfen und die Energie nach vorn bringen, um sie zur Einheit zu führen. Es spielt keine Rolle, ob du dir der Energie, die von diesen Chakren verursacht wird, bewußt bist oder nicht. Es ist *deine* Energie und *du* kannst damit Karma verursachen. Überschüssige Energie kann zum Nabel geführt werden, um von dort aus ein Gefühl der inneren Friedens über die ganze Gegend zu verbreiten.

Chakren an Knien und Ellenbogen

Knie

Finde die Grübchen auf beiden Seiten deiner Kniescheibe. Diese Chakren haben mit »Kniebeugen« zu tun, mit der Ehrenbezeugung, der Demutsgeste, die man dem Göttlichen oder einer königlichen oder hohen spirituellen Person entgegenbringt. Die Beweglichkeit der Knie betrifft den ganzen Körper. Auch aus diesem Grund sind diese Chakren besonders wichtig.

Ellenbogen

Die Chakren, die sich auf beiden Seiten der Ellenbogen befinden, haben eine ähnliche Funktion wie die Knie-Chakren. Sobald ein Mensch seine Hände zum Gebet faltet, sind diese Chakren weit geöffnet. Tatsächlich öffnet die Gebetshaltung (gebeugte Knie, gefaltete Hände, gebeugte Ellenbogen und nach vorn geneigter Kopf) das devotionale Chakra und ermöglicht eine große Offenheit für höhere, spirituelle Ebenen. Der Körper stimmt mit seiner Energie in das Gebet ein und verstärkt die spirituelle Verbindung. Blockierte Ellenbogen-Chakren führen zu großer Selbstbezogenheit.

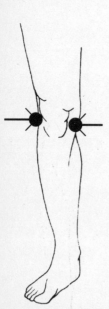
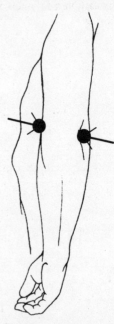

Die Chakren zu beiden Seiten der Knie beziehen sich auf innere Beweglichkeit und Hingabe.

Die Chakren zu beiden Seiten der Ellenbogen haben eine ähnliche Funktion wie die Knie-Chakren.

Chakren des körperlichen Selbstbewußtseins

Diese vier Chakren, zwei an den Oberarmen und zwei an den oberen Hüften, geben, wenn sie im Gleichgewicht und geöffnet sind, das Gefühl körperlichen Wohlbefindens. Der Körper steht nicht im Wege und hat ein gesundes Selbstbewußtsein. Massiere diese Gegenden. Laß die Energie auf eine balancierte Weise fließen. Nimm dir ein paar Augenblicke Zeit. Fühle dich einfach in deinem Körper wohl. Wenn das Chakra des körperlichen Selbstbewußtseins zu weit geöffnet ist, kann die betroffene Person zu stark mit körperlichem Wohlbefinden beschäftigt sein. Zu stark verschlossen, verliert die Person den Kontakt zu ihrem Körper.

Die vier Chakren des körperlichen Selbstbewußtseins auf beiden Seiten des Körpers spielen eine große Rolle für das allgemeine Wohlbefinden.

11.
Chakren und Beziehungen

Unsere Chakren senden und empfangen ununterbrochen Energie. Auf diesem Wege beeinflussen wir ständig unsere Mitmenschen und werden von ihnen beeinflußt, manchmal positiv, manchmal weniger positiv. Kein Wunder, daß es immer wieder Menschen gibt, die sich entschließen, als Einsiedler zu leben.

Wenn deine Energien stark genug sind, wirst du auf jeden Menschen, der dir begegnet, einen unmittelbaren Einfluß ausüben. Was genau für ein Einfluß das ist, hängt vom Zustand des Energiesystems des anderen Menschen ab. Jemand, dessen Energien schwach sind oder der sich nicht wohlfühlt, könnte in deiner Gegenwart verängstigt, überwältigt oder niedergeschlagen sein. Andererseits könnte er jedoch sich auch voller Energie fühlen. Wenn die andere Person ebenfalls starke Energien hat, gibt es vermutlich eine bessere Balance und eine bessere persönliche Beziehung – das Gefühl der Ebenbürtigkeit.

Wir erleben Energie hauptsächlich durch unsere am weitesten geöffneten Chakren. Wenn dein Sexual-Chakra am weitesten geöffnet ist, wirst du, ganz gleich, was du von anderen wahrnimmst, alles auf der Ebene von Sexualität wahrnehmen. Nicht nur das, die andere Person wird auch überwiegend auf der sexuellen Ebene ihre Energie aussenden. Wenn dein Herz-Chakra am weitesten geöffnet ist, wirst du das Leben als Liebe wahrnehmen.

Energie, die durch zu weit geöffnete Milz- oder Nabel-Chakren aufgenommen wird, wird emotionale Reaktionen erzeugen. Einige Menschen nehmen einen Großteil ihrer Energie durch ihr drittes oder fünftes Auge auf. Sie setzen sich mit der Welt hauptsächlich auf mentaler Ebene auseinander. Die unerwarteten Reaktionen anderer sind auf diese Chakra-Beschneidung zurückzuführen. Mehr davon später. Das Gegenteil trifft ebenfalls zu. Du empfängst starke Energien von anderen durch dein stärkstes

200

Chakra. Wenn du merkst, daß du auf eine andere Person stark reagierst, aber diese Reaktion nicht verstehst, solltest du versuchen, die Gegend oder das Chakra in deinem Körper zu suchen, an der du die Energie am stärksten spürst. Wenn du meinst, deine Reaktion ist unangebracht, solltest du die Energie ganz bewußt zu einer andere Chakra-Gegend lenken (wie zum Beispiel das Herz oder die Stirn).

Wenn du merkst, daß deine Energien unerträglich stark werden, streck deinen Körper aus und atme tief durch. Das durchbricht den Streß und erhöht den Abfluß von Energie. Eine weitere Möglichkeit des Ausgleichs ist es, Energie aus den Füßen und aus der Schädeldecke hinauszulassen. Auch Tanzen gleicht die Energien im Körper aus und ist daher eine gute Auslösungsmethode, wenn du dich angestaut oder blockiert fühlst. Es kann auch zur Vorbereitung einer Meditation oder intensiver geistiger Arbeit herangezogen werden.

Energie-Bindungen

Menschen, die starke Gefühle füreinander hegen, knüpfen energetische Bande, die sie sogar noch stärker aneinander binden können, wenn sie physisch getrennt sind. Diese Bindungen können im Herzen, auf der Stirn, am Nabel, in den Sexual-Chakren oder in Kombinationen dieser Chakren sein. Wer sehr empfindlich für diese Energien ist, kann sie fühlen, und hellsichtige Menschen können sie sogar sehen. Zwei Menschen, die in Gesellschaft anderer so tun, als würden sie sich nicht kennen, aber in Wirklichkeit starke Gefühle füreinander hegen, können ihre Verbindung nicht verbergen, denn die Bande zwischen ihnen können gefühlt oder geistig gesehen werden.

Wenn bei einem verheirateten Paar ein Partner anfängt, Energie zu einer dritten Person zu senden, kann ihr Partner merken, daß etwas fehlt. Der Verdacht kommt auf, daß eine Affäre in der Luft liegt. Oder du hast das Gefühl, etwas verloren zu haben, aber weißt nicht was. Der Verlust findet in Form eines verminderten Flusses in der energetischen Verbindung des Paares statt.

In der Ehe oder bei engen Freundschaften können enge Bindungen sehr nützlich und wohltuend sein. Wenn es Verbindungen auf allen Chakra-Ebenen gibt, haben die Partner das Gefühl, sie vermischen sich und passen wirklich gut zusammen. Beziehungen mit einem leichten Fluß und starken Kontakten haben eine größer Chance, dauerhaft zu sein. Ihre Intensität kann jedoch leicht überwältigend werden. Eine zu starke Bindung kann den Verlust der Individualität bedeuten. Manchmal nimmt ein Mensch die Eigenarten seines Partners an. Das ist ein Grund, aus dem wir vorsichtig sein sollten, mit wem wir unsere engsten Kontakte eingehen.

Manchmal wird sich eine Mutter oder ein Vater zu einem Kind stärker hingezogen fühlen und ihm mehr Liebe schenken als dem anderen. Das kann von einer starken Verbindung aus einem früheren Leben oder an einer Chakra-Energie-Bindung aus diesem Leben herrühren. Selbst wenn die Eltern versuchen, alle Kinder gleich zu behandeln, spüren diese normalerweise, wer die meiste Energie in Form von Aufmerksamkeit erhält. Es kann vorkommen, daß sie dann meinen, die Eltern mögen das andere Kind lieber, während in Wirklichkeit nur die energetischen Bande stärker sind. Solche Bande können sich im Laufe eines Lebens durchaus verändern. Negative Gefühle zwischen Menschen nehmen oft die Gestalt einer Haß-Verbindung zwischen ihren Milz- und Nabel-Chakren an.

Übung: Schließ die Augen. Zu wem hast du geistige Bande? Sind sie negativ oder positiv? An welcher Stelle fühlst du sie in deinen Chakren? Was sind deine Bindungen an die Chakren anderer Menschen? Kosten diese Bindungen dich Energie oder stärken sie dich?

Charisma und Energie

Charismatische Menschen haben starke Energiefelder, die sie auf positive und negative Weise nutzen können. Hast du jemals jemandem zugehört und dich später gewundert, wie du mit den Ideen dieser Person hattest übereinstimmen können? Der Redner hatte dich in seinen Bann geschlagen. Du hattest in seiner Gegenwart seine charismatische Energie gespürt. Große Redner können die Essenz ihrer Botschaft durch ihre Energie senden und ihre Zuhörer wirklich berühren, manchmal sogar inspirieren. Große Schauspieler und Künstler können das auch. Eine charismatische Person besitzt die Fähigkeit, Energien von verschiedenen Chakren auszusenden, welche die Chakren anderer Menschen beschneiden können.

Manchmal gibt es Menschen, deren Energie so stark ist, daß andere in ihrer Gegenwart alles vergessen. Es kann dir passieren, daß du gar nicht mehr weißt, was du ihnen antworten, was du denken oder sagen sollst. Du fühlst dich völlig wehrlos. Solche Menschen senden normalerweise sehr starke Energien von ihrem dritten Auge (zwischen den Augenbrauen) oder dem fünften Auge (in der Mitte der Stirn). Wenn du merkst, daß dir das zustößt, sende ebenfalls Energie aus deinem dritten oder fünften Auge, was immer am angebrachtesten erscheint, und laß die Energien sich auf halbem Wege treffen. Auf diese Weise kannst du deine Gedanken beisammenhalten. Wenn du einem Sprecher nicht oder nur schlecht folgen kannst, sende deine Energie sanft aus dem fünften Auge.

Einige charismatische Menschen sind so erfüllt von Liebe und Frieden, daß sie anscheinend mit Leichtigkeit die Schwingungen überall, wo sie hinkommen, verändern. Andere können die erhebende Wirkung der Energien solcher Menschen durch deren bloße Gegenwart spüren.

Chakren-Beschneidung

Der starke Energiefluß eines anderen Menschen von einem bestimmten Chakra kann dich in dem gleichen Chakra beschneiden. Wenn du mit jemandem zusammen bist, der sehr leicht reizbar oder eingeschnappt ist, kann dich das so beschneiden, daß du selbst reizbar und eingeschnappt wirst. In einem solchen Fall ist es gut, wenn du von deinem Nabel-Chakra Frieden aussendest, um den Energien der anderen Person entgegenzuwirken. Vielleicht findest du auch heraus, daß die Konzentration auf ein höheres Chakra dir hilft, die Dinge wieder ins Lot zu bringen.

Wir müssen alle aufpassen, nicht beschnitten zu werden, und gleichzeitig darauf achten, was wir anderen senden. Ein Mensch mit einer üblen Laune kann sehr leicht jeden in seiner Umgebung aus dem Gleichgewicht bringen, zu Hause und an der Arbeit. Kollegen verlassen oft eine negative Situation, indem sie woanders hingehen und sich dort beschweren. Dabei merken sie überhaupt nicht, daß sie beschnitten worden sind und auf diese Weise die Negativität auch noch verbreiten. Es ist ein wunderbares Geschenk, das du anderen Menschen machen kannst, wenn du ihnen ihren Raum läßt und dich nicht in ihre Launen verwickeln läßt, beziehungsweise so handelst, als hättest du sie verursacht. Auf der anderen Seite kannst auch du deine eigenen Stimmungen spüren, ohne dich gedrängt zu fühlen, andere damit zu beschneiden.

Besonders Kinder können ihre Eltern mit ihren negativen Gedanken und Emotionen beschneiden. Eltern reagieren dann oft, indem sie den Kindern völlig ihren Willen lassen oder sie aussperren, nur um sich nicht selbst in ihren Chakren beschneiden zu lassen. Wenn Menschen zusammenleben, gibt es oft Situationen, in der alle, die in der Gruppe beteiligt sind, dieselben Chakren öffnen oder blockieren. Kinder nehmen viele Eigenarten und Gefühle ihrer Eltern an, auch unterschwellig. Sie erhalten Hinweise, daß bestimmte Chakren zu bestimmten Zeiten geöffnet oder geschlossen werden sollten. Das Kind nimmt so, ohne daß irgend jemand es merkt, die Art und Weise der Eltern, mit der Welt umzugehen, an.

Jeder Gedanke und jedes Gefühl, das du einer anderen Person entgegenbringst, wird zu einer Energieform, die sich auf sie überträgt. Auf irgendeiner Ebene ist die Person immer betroffen. Denke daran, daß alles, was du aussendest, irgendwann wieder zu dir zurückkehren wird. Du bekommst, was du gibst.

Wenn du dich von Gedanken und Gefühlen anderer überschwemmt fühlst, stell dir vor, du bist von psychischem ultraviolettem Licht umgeben. Wenn die Gefühle oder Gedanken dann stärker werden, sind es deine eigenen. Wenn sie jedoch langsam verschwinden, waren es fremde. Vielleicht bist du dir auch der Person, die sie sendet, bewußt und siehst ihr Gesicht. Es gibt viele unachtsame Gedanken und Gefühle, die unsere Luft verpesten.

»... das füg' auch keinem anderen zu«

Wenn du möchtest, daß jemand bestimmte Energien hat, wie zum Beispiel Zuversicht und innere Ruhe, fühle diese Eigenschaften in deinen eigenen Energien. Normalerweise wird es sich dann in der anderen Person reflektieren. Wenn du dich jedoch darüber aufregst, wie wenig Zuversicht und innere Ruhe jemand hat, dann machst du die Sache nur noch schlimmer.

Klarheit

Wenn du alles, was du denkst und sagst, auch innerlich fühlst, kannst du dir leichter darüber bewußt sein, was du wirklich meinst. Gleichzeitig hilft es, die Essenz dessen, was du sagen willst, zu vermitteln, und man wird dich besser verstehen.

Energiefresser

Menschen mit einem niedrigen Energieniveau können unbewußt von anderen Energie anzapfen. Solche Menschen haben nie gelernt, die Energie aus der umgebenden Luft zu entziehen, stattdessen ziehen sie sie in vorverdauter Form von anderen Menschen ab. Vielleicht sind sie auch emotional so gestört oder körperlich so schwach, daß sie selbst nicht imstande sind, für ihre eigene Energiezufuhr zu sorgen. »Vorverdaut« heißt hier, daß die Energie bereits von einer anderen Person aufgenommen und in eine nutzbare Fequenz transformiert wurde. Auf diese Weise kann man es sich sehr leicht machen.

Wenn dich jemand ohne ersichtlichen Grund sehr ausgelaugt fühlen läßt oder reizt, zehrt er von deiner Energie. Energie, die dir abgezogen wird, macht dich schwächer. Du kannst fühlen, wie deine Aura sich schließt. Wenn das geschieht, fließt deine Energie zu dir zurück, und dein Körper verspannt sich. Vielleicht suchst

205

du dann nach einer Entschuldigung, um dich von den Energiefressern zu entfernen. Wenn du dich aus dem Staube gemacht hast, und die Energie wieder wirklich zu deiner eigenen wird, wunderst du dich vielleicht, warum du dich so benommen hast. Warst du nicht sorgfältig genug oder bist du zu hastig vorgegangen? Schuldgefühle können die Folge sein. Wenn du die Dynamik des Energiefressens erst einmal durchschaut hast, kannst du auch deine eigenen Gefühle besser verstehen.

Wenn du dich ausgelaugt fühlst, möchtest du vielleicht wissen, aus welchem Chakra oder welchen Chakren die Energie abgezogen wird. Du kannst dann selbst bestimmen, ob du das Chakra dichtmachen oder die Energie zu einer anderen Person schicken willst. Das Teilen der Energie ist ein Geschenk, und was du schenkst, macht dich stärker. Wenn jedoch die Person, der du die Energie sendest, sich nicht entspannt und selbst stark wird, mußt du vielleicht wieder aufhören, ihr Energie zu senden. Manchmal werden Menschen von der Energie anderer abhängig. Wenn du dich entschließt, keine Energie mehr zu senden, solltest du dich schützen, indem du dich mit weißem Licht erfüllst und umgibst und bewußt den Wunsch faßt, daß deine Aura immer stärker wird und ein Kraftfeld gegen energiefressende Einflüsse bildet. Eine andere Methode besteht darin, dir eine gläserne Wand vorzustellen, die sich zwischen dich und den Energiefresser schiebt.

Unruhestifter

Ein Mensch mit stark geladenen oder unausgeglichenen Chakren sucht sich vielleicht entsprechend anregende Lebensumstände, wie zum Beispiel Auseinandersetzungen, die der Auslösung der überschüssigen Energien helfen. Einige Menschen sind glücklicher, wenn sie Unruhe gestiftet haben. Ihre Sticheleien und Streitereien können zwar ihre eigene Energie anregen und Blockaden abbauen, aber sie bewirken nichts Gutes für andere. Tratsch, bei dem über andere Menschen hergezogen wird, ist eine andere Form des Unruhestiftens. Versuche in Gegenwart von Menschen, die Unruhe stiften wollen, ruhig zu bleiben und deine Energie nicht fressen zu lassen. Vielleicht mußt du dazu das Thema wechseln oder deinen Gesprächspartner bitten, nicht in deiner Gegenwart über andere herzuziehen.

Sexualität

Die übermäßige Beschäftigung mit sexuellen Gedanken oder Gefühlen kann seine Ursache in zu weit geöffneten Sexual-Chakren haben. Gleich ob ein Mensch sich in dieser Situation darüber bewußt ist oder nicht, werden seine Mitmenschen immer diese sexuellen Energien aufnehmen, vielleicht sogar bis zu einem Punkt, daß sie sich sexuell angesprochen fühlen. Das kann sehr verwirrend sein. Du solltest in einer solchen Situation darauf achten, daß deine eigenen Sexual-Chakren ausgeglichen und deine höheren Chakren geöffnet sind, dann wirst du die Dinge weniger auf dich selbst beziehen.

Manchmal ziehen Menschen mit sehr hohen spirituellen und blockierten sexuellen Energien solche mit blockierten spirituellen und hohen sexuellen Energien an, nach dem Motto: Gegensätze ziehen sich an. Wir haben es hier jedoch mit der höheren und niedrigeren Oktave ein und derselben Energie zu tun. Daher kann es sein, daß die spirituellen Energien einer Person die sexuellen Reaktionen einer anderen anziehen. Schütze dich davor, indem du dich mit einem strahlenden Licht umgibst und eine Balance in deinem ganzen Körper spürst. Beziehungen und Sexualität sind am besten, wenn alle Chakren balanciert und offen sind und gut fließen.

Blockaden

Einen großen Teil unseres Lebens verbringen wir mit zwischenmenschlichen Beziehungen, in denen wir von der Energie anderer Menschen umgeben sind. Wie wir die Energien anderer empfangen, ist genauso wichtig wie die Art und Weise, wie andere unsere Energien empfangen. In Gesellschaft eines Menschen, dessen Chakren blockiert sind, fühlst du dich vielleicht ausgeschlossen, so, als ob die Person nichts mit dir zu tun haben möchte. Es kann jedoch auch sein, daß nichts dergleichen geschieht. Vielleicht würde die Person ja sehr gern Kontakt aufnehmen, aber hat sich so an die blockierten Chakren gewöhnt, daß eine Öffnung in deiner Gegenwart ein äußerst kritisches Unterfangen darstellt. Beziehungen, die auf solchen Verhältnissen basieren, können sehr beängstigend und spannungsreich sein.

Wenn du offener sein möchtest, fühle, wie deine Chakren entspannt und für die Energien anderer empfänglich sind. Es gibt einige sehr positive Aspekte solcher Offenheit: Verbundenheit, Stärke, Zärtlichkeit, das Gefühl, nicht allein auf der Welt zu sein. Wenn du von anderen mehr angenommen werden möchtest, setz deine Energien auf sanfte und freundliche Weise frei. Versuche nicht, etwas zu erzwingen. Die Person, die die Energien empfängt, könnte sich sonst davon überrumpelt fühlen.

Versteh deine Chakren besser:
eine Übung

Schließ die Augen. Stell dir vor, eine wichtige Person in deinem Leben steht vor dir oder in deiner Nähe. Achte darauf, wie dein Körper auf diese Präsenz reagiert. Welche Chakren sind geöffnet und welche geschlossen? Du wirst dich an den Stellen, an denen sie geöffnet sind, entspannt fühlen und an denen, die geschlossen sind, fest. Wenn du dir der Bewegung deiner eigenen Energien bewußter bist, wirst du eine bessere Kontrolle und mehr Freude im Leben haben. Denk daran, daß energetische Abläufe sich je nach der Situation und der Gesellschaft, in der du dich befindest, verändern.

12.
Chakren und Heilung

Energie, die in die Chakren hinein- oder aus ihnen hinausgeht, wirkt sowohl auf die Muskeln als auch auf das Nerven- und Drüsensystem. Es gibt also keinen Teil des Körpers, der nicht von den Chakren betroffen ist. Ein blockiertes Chakra kann Probleme in sämtlichen benachbarten Körperpartien verursachen. Mit geöffneten und fließenden Chakren fühlt sich ein Mensch voller Energie und besitzt eine intakte Ausstrahlung. Er kann das Leben in vollen Zügen erleben. Mit teilweise oder vollständig blockierten Chakren hat er jedoch keinen ungehinderten Zugang zu seiner Energie. Das führt zu Verwirrung, Depression, dem Gefühl, aus dem Gleichgewicht geraten zu sein oder in die Krankheit. Energien können durch Muskelverspannungen, durch schlechte Haltung oder durch Zurückhalten von Energie in den Chakren blockiert werden.

Dunkle Stellen in Teilen des Chakras können Negativität, blockierte Energie oder unterentwickelte Blütenblätter anzeigen

Leuchtende Farben in einem Chakra deuten auf Harmonie und Entwicklung hin. Trübe oder gräuliche Zonen in einem Teil des Chakras weisen auf Probleme in Form von mangelnder Entwicklung, Negativität, Angst vor der Welt, physische, emotionale oder mentale Blockaden hin. Vielleicht hast du gemerkt, daß einige Chakren aktiver sind als andere, die sie umgeben. Manche Menschen überbetonen ein bestimmtes Chakra und versorgen es mit zusätzlicher Energie, die sie von den umliegenden abziehen. Das führt letztlich zur Krankheit. Auf der anderen Seite erzeugt die Blockierung eines Chakras eine Verstopfung in der ganzen Körperregion. Die Blockierung der Sexual-Chakren, beispielsweise aus Angst vor der sexuellen Energie, kann die gesamte Unterbauchgegend blockieren und dabei alle Funktionen dort verlangsamen.

Menschen mit einem schlechten Bild von sich selbst neigen dazu, Energie aufzunehmen, besonders negative Energie, denn ein schlechtes Selbstbewußtsein ist etwas Negatives. Es kann sogar passieren, daß man die Krankheiten anderer Menschen aufnimmt.

Zuviel unassimilierte (und daher unbrauchbare) Energie kann ein starkes Gefühl von Leblosigkeit, Müdigkeit, Depression oder innere Verstocktheit erzeugen, das Gefühl, keine Energie zu haben, um sich dem Leben zu stellen. Ruhelosigkeit, Reizbarkeit oder Krankheit und Arbeitsunfähigkeit sind die Symptome dieses Zustandes. Kreative Projekte, körperliche Betätigung und Meditation helfen, diese Energie zu assimilieren und die blokkierte Energie nutzbar zu machen.

Chakra-Explosion

Chakren können in Streßsituationen bis zu dreißig Zentimeter weit explodieren. Sie sind dann viel zu groß, um ihre Energie zu nutzen. Explosionen finden mit einer unbeherrschbaren Energie statt und betreffen gewöhnlich das Herz, den Solarplexus und den Nabel. Auch Drogen können Chakren explodieren lassen, meistens die Kopfchakren. Aus solchen Explosionen resultieren Funktionsstörungen, die von den betroffenen Gegenden ausgehen, und gewaltige Energieauslösungen, die dem gesamten Rest des Körpers seine Kraft entziehen.

Versuche, durch Gedanken das Chakra in eine bessere Position zurückzuversetzen. Wenn das nichts hilft, solltest du professionellen Rat suchen. Nimm deine Hand und streiche sanft in zehn bis fünfzehn Zentimetern Abstand über das Chakra, um die überschüssige Energie wieder in den Körper zurückzubringen. Bewege dabei deine Hand im Uhrzeigersinn oder entgegen dem Uhrzeigersinn, je nachdem, was sich besser anfühlt.

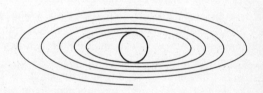

Der Kreis in der Mitte zeigt an, wo die Chakra-Energie ihre Position haben sollte. Die Linien, die ihn umgeben, bedeuten die übermäßige Öffnung, die aus Angst, Erregung oder anderen starken Gefühlen herrühren kann.

Schmerz

Schmerz an einem bestimmten Chakra ist ein Hinweis darauf, daß das Chakra versucht, sich zu öffnen. Versuche, die Gegend ganz leicht zu massieren, um die Auslösung zu unterstützen. Wenn der Schmerz nicht nachläßt, solltest du die Massage einstellen. Richte deine Aufmerksamkeit auf das Chakra, laß dabei Gedanken und Gefühle an die Oberfläche des Bewußtseins kommen. Öffne dich für die Entdeckung dessen, was die Blockierung verursacht hat. Wenn es dir bewußt wird, hört der Schmerz normalerweise sofort auf und die Blockierung verschwindet. Wenn sie trotzdem bleibt, ist medizinische Hilfe indiziert.

Krankheit und Krankenbesuche

Während einer Krankheit kann es sehr hilfreich sein, Energie von einem Besucher zu erhalten, besonders wenn es ruhige und friedliche Energie ist. Sowohl die kranke Person als auch der Besucher werden in diesem Prozeß mit Energie erfüllt. Es ist ein wunderbares Zusammenspiel. Ein gedankenloser, unaufmerksamer Besucher jedoch kann manchmal einem Kranken Energie rauben und dadurch seinen Zustand noch verschlimmern.

Eine deprimierte Person kann davon profitieren, die aufrichtende Energie eines anderen Menschen zu empfangen. Sie kann jedoch dadurch auch daran gehindert werden, sich selbst um die Beseitigung ihres Problems zu kümmern und an den deprimierenden Energien zu arbeiten. Generelle Aufmerksamkeit gegenüber Energien und ihrer Bewegung kann dir helfen zu verstehen, wie du deine Energien im Zusammenspiel mit anderen effektiver einsetzen kannst.

Wenn du einen Kranken besuchst, ist es am besten, du bist selbst so heil und ganz in deinem Körper wie möglich. Der Energiefluß zwischen dir und der indisponierten Person sollte völlig natürlich sein. Laß die Energie immer so fließen, wie sie will. Wenn du sie zu sehr forcierst oder lenkst, wird sie eher schaden als nutzen.

Körperliche Übungen sind potentiell sehr hilfreich bei der Stärkung deines Körpers gegen Krankheiten. Achte jedoch darauf, daß anstrengende, harte Übungen (die die Muskeln vergrößern) die Neigung haben, Blockaden zu errichten, während Tanzen, Schwimmen, Yoga oder Tai-Chi den Chakra-Fluß balancieren und auslösen helfen.

Chakra-Heilung im Traum

Im sagenhaften Traumland Lemurien kann ein Heiler die Energie von einem Chakra eines seiner Patienten, das mit seiner Krankheit zu tun hat, fortnehmen, sie in seinen eigenen Körper verpflanzen, in positive Energie umwandeln und durch ein höheres Chakra wieder zum Patienten zurücksenden. Wenn zum Beispiel das Nabel-Chakra ein Problem darstellt, absorbiert der Heiler von diesem Punkt Energie, heilt sie und sendet sie durch sein Herz-Chakra in das Herz-Chakra des Patienten und von dort in die Nabelgegend, um die alte Energie zu ersetzen. Der Schlüssel dabei ist, die abgezogene Energie in das geheilte Chakra zurückzusenden, das ansonsten noch mehr Krankeitsenergie anziehen würde. Das schützt gleichzeitig den Heiler vor der Krankheit.

Massage und Körperarbeit

Massage und andere Körperarbeit sind ausgezeichnete Mittel, um die Energien im gesamten Körper auszugleichen und einen guten Chakra-Fluß zu ermöglichen. Es ist jedoch nicht leicht, sich ganz allein, ohne fremde Hilfe, vollkommen zu entspannen und den eigenen Körper gründlich zu massieren.

Samadhi

Samadhi ist ein Wort aus dem Sanskrit und bedeutet: »Gleichmaß«. Es beschreibt die Balance zwischen den Kräften innerhalb und außerhalb des Körpers. Für ein Chakra, das nicht richtig fließt, sollte man Samadhi anstreben. Manchmal kann ein flacher Atem – ein Atem, bei dem sich die Brust nur wenig hebt und senkt – helfen, das Gefühl der Ausgeglichenheit wiederherzustellen. Auch das Erfüllen des Chakras mit Lavendelfarbe kann helfen, oder du formulierst innerlich für dich selbst die Bitte, Samadhi zu fühlen. Die Bemühung um das Gefühl des Samadhi führt zu innerer Ruhe und Ausgeglichenheit. Sie fördert Wachstum und Heilung. Wenn man Samadhi anstrebt, ist es am besten, mit einem der Herz-Chakren anzufangen und sich von da aus in die gewünschte Richtung auszubreiten.

Steine, Mineralien und Heilung

Energien von Steinen und Mineralien haben eine eindeutige Wirkung auf die Chakren. Sie bringen Heilung oder Erweckung. Experimentiere mit verschiedenen Steinen und Mineralien, um zu sehen, von welchen du am meisten angezogen bist. Lege sie auf verschiedene Chakren und beobachte deine energetischen Reaktionen.[1] Es gibt viele Bücher über den Gebrauch von Kristallen und Edelsteinen zur Heilung oder zur Erweckung von Chakren.

Strahlende Gesundheit

Es ist nicht leicht, einen dauerhaft gesunden Zustand aufrechtzuerhalten. Der Körper neigt entweder zu Schwäche und Krankheit oder zu strahlender Gesundheit. Es gibt immer eine Bewegung in eine der beiden Richtungen, so oder so. Strahlende Gesundheit, Vitalität und Offenheit ist zweifellos Krankheit und Schwäche vorzuziehen, aber um sie zu erreichen, muß ein guter Energiefluß durch den ganzen Körper gewährleistet sein. Mach eine Liste der Dinge, die dir helfen, deinen Körper strahlender und lebendiger zu erhalten. Deine Liste kann die verschiedensten Dinge beinhalten: Sport, gutes Essen, der Duft einer Blume oder die Liebe. Halte deine Liste offen und füge von Zeit zu Zeit neue Dinge hinzu. Versuche täglich etwas, was auf deiner Liste steht, zu tun. Irgendwann wirst du ganz natürlich die Dinge tun, die dich bei strahlender Gesundheit halten.

---

[1] Sharamon/Baginski, »Edelsteine und Sternzeichen«, Korra Deaver, »Die Geheimnisse des Bergkristalls«, Ursula Klinger-Raatz, »Die Geheimnisse edler Steine«, »Engel und Edelsteine«, »Reiki mit Edelsteinen«, Ursula Klinger-Raatz und Merlin´s Magic, »Smaragdmeditation« MC, Windpferd Verlag (Anm.d.Ü.)

13.
Karma

Wie oben, so unten.
Wie du säst, so wirst du ernten.
Für jede Aktion gibt es eine Reaktion.
Was leer ist, muß gefüllt werden.
Alle Dinge verändern sich.
Gegensätze suchen den Ausgleich.

Karma ist ein Wort aus dem Sanskrit. Es heißt soviel wie: »Reaktion folgt auf Aktion«. Das bedeutet, daß alles, was du aussendest, auf dich zurückkommt. Ein solches Konzept kann leicht dazu führen, daß man sich vor Angst, etwas Falsches zu tun, lieber zurückzieht und gar nichts tut. Die Reaktion auf einen »Irrtum« könnte stärker sein, als man vertragen kann. Aber Nicht-Handeln, wenn Handeln für Leben und Wachstum erforderlich ist, kann ein ebenso großes Problem nach sich ziehen. Intuition ist eine große Hilfe, um zu wissen, wann man handeln oder reagieren soll und wann nicht. Indem du dich und deine gesamten Lebensumstände mit Liebe erfüllst, kannst du Zweifel beseitigen, Klarheit schaffen und die Spannungen, die das Karma noch verstärken, beseitigen.

Wir neigen dazu, unangenehmes Karma als *schlecht* und angenehmes als *gut* zu bezeichnen. Karma ist jedoch in Wirklichkeit weder gut noch schlecht. Es kann schmerzhaft sein, erzeugt aber gleichzeitig auch Wachstum. »Gutes Karma« sagt man, wenn man beschreiben will, daß man im Leben viel Gutes erwartet. Du kannst dich jedoch bei der Suche nach »gutem Karma« leicht in seltsame und schwierige Lagen bringen, indem du erwartest, daß jemand kommt und dir etwas gutes Karma gibt, um dich aus deiner Lage zu befreien. Karma kann bisweilen sehr unbequem sein. Es ist nicht damit getan, gute Dinge zu tun, damit man Gutes wiederbekommt. Das kann leicht ins Gegenteil umschlagen.

Karmische Lebensumstände haben eine wichtige Funktion. Sie helfen den Menschen universelle Gesetze zu verstehen und innerhalb ihres Wirkungsbereiches zu arbeiten.

Die Gesetze des Karma kennenzulernen und in ihrem Wirkungsbereich zu arbeiten vermindert die Wahrscheinlichkeit, daß du immer mehr Karma anhäufst. Ego-Bindungen erzeugen mit ziemlicher Gewißheit Karma. Wir müssen eine innere Lockerheit entwickeln, was nicht bedeutet, daß wir sorglos in den Tag hineinleben sollen. Ein Mensch kann tatsächlich noch gewissenhafter sein und mehr in seinem Leben riskieren, wenn er innerlich gelöst ist. Das alttestamentarische Denken »Auge um Auge, Zahn um Zahn« ist völlig veraltet. Aus einer erleuchteteren Perspektive verstehen wir, was mit der Botschaft der Vergebung, die im Neuen Testament entwickelt wird, gemeint ist. Wir können damit arbeiten und karmische Energien auslösen. Allein indem du verstehst, was du tust, fühlst und denkst, setzt du karmische Energie frei. Es ist hilfreich, Gott, Jesus oder einen hohen spirituellen Meister zu bitten, diese Auslösung zu unterstützen.

Nach jeder Auslösung karmischer Energie müssen wir uns verändern, damit wir dieselben Fehler nicht noch einmal machen. Die Energie versäumter Lektionen geht nicht verloren, sondern kehrt bei der nächsten Gelegenheit, die uns das Leben bietet, wieder, damit wir daraus lernen können. Beim nächstenmal ist es jedoch immer eine Stufe schwieriger.

Wenn jemand Karma anhäuft, heißt das nicht, daß er nicht lernen und sich innerlich entwickeln kann. Die Entwicklung geht nur wesentlich langsamer und auf einem niedrigeren Nieveau vonstatten. Diejenigen, die ihre Lektionen im Leben lernen, ihre Energien richtig nutzen und sich nicht von den Dingen gefangennehmen lassen, bewegen sich auf einem höheren, spirituelleren Pfad. Sie sind in ihrem Handeln von Verständnis und göttlichen Qualitäten geprägt. Um zu wachsen, müssen wir lernen. Unsere innere Einstellung zu den Lektionen, die das Leben uns bietet, entscheidet, wie wir auf unserem Pfad vorwärtskommen. Nicht alle Probleme, Krankheiten oder Unglücke sollten als »Karma« bezeichnet werden. Wir befinden uns in einem evolutionären Prozeß, empfangen regelmäßig neue Energien, mit denen wir arbeiten, aus denen wir lernen und die wir nutzen können. Diese sind kein Karma, sondern Gelegenheiten, mit denen wir wachsen und uns entwickeln können.

Wenn du lernst, zwischen Karma und Gelegenheiten im Leben zu unterscheiden, handelst und reagierst du auch anders, wenn dir bestimmte Dinge passieren. Wenn du in einer Situation bist, die nach Wachstum und Entwicklung verlangt, und es bietet sich dir eine Gelegenheit, dann wirst du dich *gedrängt* fühlen, innerlich zu wachsen und neue Dinge zu erforschen oder auszuprobieren. Du kannst ein Gespür dafür entwickeln, wie du mit deinen Energien Pionierarbeit leisten kannst und die vermeintlichen Grenzen deiner eigenen Möglichkeiten überschreiten kannst. Wenn die Situation jedoch karmisch ist, wirst du verwirrt sein und in die Handlung *hineingezogen* werden, als ob du nur deinen Part in einem Schauspiel spielen würdest. Vielleicht verstehst du im Moment gar nicht, was da geschieht, vielleicht verstehst du es niemals. Am besten ist es daher, wenn du dich auf deine Intuition verläßt. Es gibt Menschen, die ihre übersinnlichen Fähigkeiten einsetzen, um sich auf solche Situationen vorzubereiten. Sie versuchen, schon im Vorfeld Informationen zu gewinnen. Andere suchen Ihre Informationen in Büchern oder bei Lehrern. Was auch immer das Beste für dich ist, wichtig ist, daß du tust, was du kannst, und nicht vergißt, was du gelernt hast. Es gibt Zeiten, in denen du völlig neue Wege lernen mußt, mit den Dingen umzugehen. Du kannst dich also jedesmal, wenn dir etwas zustößt, fragen: »Was sonst könnte ich noch daraus machen?« Vielleicht ist es ja angebracht, genau entgegengesetzt zu dem zu handeln, was du aus Gewohnheit heraus tun würdest. Jemand, der gewohnt ist, anderen zu sagen, wo es langgeht, muß sich vielleicht einmal an der Hand nehmen lassen, und jemand, der immer nur hinterhergelaufen ist, muß vielleicht eine Führungsposition einnehmen.

Situationskarma und Einstellungskarma

Es gibt zwei Hauptarten von persönlichem Karma. Das eine ist situationsgebundenes Karma, bei dem alles, was du in einem vergangenen Leben jemandem angetan hast, auf irgendeine Weise von dieser Person in diesem Leben an dich zurückgegeben wird. Das andere ist einstellungsgebundenes Karma, bei dem beispielsweise die ganze Wut, die du auf das Leben oder andere Menschen in deinem Leben hattest, dein Tun beeinflußt.

Situationsgebundenes Karma kann sich durch viele Leben hindurch fortpflanzen. Der Trend wird erst dann gebrochen, wenn ein Mensch genügend gewachsen ist, um den Willen zu entwikkeln, sein Handeln und seine Reaktionen von Grund auf zu ändern. Erst dann kann er sich aus dem Kreislauf von Aktion und Reaktion befreien.

Karma, das seine Ursache in inneren Einstellungen hat, wird den Ärger, den es aussendet, immer wieder auf sich zurückwerfen. Dasselbe gilt für Angst und Sorgen. Du solltest dir aller Einstellungen, die nicht in deinem Interesse liegen, bewußt werden und daran arbeiten, sie freizusetzen. Wenn du dich ganz mit Liebe erfüllst, kannst du dein gesamtes Handeln durch diese Liebe prägen. Die beste Lösung eines Streits liegt immer in einem gütigen Ausgleich. Du solltest Situationen anstreben, in denen es keine Verlierer gibt.

Das Karma der anderen

Irgendwann verfängt sich fast jeder einmal im Karma seiner Mitmenschen. Wenn wir uns zu sehr um andere sorgen oder eingreifen, wo wir uns lieber zurückgehalten hätten, sind wir gefangen. Anstatt uns Sorgen zu machen, sollten wir lieber unsere besten Schwingungen senden. Es gibt Menschen, die der Meinung sind, daß man niemals etwas tun sollte, was mit dem Karma anderer in Konflikt gerät. Auf der anderen Seite gibt es die christliche Einstellung, anderen zu helfen, ihr Karma oder ihre Sorgen zu erleichtern, indem man sie heilt, ihnen ihre Sünden nachläßt, ihre Last mitträgt und ihnen großzügig gibt. Ich persönlich bin der Meinung, daß dies die richtige Einstellung ist, aber wir sollten trotzdem aufpassen, daß wir uns nicht allzusehr in die Angelegenheiten anderer einmischen. Es gibt viele Menschen, die sich absichtlich in das Karma anderer einmischen, entweder um sie zu kontrollieren oder aus einem Schuldkomplex heraus. Vielleicht haben sie auch nur Langeweile und sind von den Problemen anderer fasziniert. Bevor du dich zu einer Einmischung entschließt, solltest du gründlich in dich gehen und mit Hilfe deiner Intuition die richtige Entscheidung finden. Die Balance ist wichtig. Menschen, deren Kundalini hauptsächlich durch die Hinterseite des Schädeldaches und nicht so sehr durch die Krone fließt, neigen dazu, sich nicht so stark einzumischen. Menschen, deren Kundalini stark aus der Vorderseite des Schädeldaches (siebentes Auge) fließt, sind gewöhnlich hilfsbereit und leben hauptsächlich für andere. Um das auszugleichen und dem Leben Richtung zu geben, sollte die Hauptenergie aus dem Kronen-Chakra hinausfließen.

Gruppen-Karma

Gruppen können genauso an einer Balance arbeiten wie Einzelne. Wenn du für dich selbst bestimmst, was das Beste für die Gruppe ist, hilft dir das zu bestimmen, inwieweit du dich an der Gruppe beteiligen möchtest. Indem du von einer höheren Warte aus handelst, weißt du immer, wo du dich stärker engagieren solltest und wo du dich lieber zurückhalten und vorsichtig mit deiner Gruppenbeteiligung sein solltest. Dieselbe Herausforderung kann für den einen eine verstärkte Beteiligung und für den anderen einen Rückzug in die eigene Arbeit bedeuten.

Bewußtes Aussuchen von Karma

Bevor wir in ein Leben hineingeboren werden, sind wir an der Entscheidung, welches Karma wir ausgleichen wollen und auf welchen Gebieten wir wachsen wollen, beteiligt. Je weiter ein Mensch auf der Stufenleiter der Evolution vorangekommen ist, desto mehr Wahlmöglichkeiten hat er bei der Planung. Es gibt

Menschen, die für ihr Leben geplant haben, soviel Karma freizusetzen, daß sie, während sie es durchleben, völlig davon überwältigt werden. Sie haben mehr von dem großen Apfel abgebis-
sen, als sie verdauen können. Andere mögen ehrgeizige Pläne für
ihr persönliches Wachstum haben, oder sie wählen Krankheit als
Mittel, um Ausdauer, Stärke, Reife und Wissen um Krankheiten
zu entwickeln. Eine Krankheit kann Teil des Gesamtwachstums
einer Gruppe sein. Helen Keller zum Beispiel könnte ihr Leben
gewählt haben, um zu demonstrieren, wie Taube und Blinde im
Leben eine aktive Rolle spielen können.

Die positive Seite von Karma

Menschen können Sehnsucht danach haben, in ihrem Leben Ziele
zu erreichen, die sie in vorangegangenen Leben verfehlt haben.
Diese können sich auf Beziehungen, Karriere, Wachstum und
Entwicklung, Reisen, künstlerische Unternehmungen oder andere Facetten des Lebens beziehen. Die Energie dieser Sehnsucht
bleibt unerfüllt und wartet auf eine Gelegenheit zur Erfüllung.
Jeder Mensch ist in seinen Entscheidungen zu einem gewissen
Grade von dem karmischen Drang nach Erfüllung stiller Sehn-
süchte beeinflußt.

14.
Die Vorbereitung
einer absichtlichen
Kundalini-Auslösung

Fertigmachen zur Auslösung

Es ist möglich, in einem einzigen Leben soviel inneres Wachstum zu erreichen, wie das unter normalen Bedingungen nur in mehreren Leben möglich ist. Eine richtige Auslösung erfordert Zeit, Geduld und Ausdauer.

Wenn die Auslösung einmal angefangen hat, gibt es kein Zurück mehr. Sie wird von selbst weitergehen. Eine Kundalini-Auslösung ist ein Prozeß, mit eigener Intelligenz und eigenem Ziel, der Vermischung mit dem Spirituellen im Kronen-Chakra, dem Tanz von Shakti und Shiva.

Je besser dein System vorbereitet ist, desto leichter die Auslösung und desto schneller werden die Energien assimiliert, um Fähigkeiten auf allen Ebenen zu verbessern. Viele Menschen fühlen sich berufen, in dieses Leben einzutreten, aber nicht alle haben qualifizierte Lehrer, die sie führen. Viele Menschen, die nur über ein oberflächliches Wissen verfügen, arbeiten trotzdem mit Kundalini.

Die meisten schriftlichen Quellen für die Kundalini-Arbeit stammen aus dem Osten. Sie sind nicht immer leicht zu verstehen und an Menschen gerichtet, die ihr Leben ganz dem spirituellen Wachstum gewidmet haben. Im Westen haben wir normalerweise gar nicht genug Zeit, um uns von unserem Alltag zu trennen (wenn das überhaupt möglich ist) und uns darauf zu konzentrieren, in dieser Welt zu bleiben und das Spirituelle in sie einzubringen.

Viele Menschen sind in die Chakra-Arbeit eingeführt worden, ohne daß sie etwas über Nadis, Drüsen und das System als Ganzes wissen. Wenn die Chakra-Arbeit alles ist, was du tust, dann ist das

221

so, als würdest du dich bei einem Fahrzeug auf die Räder beschränken. Zweifellos sind die Räder ein wichtiger Bestandteil, aber was ist das Fahrzeug ohne all die anderen Teile?

Vor, während und nach der Erweckung der Kundalini ist es wichtig, daß man sich gut um den Körper kümmert. Der Körper ist unsere lebendige Maschine, durch welche wir uns ausdrücken und alle Sinneswahrnehmungen in uns aufnehmen. Wir können höhere Stufen der Evolution nur soweit erreichen, wie der Körper es zuläßt. Wenn der Körper uns ablehnt, fühlen wir uns in ihm gefangen oder eingeengt. Anstatt uns vom Körper zu entfernen, müssen wir lernen, ihn mitzunehmen. Ein transformierter Körper verspürt große Zuversicht, Freiheit und Lebensfreude. (Im zweiten Kapitel werden einige Vorschläge gegeben, wie man sich um den Körper kümmern kann. Wenn du daran zweifelst, ob dein Körper für eine weitergehende Auslösung geeignet ist, solltest du dort nachlesen, wie du dich weiter vorbereiten kannst.)

Übungen zur Auslösung zusätzlicher Kundalini-Energie

Revitalisierung der Zellen

Leg dich bequem auf den Rücken. Atme tief und ruhig ein paar Minuten durch. Visualisiere mit geschlossenen Augen eine goldene Energie, die in alle Zellen eindringt und sie mit neuer Vitalität versieht. Dann visualisiere, wie durch den Atem *Prana* in den Körper kommt und mit seiner goldenen Energie zu jeder einzelnen Zelle geht. Bekomme ein *Gefühl* für diese Energie, wie sie in alle Zellen eindringt.

Empfang der Energien aus dem Kosmos

Die Erde ist ein Bestandteil des Kosmos und empfängt daher kosmische Energie auf allen Frequenzen. Meditiere über diese Vorstellung und atme dabei tief und ruhig. Bitte darum, daß die Energien des Kosmos das System stabilisieren, überschüssige Frequenzen modifizieren und benötigte erzeugen. Visualisiere, wie die Energien ins Gleichgewicht kommen. Visualisiere gleichzeitig, wie du dich für die Nährstoffe öffnest, die sich in der Nahrung ebenso wie im Kosmos befinden. Die Energien, die du durch die Nahrung gewinnst, sind in die verschiedenen Frequenzen, die der Aufrechterhaltung des Systems dienen, moduliert worden. Während die Weltbevölkerung stetig fortfährt, sich zu vermehren, wäre es sehr nützlich zu erfahren, wie diese Energien direkt genutzt werden können, anstatt erst durch die Nahrung moduliert zu werden. Wir tun das bereits erfolgreich mit dem Vitamin D der Sonne. Es gibt Menschen, die ihre Energien ausschließlich durch Atmen und Absorbieren der kosmischen Energien gewinnen.

Der physische Körper ist eine lebendige Maschine, die uns gegeben wurde, um zu lernen, wie wir die Energien in ihren verschiedenen Frequenzen nutzen können. Er ist extrem wichtig für unsere Evolution. Wenn wir das ganz verstehen, werden wir nicht mehr länger in Körpern geboren werden müssen, sondern in der Lage sein, Energie direkt aus dem Kosmos ohne die Hilfe einer lebendigen Maschine (dem Körper) zu nutzen und in verschiedene Frequenzen zu verschiedenen Zwecken umzuwandeln.

Zellregeneration

Vitamine und Mineralien sind nichts anderes als Energiefrequenzen, die der Körper braucht, um voll zu funktionieren und sich zu entwickeln. Wenn diese Bedürfnisse nicht erfüllt werden wegen falscher Ernährung oder Unfähigkeit des Körpers, die Energie aus der Nahrung zu assimilieren, muß es alternative Möglichkeiten geben. Einige der Bedürfnisse werden erfüllt, indem emotionale oder mentale Zustände in einer Frequenz induziert werden, die dem Vitamin oder Mineral entspricht, das dem Körper fehlt. Das ist jedoch sehr anstrengend für das System, weil es immer gerade soviel Energie verzehrt, wie der Körper noch ersetzen kann. Eine andere Methode ist die Umformung eines Teils der überschüssigen Energie in die Frequenz, die zur Erfüllung des Bedürfnisses benötigt wird. Um das jedoch gut zu machen, muß man die

Frequenzen genau kennen und wissen, wie man mit ihnen umgeht. Eine dritte Methode besteht darin, die richtige Frequenz direkt aus dem Kosmos in dein System einzubringen. *Die ersten beiden Methoden sind wegen ihrer Schwierigkeit für Anfänger nicht zu empfehlen.* Die dritte Methode ist nicht an eine spezielle Ernährung gebunden und trotzdem hervorragend geeignet, um die spirituellen Schwingungen zu erhöhen und einen Menschen zu lehren, seine Energien direkt aus dem Kosmos zu beziehen.

Räkeln

Dies ist eine der besten und einfachsten Übungen, die es gibt. Du solltest immer, bevor du schlafengehst, nach dem Aufwachen und mehrmals im Laufe des Tages dir die Zeit nehmen, dich gründlich zu dehnen und zu strecken. Wenn du dich vor einer Meditation räkelst, kannst du Körper und Geist verbinden und dich vorbereiten, später dein Wissen zu assimilieren. Gleichzeitig löst es Blockaden.

Den Kopf freimachen

Schüttle mehrmals leicht den Kopf, dann laß ihn sanft kreisen. Stell dir vor oder visualisiere, wie er gereinigt wird und von einem Regen goldener (Kundalini/mental) Energie verfeinert wird. Ein silbriger Glanz weist eher auf eine spirituelle Essenz hin. Wechsle zwischen diesen beiden Farben oder bring sie zumindest in ein Gleichgewicht, damit du dich nicht zu stark in eine Richtung entwickelst. Folge dieser Übung, indem du dir vorstellst, wie der Atem aufwärts in deinen Kopf steigt und alle Zellen mit Energie versorgt. Im Idealfall gehst du dann an die frische Luft und schärfst deinen Blick in den übersinnlichen und spirituellen Bereichen des Gehirns, indem du auf das Panorama am Horizont schaust.

Blockaden lösen

Den Bauch einziehen. Das lockert den Genitalbereich, den Nabel und Solarplexus. Leg dich rückwärts auf den Boden und zieh die Knie an die Brust, so daß dein Kreuz auf den Boden drückt.

Spanne deine Bauchmuskulatur so fest wie möglich von der Beckengegend zum Brustkorb und nach beiden Seiten an. Dann senke langsam die Beine, bis sie ausgestreckt sind, ohne den Rücken zu beugen. Achte darauf, daß Rücken und Körper so entspannt wie möglich sind. Halte die Spannung der Bauchmuskulatur für zehn tiefe Atemzüge fest. Bewege die Energie aus der Bauchgegend nach oben und aus der Oberseite des Kopfes hinaus. Steigere die Übung langsam, bis du die Spannung schließlich zwanzig Atemzüge lang halten kannst. Das wird aus den betroffenen Gegenden überschüssige Kundalini auslösen und ihr auf dem Weg die Wirbelsäule hinauf helfen. Gleichzeitig hilft es, unerwünschten emotionalen Zuständen entgegenzuwirken. Einmal täglich reicht, bis die ganze Gegend sich gereinigt anfühlt. Danach kannst du die Übung nach Bedarf einsetzen.

Den Brustbereich lösen. Bisweilen fühlst du dich vielleicht in der Brustgegend sehr deprimiert. Das kann so weit gehen, daß man das Gefühl hat, keine Luft mehr zu bekommen und in der Fülle der einströmenden Schwingungen zu ertrinken. Die Übung kann diesem Gefühl entgegenwirken. Atme tief ein und aus. Dehne deinen ganzen Brustkasten aus, nach vorn, nach hinten und zu den Seiten. Visualisiere, wie *Prana* mit deinem Atem in dich einfließt, durch die Haut wieder austritt und allmählich deinen ganzen Körper vom Scheitel bis zur Sohle und bis in die Finger- und Zehenspitzen bedeckt. Paß auf, daß dein Hals dabei entspannt ist. Laß das *Prana* die Nerven, die sich in der Haut befinden, besänftigen.

Den Halsbereich lösen. Finde eine bequeme Haltung. Halte deinen Hals gerade und deinen Kopf so hoch und gerade wie möglich, ohne dich dabei anzustrengen. Rolle deine Zunge zurück in den Hals. Halte sie dort für fünf volle Atemzüge. Konzentriere dich dabei auf dein Kronen-Chakra. Laß deinen Hals vollkommen entspannt. Dehne die Übung im Lauf der Zeit allmählich immer mehr aus, bis du bequem fünfzehn Atemzüge machen kannst. Einmal täglich ist ausreichend, bis der Halsbereich gereinigt ist. Danach kannst du die Übung ganz nach Bedarf einsetzen.

Die Drüsen lockern. Kundalini und Chakren wirken auf das

Drüsensystem. Überschüssige Energien verursachen eine erhöhte Drüsentätigkeit. Wenn die Drüsen blockiert sind, gibt es körperliche Probleme. Es gibt eine ganze Reihe von Gründen, aus denen sich bei einem Menschen die Körperpartien um die Drüsen herum blockieren oder verspannen und damit ihre Schilddrüsen

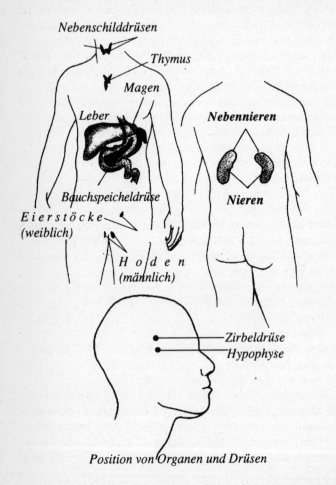

Position von Organen und Drüsen

Funktion beeinträchtigen können. Die folgende Übung bewirkt gesündere, besser funktionierende Drüsen. Wenn du diese Übung zum erstenmal machst, bist du hinterher vielleicht müde und fühlst dich schwer, je nachdem, wieviel Energie ausgelöst worden ist. Nimm dir genügend Zeit, um dich anschließend auszuruhen und frei zu meditieren. Du kannst zwei bis drei Gegenden auf einmal behandeln, aber solltest auf einen Ausgleich der Energien achten, um das System nicht zu überlasten. Einmal pro Woche ist genug für das ganze System. Später brauchst du die Übung nur noch, wenn etwas blockiert ist oder du dich danach fühlst, die Übung durchzuführen.

Visualisiere nacheinander alle Drüsen, beginnend mit den unteren und endend mit der Zirbeldrüse. Visualisiere, wie gesund sie sind, wie gut sie funktionieren und wie die umliegenden Gegenden frei von Spannungen und Blockierungen sind. Am Ende der Übung bade den gesamten Körper für ein paar Minuten in goldenem Licht.

Nerven

Nerven sind extrem wichtig, ganz gleich, ob eine Person sich in erster Linie mit spirituellen oder Kundalini-Energien beschäftigt. Beide Energien manifestieren sich durch die Nerven, treiben sie an, mehr und mehr Energie zu verbreiten und aufzunehmen und damit unsere Wahrnehmung zu erweitern. Manchmal werden die Nerven sich wie bloßgelegt anfühlen, und du wirst verspannt und reizbar sein. Dann ist es Zeit, die Übungen ein wenig einzuschränken oder vorübergehend ganz damit aufzuhören. Vielleicht waren deine Übungen so effektiv, daß du zuviel 220-Volt-Energie in deine 110-Volt-Nerven hineingepumpt hast. Dann ist es unerläßlich, die Nerven zur Ruhe kommen und sich regenerieren zu lassen.

Beruhigung der Nerven. Stell dir vor, du liegst am Strand. Die Brandung rollt sanft, spült sämtliche Spannungen und Negativität fort und nimmt sie wieder mit zurück ins Wasser, um sie im Ozean des Lebens zu reinigen. Fahre solange mit der Übung fort, bis dein ganzes System von einem ruhigen und friedlichen Gefühl erfüllt ist.

Farbenmeditation. Manchmal fehlt es den Nerven an einem oder mehreren Bestandteilen des weißen Lichts. Stell dir die Nervenenden vor, die über deinen ganzen Körper verteilt sind. Denk dir, sie sind von rotem Licht und Liebe erfüllt. (Wahre Liebe bringt keine alten Frustrationen hervor.) Anschließend nimmst du ein gelbes Licht, dann ein grünes, ein blaues und schließlich ein purpurnes. Du beendest die Übung, indem du deine Nervenenden mit weißem Licht erfüllst. Oft wirst du merken, daß eine der Farben von den Nerven regelrecht aufgesogen wird. Dann weißt du, daß ein Mangel an dieser Farbe bestanden hat.

Visualisierung. Eine ausgezeichnete Methode, um deine Nerven zu kräftigen und aufzubauen, besteht darin, auf Farben zu schauen oder deine Lieblingsfarben zu visualisieren. Du kannst auch farbige Glühbirnen verwenden, um die Farbenergie in deiner Umgebung zu verändern.

Nadis

Wenn die Nerven den physischen Körper mit Energie versehen, tun die Nadis dasselbe auf der mentalen und spirituellen Ebene. Nadis sind wie Nervenbahnen auf einer feinstofflicheren, ätherischen Ebene. Es gibt viele Tausende von Nadis. Sie haben große Bedeutung als Transportmittel für Ein- und Ausgang von Lebenskraft (*Prana*) in das System. Das ist ein wichtiger Bestandteil der Kundalini-Erfahrung, denn *Prana* setzt Kundalini frei und aktiviert sie. Die Kundalini bewegt sich auf diesen ätherischen Nervenbahnen durch den Körper, verfeinert das ganze System und belebt es. Es macht die höheren spirituellen und mentalen Energien verfügbar. Die drei Haupt-Nadis (siehe **Tafel 3**) sind *Shushumna* (spirituelle Essenz), die durch die Mitte der Wirbelsäule verläuft, *Ida*, der weibliche, negativ geladene Pol und *Pingala*, der männliche, positiv geladene. Ida und Pingala entspringen zu beiden Seiten der Basis des Steißbeins und schlängeln sich um die Wirbelsäulengegend ähnlich dem Äskulapstab, dem Symbol der medizinischen Heilkunst. Sie kreuzen sich an der Schädelbasis, verlaufen über die Nasenwurzel und enden an den beiden Nasenflügeln.

Detail von Ida und Pingala an den Nasenflügeln

Bei einer guten Kundalini-Auslösung erheben sich die Hauptkraft entlang der Shushumna und die weniger starken Kräfte entlang der Ida und Pingala. Wenn die Ida einen zu starken Energieschub bekommt, erlebt man einen Überschuß von Energie im emotionalen und intuitiven Körper, die zu Weinerlichkeit, der Neigung zuviel zu essen, Frösteln und Schwierigkeiten, warm zu bleiben, führen und dich in emotionale Angelegenheiten und übertriebenes Mitleid verstricken kann. Wenn die Pingala zu stark mit Energie überflutet wird, kann es zu Anomalien auf der mentalen und Wille/Geist-Ebene kommen. Hitzewellen, Schlafstörungen, Appetitlosigkeit, übersteigerte mentale Bilder (üblicherweise geometrische Formen und Lichter) oder übersinnliche, spirituelle Klänge können die Folge sein.

Übungen zum Gleichgewicht von Ida und Pingala im Fall von energetischer Überladung. Visualisiere die Enden des Steißbeins (wo die Kundalini in die Shushumna eintritt) frei von Streß und geöffnet, um die fließende Kundalini aufzunehmen. Dann visualisiere das untere Ende der rechten Seite des Steißbeins (wo die Pingala beginnt) frei von Streß und sanft geöffnet. (Wenn die Visualisierung für dich zu schwierig ist, mach von deiner Phantasie Gebrauch, die Energie folgt ihr ebensogut wie der Visualisierung.) Visualisiere oder stell dir vor, daß ungefähr die Hälfte des Kundalini-Flusses in die Shushumna eintritt und die Wirbelsäule hinaufsteigt. Teile die andere Hälfte in zwei gleiche Hälften zwischen Ida und Pingala. Laß die Kundalini die Wirbelsäule hinauf und aus dem Schädeldach hinaus steigen, um sich mit der göttlichen Energie zu vermischen und sanft über den Körper zurückzurieseln.

Nun führe die Kundalini-Energie durch Ida und Pingala. Die Ida-Energie wird aus der linken Unterseite der Nase herauskommen und die Pingala-Energie aus der rechten. Laß diese Energie sich mit deinem Atem vermischen, in die Lungen gehen und über den ganzen Körper verbreiten, um die Zellenergie zu verfeinern und auf eine höhere Stufe zu bringen. Bei einigen Menschen fängt während der Kundalini-Auslösung die Unterseite der Nase stark zu jucken an. Die Vermischung der Energien von Ida und Pingala mit dem Atem kann da helfen. (Fünf oder sechs Atemzüge können ausreichend sein.) Als Variation bring die Energie von Ida und Pingala (an den Nasenflügeln) mit dem Einatmen hinauf in den Kopf und visualisiere oder stell dir vor, wie sie innerhalb des Kopfes verfeinert und gereinigt wird. Du kannst dann die überschüssige Energie entweder beim Ausatmen durch die Nase verteilen oder sie durch den ganzen Kopf strahlen lassen.

Wenn du für den Ausgleich der Energien von Ida und Pingala einen erfahrenen Lehrer hast, vergiß nicht, daß es unerläßlich ist, letztlich selbst die Kontrolle und die Bewegung der Energie zu erlernen, damit du beim Ausgleich der Energien nicht von der Hilfe anderer abhängig bist.

Massage. Ganzkörpermassagen setzen überschüssige Energien frei und tragen zu einer besseren Balance und einem ausgewogeneren Energiefluß bei.

Die Reinigung der Nadis. Finde eine bequeme Position, vorzugsweise mit Rücken und Hals gerade ausgestreckt. Atme ein paarmal tief und ruhig durch, dann zweimal mit Hilfe der Übung »vollständige Atmung«. Visualisiere die Nadis und achte darauf, ob es Gegenden gibt, die dunkel oder trübe aussehen. Erfülle dein Inneres mit einem silbernen Glanz und laß alle Nadis sich reinigen. Achte besonders auf die Shushumna in der Wirbelsäule und Ida und Pingala, die sich zu beiden Seiten der Wirbelsäule abwechseln.

Der Tanz der Nadis. Als Tanzmusik eignen sich besonders afrikanische Klänge oder Bauchtanzmusik. Solche Musik kann eine Auslösung von evolutionärer Energie unterstützen. Fühle, wie du unter der Haut am ganzen Körper lebendig wirst und dich von der Oberfläche deines Körpers in deinem Tanz führen lassen kannst. Während du tanzt, visualisiere oder stell dir den silbrigen Glanz der vielen Tausend Nadis vor, die durch deinen Körper laufen. Fühle, wie deine evolutionäre Energie aufleuchtet. Es empfiehlt sich, diese Übung auf nicht mehr als fünf oder zehn Minuten auszudehnen, denn der Tanz der Nadis kann eine äußerst heftige Wirkung haben. Nach dem Tanz solltest du dich hinlegen und in einen offenen meditativen Zustand eintreten. Um sicherzustellen, daß du dich auf einer höheren Schwingungsebene befindest, solltest du dir vorstellen, du befindest dich in einem schwerelosen Zustand.

Du wirst vielleicht niemals das Gefühl haben, daß du es geschafft hast, aber mach dir nichts draus. Du selbst kannst am besten beurteilen, wo du dich befindest. Vertrau auf dich selbst. Nachdem du etwas Kundalini erweckt hast, kannst du immer noch zu den vorangegangenen Übungen zurückkehren, um weiter an dir zu arbeiten. Es gibt vieles, was du tun kannst, um deine allgemeine Entwicklung voranzutreiben.

15.
Methoden der freiwilligen Kundalini-Auslösung

Warnung

Dieses Kapitel kann die Gesundheit des Übenden gefährden. Es emp-fiehlt sich, mit einem erfahrenen Kundalini-Lehrer zu arbeiten. Das ist natürlich nicht immer möglich, und es wird immer jemanden geben, der auf eigene Faust mehr Energie auslöst, als ihm guttut. Man sollte dabei in jedem Fall äußerste Vorsicht walten lassen. Wir haben es hier mit sehr mächtigen Energien zu tun.

Indem ich hier Übungen vorstelle, mit denen man für sich selbst, ohne Aufsicht, Kundalini auslösen kann, setze ich mich wahr-scheinlich der Kritik von den verschiedensten Seiten aus. Mit der gebotenen Vorsicht und gesundem Menschenverstand können jedoch viele Menschen auf sich gestellt arbeiten. Wie gesagt, ist das Wassermann-Zeitalter ja prädestiniert für die allgemeine Bereitstellung von Informationen, die bisher als geheim galten und nur einer erwählten kleinen Gruppe zugänglich waren. Im Zeitalter des »New Age« liegt es an jedem selbst, womit er sich beschäftigt. Wenn du dich entschlossen hast, an einer Auslösung zusätzlicher Energien zu arbeiten, solltest du alle Bedenken und Ängste über Bord werfen. Identifikation und Angst sind Kräfte, die gegen eine gesunde Auslösung arbeiten. Habe keine Angst, aber Respekt vor der Energie.

Wenn du die vorangegangenen Kapitel gelesen und die Übun-gen durchgeführt hast, fühlst du dich vielleicht bereit, zusätzliche Kundalini freizusetzen. Wenn das der Fall ist, werden im folgen-den Kapitel die nötigen Einsichten und Übungen dazu vermittelt. Falls du jedoch zu der Sorte Leser gehören solltest, die ein Buch von hinten anfangen zu lesen, oder falls du nicht die Absicht haben solltest, die vorangegangenen Übungen zu machen, nimm folgende Warnung zur Kenntnis: *Nimm dir die Zeit, lies und studiere die vorangegangenen Kapitel und führe die Übungen durch. Wenn du dies nicht tust, gehst du das Risiko von Komplikationen ein. Diese können leicht sein, aber auch zu schweren Verletzungen führen.* Die Auslösung zusätzlicher Kundalini-Energie ist immer mit Risiken verbunden. Wenn die Übungen gut funktioniert haben und dein Leben auf einigermaßen gesunden Füßen steht, ist das Risiko jedoch auf ein Minimum reduziert.

Kundalini ist für jeden Menschen verschieden. Vielleicht stellst du keine große Veränderung fest, vielleicht macht sich aber schon nach ein oder zwei Übungen etwas bemerkbar. Einige Menschen sind offener als andere. Wenn du am Anfang viel Reinigungsarbeit machst, ist die Auslösung der Energie schneller und leichter. *Menschen, die von harten Drogen Gebrauch gemacht haben, können am Anfang eine zu starke Auslösung erleben. Besondere Vorsicht ist geboten.* Einigen fällt am Anfang die Bewegung der Energien überhaupt nicht auf. Das heißt jedoch nicht, daß sie nicht stattgefunden hat. Warte, bevor du eine Übung wiederholst, bis du dir sicher sein kann, daß du das, was durch sie ausgelöst wurde, verarbeitet hast.

Wenn du gemerkt hast, wie die Energien sich anfühlen, und wenn du in der Lage bist, sie im Körper zu bewegen, ist das eine wesentlich bessere Voraussetzung für die Beherrschung einer zusätzlichen Energieauslösung. *Wenn Energie einmal ausgelöst ist, kann man sie nicht mehr rückgängig machen.* Freigesetzte Energie kann sich auf dreierlei Weise bemerkbar machen:

Sie steigt im System auf und übt unterwegs eine reinigende Wirkung aus.

Sie bleibt in Energieblockaden solange stecken, bis der Durchbruch geschafft ist.

Sie richtet sich gegen sich selbst. Das ist äußerst gefährlich und stellt ein großes Risiko dar.

Man kann zwar die Kraft der Kundalini nutzen, um die Kundalini-Energie selbst für eine Weile zurückzuhalten, eine solche Energiekonzentration vergrößert jedoch das Risiko körperlicher Verletzungen.

Deine Entscheidung

Vielleicht gibt es Übungen, mit denen du dich nicht recht anfreunden kannst. Wenn das der Fall sein sollte, laß die Übung einfach aus. Jeder Mensch ist anders, und was für dich gut ist, braucht für jemand anders noch lange nicht gut zu sein. Ich habe ein breites Spektrum von Übungen angegeben, damit du eine Auswahl hast. Nimm dir Zeit und lies das zweite Kapitel noch einmal. Viele Übungen, die du dort findest, sind genauso hilfreich, nachdem du mehr Energie ausgelöst hast, wie zuvor.

Mach die Übungen niemals auf vollen Magen. Warte nach dem Essen mindestens eine Stunde. Auch solltest du die Übungen meiden, wenn du müde bist oder anschließend etwas Wichtiges zu tun hast, das deine ganze Konzentration erfordert. Nach den Übungen kann es passieren, daß du eine alte Krankheit noch einmal durchlebst. Sehr lebhafte Erinnerungen an ein vergangenes Leiden können während der Reinigung wieder auftauchen. Ebenso kannst du Freud und Leid noch einmal durchleben, das in deinem System ausgelöst wurde. Eine Reinigung von Erinnerungen heißt nicht, daß du dich anschließend nicht mehr an deine Erlebnisse erinnern kannst. Es heißt lediglich, daß die Erinnerungen gereinigt werden und eine weitere Energieblockade aufgelöst wird. Die Erinnerung wird bleiben, aber ihre Wirkung auf das Leben wird an Bedeutung verlieren. Sie wird lediglich ein Teil deiner Vergangenheit sein.

Du mußt dir selbst und deinem göttlichen Kern vertrauen, während du die Energie auslöst. Während einer Kundalini-Reinigung ist es manchmal möglich, daß man sich selbst, seinen engsten Freunden, der Gesellschaft und Gott gegenüber entfremdet wird. In dieser Phase solltest du an einem ausgeglichenen Leben und einer ausgewogenen Perspektive arbeiten. Laß dich nicht von den Erlebnissen gefangennehmen. Beobachte sie, aber bleibe innerlich unbeteiligt. Das ist zwar leichter gesagt als getan, aber du solltest es dennoch versuchen. Es kann eine große Hilfe sein, wenn du jemanden hast, mit dem du die Erfahrung deiner Kundalini-Auslösung teilen kannst, besonders wenn es um das

Wiedererleben traumatischer Erfahrungen geht. Mit neuen Energien umzugehen lernen ist etwas sehr Ähnliches wie die Erfahrung eines Kindes, wenn es mit dem neuen Körper, den es geschenkt bekommen hat, umzugehen lernt. Mach Gebrauch von deiner Phantasie. Probiere neue kreative Ideen aus. Führe ein Tagebuch oder fang an zu malen, um deine neue Energie einzusetzen, damit sie dich nicht überlastet und in deinem System steckenbleibt.

Mögliche Wirkungen einer Kundalini-Auslösung

Kopfschmerzen und andere Leiden

Kopfschmerzen werden meistens von Blockaden und Energiekonzentrationen verursacht. Wenn es scheint, du hast zuviel Energie im Kopf, laß einen Teil davon durch das Kronen-Chakra hinaus. Schick den Rest in die Füße und laß ihn durch die Fußsohlen in den Boden gehen. Man nennt das »Erdung«. Es ist ein ausgezeichnetes Mittel, um Energiekonzentrationen freizusetzen. Massiere gleichzeitig deinen Kopf, denn durch die Kundalini-Auslösung wird er geweitet.

Schmerz ist ein Warnsignal, ein Zeichen, daß etwas nicht stimmt. Wenn das Problem in einer Energiekonzentration oder einem fehlgeleiteten Fluß im Körper besteht, leg dich hin und erfülle die betroffene Stelle mit goldenem Licht. Fühle, wie die Energie sich im ganzen Körper ausgleicht. Du kannst auch die Energie von der schmerzenden Stelle an eine andere Stelle senden. Wenn der Schmerz aus einem Mangel an Energie zu stammen scheint, sende goldene Energie dorthin. Wenn das nicht hilft und der Schmerz nicht nachläßt, stelle alle Übungen ein. Wenn dann der Schmerz immer noch nicht vorübergeht, solltest du fremde Hilfe in Anspruch nehmen. *Arbeite niemals an einer Kundalini-Auslösung, wenn du Schmerzen im Körper hast. Das kann das Problem noch verschlimmern.*

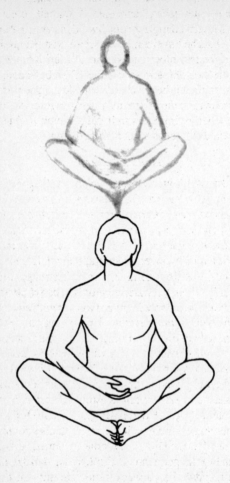

»Out of Body«-Erlebnisse, besonders durch das Kronen-Chakra, sind bei einer Kundalini-Auslösung nichts Ungewöhnliches. Aber auch andere Körperstellen können Ausgangspunkte für eine Astralreise sein.

Wenn du dich nach einer Kundalini-Auslösung einer Reinigungsübung unterziehst, kann eine Krankheit, unter der du leidest, sich bessern oder ganz verschwinden. Viele Krankheiten haben ihre Ursache in einem Überschuß von Kundalini, der irgendwo im System blockiert ist und sich im Körper austobt. Menschen, die sich auf dem spirituellen Pfad befinden, können noch mehr Krankheiten bekommen, wenn sie nicht lernen, mit der zusätzlichen Energie, die in ihrem System ausgelöst wird, umzugehen. Eine Überlastung kann sich in Form von Problemen auf allen Gebieten des Lebens bemerkbar machen.

Andere Phänomene

Während oder nach einer Übung werden wahrscheinlich verschiedene Dinge passieren. Du kannst völlig bewußt auf eine Astralreise gehen oder Erinnerungen an Reisen haben, die du im Schlaf unternommen hast. Übersinnliche Begabungen können plötzlich auftreten oder sich verstärken. Sie können ebenso schnell wieder verschwinden, während andere Talente erscheinen. Während deine Reinigung sich vervollständigt, verstärken sich deine Fähigkeiten. Veränderungen des Sehens (das Sehen der Aura, Bilder und Lichterscheinungen) werden auftreten. Tatsächlich kann bisweilen die gesamte Umgebung die Form von Lichtflecken, geometrischen Formen, Flammen, leuchtenden Farben und Formen annehmen. Du kannst natürliche Geräusche wie das Rauschen eines Wasserfalls, Donner, Meeresbrandung, Bienensummen und Wind wahrnehmen. Oder es ertönen musikalische Klänge, die direkt aus dem Kosmos zu kommen scheinen, Glocken, Flöten, Geigen, Holzbläser, gigantische Orchester oder Chöre. Manchmal erklingt auch nur ein einfaches Summen.

Beobachte all diese Dinge und lerne aus ihnen, aber laß dich nicht von ihnen gefangennehmen. Denk daran, daß das Ziel darin besteht, die Kundalini zu erwecken und sie mit den göttlichen Energien zu verschmelzen, um das höchste Bewußtsein und die vollendete Aufmerksamkeit zu erzeugen.

Vorbereitung

Den Fluß zur Wirbelsäule bringen

Kundalini fühlt sich durchaus nicht immer heiß an, wenn sie die Wirbelsäule hinaufsteigt, besonders wenn nur kleine Mengen ausgelöst werden. Einige Schichten können in deinem System ein Frösteln erzeugen. Die äußeren Schichten haben nur wenig, die tiefsten hingegen sehr intensive Wärme. Die aufsteigende Kundalini kann sich wie ein Klumpen anfühlen, der nach oben kommt, oder sie macht sich einfach als Schmerz bemerkbar. Fahre während der Übungen immer fort, Energie nach oben zu bringen. (Denk sie dir aufsteigend oder visualisiere, wie sie nach oben steigt.) Achte auf Veränderungen, während sie aufsteigt. Es kann sich wie ein elektrischer Strom anfühlen oder wie ein Blitzschlag. Vielleicht merkst du auch überhaupt nichts. Wenn das der Fall ist, hör nicht auf. Wenn deine Aufmerksamkeit noch nicht entwickelt ist, ist es schwierig, überhaupt Veränderungen während der Aufwärtsbewegung wahrzunehmen. Normalerweise merkt man es erst hinterher in Form von Veränderungen im eigenen Wesen oder in den Einstellungen.

Wenn etwas geschieht, wodurch es notwendig wird, mitten in einer Übung abzubrechen, solltest du so bald wie möglich die Übung wieder aufnehmen. Wenn das nicht geht, nimm dir einen Moment Zeit, um die Energie im ganzen Körper zu verteilen. **Laß niemals die Energie in einem Körperteil stehen.** *Beende jede Kundalini-Auslösung, indem du die Kundalini mit der göttlichen Energie vereinigst und sie über den Körper zurückkrieseln läßt.*

Die Erweckung der Kundalini auf breiter Front

Manche Menschen erleben eine spontane Kundalini-Auslösung in einem großen Schwall anstatt in einem schmalen Strom, der die Wirbelsäule hinaufwandert. Eine solche Kundalini-Erweckung ist normalerweise breit genug, um über die Grenzen des Körpers hinauszugehen und nimmt oft die Form einer Röhre an. Eine solche breite Auslösung kann wesentlich leichter zu bewältigen sein als ein schmaler Strom, denn sie konzentriert sich nicht auf eine einzelne Gegend des Körpers. Wenn eine Kundalini-Erweckung mit großen Schmerzen verbunden ist, kannst du sie verteilen, indem du sie in die weite Röhre »hineindenkst«. Achte dabei darauf, sie über deinen Kopf hinausgehen zu lassen, um eine Verbindung mit der göttlichen Energie herzustellen, die dann über deinen Körper zurückströmen kann.

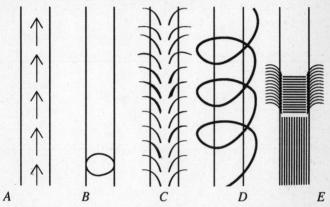

Die Kundalini kann sich auf verschiedene Weise die Wirbelsäule hinaufbewegen. Die folgenden fünf Bewegungsarten sind die häufigsten:

A — ideal ist es, wenn sie direkt die Wirbelsäule hinaufsteigt, manchmal geht das sehr schnell und manchmal ist es kaum merklich
B — manchmal fühlt es sich an wie ein Ei
C — die Energie strahlt bei der Aufwärtsbewegung nach allen Seiten ab
D — wenn der Hauptkanal nicht offen oder verstopft ist, kann sie sich kreisförmig bewegen
E — wenn die Energie auf eine starke Blockierung trifft, verteilt sie sich im Körper

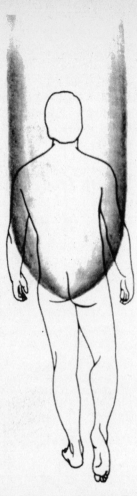

Die Kundalini-Auslösung auf breiter Front tritt manchmal völlig spontan auf. Sie kann als Druckventil dienen, wenn der Körper erschöpft oder blockiert ist. Es erfordert eine gute mentale Kontrolle, um sie in die richtigen Bahnen zu lenken.

Die Entspannung des Analbereichs

Es gibt Menschen, die die Auslösung der Kundalini behindern, indem sie ihre Analmuskulatur sehr anspannen. Wenn deine innere oder äußere Sicherheit gefährdet ist, wird der Analbereich, der sehr eng mit Gefühlen von Sicherheit in Zusammenhang steht, sich als erstes verspannen. Setz dich auf den Boden und stütz dich auf die Hände nach hinten ab. Hebe deine Pobacken hoch und laß sie wieder fallen. Tu dies drei oder vier Mal, dann leg dich hin und fühle, wie die ganze Gegend sich entspannt und erleichtert.

Methoden der Kundalini-Auslösung

»Misch- und Rieseltechnik«
(nach jeder Kundalini-Auslösung)

Laß die Kundalini sich mit der göttlichen Energie über dem Kopf vermischen und zurück über den Körper rieseln. (Siehe **Abbildung 4.**) Sobald die Energie in den Körper eintritt, visualisiere oder stell dir vor, wie sie alle Zellen des Körpers reinigt und verfeinert.

Elementare Kundalini-Auslösung

Leg dich mit dem Rücken auf den Boden, den Hals gerade (kein Kopfkissen). (Du kannst dich für diese Übung auch hinsetzen, aber unser »westlicher« Rücken ist normalerweise nicht stark genug, um während der ganzen Übung gerade zu sitzen. Wenn man sich hinlegt, braucht man sich über einen geraden Rücken keine Gedanken mehr zu machen.) Konzentriere dich auf die Gegend zwischen Anus und Genitalien (das Kundalini-Reservoir, wie in der **Abbildung** gezeigt). Spanne diese Gegend so stark wie möglich an und halte die Spannung fünf tiefe Atemzüge lang. Dann entspanne sie für fünf tiefe Atemzüge wieder. Wiederhole diesen Zyklus dreimal, dann spanne und entspanne die Gegend zehnmal hintereinander.

Visualisiere oder stell dir vor, wie die Kundalini am Ende

deiner Wirbelsäule in den Körper eintritt und aus dem Schädeldach als eine kleine Wolke eines grau-weißen energieartigen Rauches wieder hinauszieht. Beende die Übung mit der beschriebenen »Misch- und Rieselmethode«. Wenn du dir die Energie als kleine Rauchwolke vorstellst, verminderst du die Menge der ausgelösten Kundalini. Wenn du meinst, du hast noch nicht genug ausgelöst, kannst du den Teil der Übung, in dem die Erweckung stattfindet, noch mehrmals wiederholen. Die grau-weiße Farbe wird die Kraft etwas besänftigen und kann vom System leichter bewältigt werden. Später möchtest du vielleicht das rot-orange der wirklichen Kundalini-Farben visualisieren oder dir vorstellen, du verwandelst es in ein strahlendes Silber.

Die Schaukel-Auslösung

Während dieser Übung solltest du wieder Musik haben. Bauchtanz- oder afrikanische Musik sind besonders geeignet zur Auslösung evolutionärer (Kundalini-) Energie. Setz dich auf ein großes Kissen. Mach die folgenden Schaukelbewegungen, je nachdem, was für dich bequem ist:

  vorwärts und rückwärts

  seitwärts

  im Kreis

Visualisiere oder stell dir vor, wie die Kundalini in die Wirbelsäule eintritt, sich aufwärtsbewegt und aus dem Schädeldach wieder austritt. Vervollständige die Übung, indem du wie üblich die »Misch- und Rieselmethode« einsetzt.

Schaukel-Auslösung mit Partner. Geh wie oben beschrieben vor, aber setz dich Rücken an Rücken mit deinem Partner. Auch hier solltest du dicke Kissen verwenden. Eure Pobacken sollten sich berühren.

Auslösung durch die Nadis

Visualisiere Shuhsumna, Ida und Pingala (die drei Haupt-Nadis) als rein und sauber.

Visualisiere oder stell dir vor, wie das Prana durch Ida und Pingala zu seiner Quelle zurückläuft, die sich an den Enden der beiden Kanäle am unteren Teil des Steißbeins befindet, und dann in das Kundalini-Reservoir zwischen Anus und Genitalien. Halte das Prana dort und laß in deine Gedanken Stille einkehren. Nach einigen Augenblicken laß die Energie los.

Visualisiere oder stell dir das Prana in der Shushumna (Wirbelsäule) vor und laß es in das Reservoir fallen. Halte es dort für ein paar Minuten in Stille. Nach einigen Augenblicken laß die Energie los.

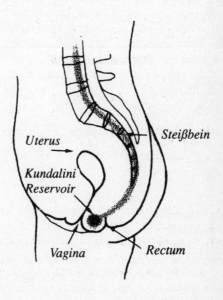

Ein abwechselndes Zusammenziehen und Loslassen des Kundalini-Reservoirs kann bei der Bewegung des Kundalini die Wirbelsäule hinauf helfen. Manche Frauen, die die Kundalini auf die falsche Weise ausgelöst haben, leiden unter schwerwiegenden menstrualen oder uterinen Problemen, die bis zur Hysterektomie führen können.

Atme tief ein, halte den Atem für einen Moment in der Herzgegend und visualisiere eine rote Flamme an der Stelle. Bewege den Atem und die rote Flamme zurück zur Wirbelsäule und hinab in das Reservoir. Visualisiere, wie der Atem und die Flamme die schlafende Kundalini entzünden. Halte den Atem so lange wie möglich und laß ihn dann los.

Spanne und entspanne abwechselnd das Kundalini-Reservoir und presse die Kundalini in das Ende deiner Wirbelsäule, in die Shushumna, die Wirbelsäule hinauf und aus dem Schädeldach hinaus. Beende die Übung mit der »Misch- und Rieselmethode«.

Als Variation visualisiere, wie die vereinigte Energie in die tausende Nadis geht, besonders aber zurück in die Ida und Pingala. Mach dir keine Gedanken, wo die Nadis im einzelnen sind. Sie sind überall im Körper. Wenn du die Energie mit deinen Gedanken in sie hineinsendest, wirst du sie leichter finden können. Als eine weitere Variation kannst du die beschriebenen vier Schritte ohne Unterbrechung nacheinander vollziehen und die Übung wie beschrieben fortführen.

Übung für das erste Bewußtsein (Unterbewußtsein)

Stell dir einen Punkt vor, der sich etwa drei Zentimeter hinter und drei Zentimeter unter deinem Nabel befindet. An dieser Stelle befinden sich die »Leydener Zellen«, das Zentrum des ersten Bewußtseins. (Es gibt auch im Gehirn eine Stelle, die sich auf das erste Bewußtsein bezieht, aber die Bauchgegend ist der wirkliche Standort dafür.)

Richte deine Aufmerksamkeit auf die Gegend, in der sich die Leydener Zellen befinden (siehe **Abbildung**). Atme dort hinein, fühle, wie die Energie sich ausdehnt und laß sie in das Kundalini-Reservoir hineinfallen. Wenn die Kundalini ausgelöst ist, laß sie durch eine zwölf Zentimeter dicke Hülse zwischen Kundalini-Reservoir und Kronen-Chakra, die du dir vorstellst, aufsteigen. Beende die Übung mit der »Misch- und Rieselmethode«. Als Variation dieser Übung laß die Energie sich weit kreisförmig ausdehnen und die Kundalini sich wie oben beschrieben weiträumig auslösen, anstatt die Auslösung auf die Röhre zu beschränken.

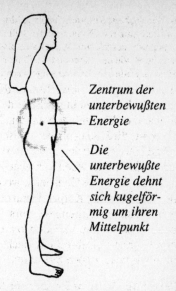

Die unterbewußte Energie dehnt sich kugelförmig um ihren Mittelpunkt herum aus.

Die »Dampfmaschinen«-Übung

Aus einer aufrechten Position beuge leicht die Knie, so daß dein Oberkörper leicht nach vorne geneigt ist. Lege die Hände in die Hüften und fang mit geschlossenem Mund an, zu schnauben und zu pusten wie eine Dampflokomotive, die mühsam ihre schwere Last den Berg hinaufzieht. Laß dabei deinen Solarplexus und deinen Bauch sich abwechselnd einziehen und dann entspannen. Visualisiere dabei, wie die Kundalini den Berg – deine Wirbelsäule – hinaufgezogen wird. Anfangs solltest du das nicht mehr als sechsmal machen und dann allmählich bis auf zwanzigmal steigern. Beende die Übung wie üblich mit der »Misch- und Rieselmethode«.

Als Variation kannst du die Energie zur Reinigung und Verfeinerung durch die Gehirne bewegen, bevor du sie durch das Kronen-Chakra hinausläßt. Vielleicht möchtest du dazu eine goldene Energie visualisieren. Eine andere Variation, die jedoch starke mentale Kontrolle der Energie erfordert, besteht darin, die sexuelle Energie in das Kundalini-Reservoir fallenzulassen, die Kombination die Wirbelsäule hinaufzubringen und durch das Kronen-Chakra hinauszulassen.

Maithuna

Im Tantra-Yoga gibt es ein kompliziertes Ritual zur Kundalini-Auslösung durch sexuelle Vereinigung, »Maithuna«, das umfangreiche Vorbereitungen und langwieriges Training erfordert. Die Absicht dieses Rituals ist es, die sexuellen Gefühle zu steigern, damit die Energie stark und intensiv genug werden kann, um die Kundalini zu erwecken.

In der Praxis des Maithuna ist kein sexueller Höhepunkt erlaubt. Stattdessen solltest du die Energie in Form von Kundalini oder spirituellen Erfahrungen sublimieren, auf diese Weise die Kundalini auslösen und ihr helfen, das Kronen-Chakra zu erreichen, um dort eine spirituelle Erweckung herbeizuführen. Um die Energie die Wirbelsäule hinauf zu »zwingen«, ist viel Beherrschung und Abstinenz von sexuellen Höhepunkten erforderlich.

Es ist möglich, diese Übung auch ohne ausführliche Vorbereitung und ohne Training der klassischen Maithuna-Methode zu machen. Hierbei gilt jedoch ebenso wie bei allen anderen Kundalini-Erweckungen, daß du dein System zuvor vorbereiten und reinigen mußt.

Westliche Menschen finden es in der Regel angebrachter, eine sexuelle Vereinigung mit einem Höhepunkt zu beenden, damit die untere Bauchgegend nicht zu stark mit Energie verstopft wird. Das kann sehr leicht der Fall sein, wenn es eine Steigerung des sexuellen Erlebens ohne adäquate Energielösung gibt.

Als erstes solltest du mit deinem Partner, der gewillt ist, die Übung mit dir zu machen, die notwendigen Vorbereitungen und Rituale besprechen. Denk dir die Rituale selbst aus. Vergiß nicht Kerzen, Räucherwerk, Musik oder was immer dir angebracht erscheint. Plane den Ort und die Zeit, damit du sicher sein kannst, daß ihr nicht gestört werdet. Massage, Meditation über die

Kundalini-Erweckung oder Atemübungen können Teil der Vorbereitung sein. Es kann sowohl vor der Maithuna-Vereinigung wie danach ein Liebesspiel geben. Die übliche Position (auch andere sind möglich) ist, daß der Mann sich mit ausgestreckten Beinen hinsetzt. Die Frau setzt sich dann auf ihn, mit dem Gesicht ihm zugewandt. Beide umfangen sich gegenseitig mit den Beinen. Bewegung wird nur eingesetzt, um die Empfindungen zu steigern und die Leidenschaft zu erhöhen, während der Höhepunkt zurückgehalten wird. Wenn beide Partner höchst sexuell erregt sind, lassen sie die Energie in das Kundalini-Reservoir am Ende der Wirbelsäule hinabfallen. Dann konzentrieren sie ihre Aufmerksamkeit auf das Kundalini-Reservoir und massieren sanft gegenseitig ihre Wirbelsäule und ihr Kronen-Chakra. In enger Umarmung, die Wirbelsäule gerade aufgerichtet und die Köpfe erhoben, richten sie ihre Aufmerksamkeit auf einen Punkt etwa zehn Zentimeter über ihre Köpfen. Die Gedanken sollten dabei schweigen, und alle Sinneswahrnehmungen aufs äußerste geschärft sein. Beide bewegen anschließend die Energie ihre Wirbelsäule hinauf und durch das Kronen-Chakra. Die Übung wird abgeschlossen mit der »Misch- und Rieseltechnik«.

Nach Beendigung der Übung legen sich beide Partner nebeneinander auf den Boden und berühren sich mit den Händen. Sie sollten mindesten zwanzig Minuten in offener Meditation verharren, um Eingebungen und Einsichten in sich aufzunehmen. Anschließend sollten sich beide Partner über das Erlebte austauschen. Falls ein Höhepunkt erwünscht ist, kann dieser vor oder nach der Meditation stattfinden.

Und anschließend unter die Dusche!

Das spirituelle Licht

Visualisiere oder stell dir vor, wie eine Kugel aus weißem Licht von etwa sechzig Zentimetern Durchmesser ruhig über deinem Kopf schwebt. Bringe sie langsam in deinen Kopf herab, was ganz generell eine belebende und förderliche Wirkung auf ihn hat, besonders jedoch auf die Zirbeldrüse. Bring die Lichtkugel nach ein paar Minuten langsam herunter durch deinen Körper, wobei sich die Mitte der Kugel die Wirbelsäule entlang bewegt. Führe sie bis hinunter in das Kundalini-Reservoir und fühle die Vereinigung der spirituellen und der Kundalini-Energie. Bewege die Kombination beider Energien zum Steißbein, die Wirbelsäule hinauf und aus dem Kronen-Chakra wieder hinaus. Weil sich die Energien bereits vermischt haben, kannst du die Übung einfach mit dem Herabrieseln auf den Körper beenden.

»Kerzenlicht«

Eine normal fließende Kundalini ähnelt einer Kerzenflamme, gleichmäßig fließend und zart. Wenn große Mengen von Energie ausgelöst werden, ist es, als ob der Wind die Flamme länger und größer machen würde. Visualisiere oder stell dir das Kundalini-Reservoir als eine Kerze vor. Laß Gefühle göttlicher Liebe die Kerze entzünden. Beobachte die Flamme, wie sie die Wirbelsäule hinaufsteigt und zum Kronen-Chakra hinausgeht. Beende die Übung mit der »Misch- und Rieselmethode«. Als Variation kannst du dir das Rieseln der Energie als Lichtfunken vorstellen (siehe **Abbildung 5**), oder du fühlst nach dem Rieseln die Kundalini in deinem System als eine langsam brennende Kerze.

Warnungen

Versuch nicht, alle diese Übungen auf einmal durchzuführen. Die Energie, die dadurch ausgelöst würde, wäre entschieden zu stark.

Warte mindestens eine Woche, bevor du die nächste Übung beginnst, um die Energien, die ausgelöst wurden, zu assimilieren und nutzbar zu machen.

Wenn du merkst, daß du zu stark aufgedreht bist oder nicht mehr mit alltäglichen Dingen zurechtkommst, solltest du warten, bis du dich fähig fühlst, zusätzlich Energie zu verarbeiten.

Wenn die Kundalini in der Wirbelsäule steckenbleibt, leg dich auf den Boden und halte einen Kristall über deinen Kopf, der vom Kopf weg zeigt. Die Kraft in dem Kristall wird dir helfen, die Energie von dir wegzubewegen. Ein Kristall mit zwei oder mehr Enden ist am besten.

Gib dein Bestes

Um die neue Energie am besten zu nutzen, solltest du täglich etwas Zeit mit spirituellen Gedanken, positiven Affirmationen oder dem Lesen spiritueller Texte verbringen. Besonders, wenn dir solche Praktiken etwas fremd sind, brauchst du sie am meisten. Während der Zeiten der Kundalini-Reinigung und Auslösung ist es auch eine ausgezeichnete Idee, sich über neue Möglichkeiten im Leben Gedanken zu machen, denn die Kundalini bringt neue Fähigkeiten und Begabungen mit sich. Übe dich im Gebrauch deiner neuen Talente. Es ist ein neues Leben, gesegnet durch die Vereinigung von Shiva und Shakti. Mach das Beste draus!

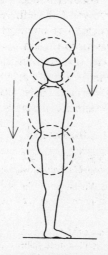

Visualisiere oder stell dir eine Lichtkugel vor, die von oben durch den Kopf in den Körper eintritt. Führe die Kugel in das Kundalini-Reservoir, um dort Kundalini auszulösen. Führe die Kombination der Energien wieder nach oben und zum Kopf aus dem Körper hinaus.

16.
Attribute der Erleuchtung

Erleuchtung: Von Licht erfüllt sein, das Licht verstehen, das Licht kennen, aus dem Licht leben, das Licht in allem haben, was man weiß, das Licht ausstrahlen.

Im Zustand der Erleuchtung sind alle Sinne so sehr geschärft, daß sie überhaupt nicht mit unseren gewöhnlichen Sinneswahrnehmungen verglichen werden könne. Bäume, Blumen und Steine können dir strahlend und wie mit Samt überzogen vorkommen. Du wirst ihre Energie sehen, ihre Präsenz spüren und fühlen, wie sie dich wahrnehmen. Du wirst merken, daß du eine sehr tiefe Verbindung mit ihnen hast.

Du wirst in der Lage sein, die leuchtenden, höheren Energien bei anderen Menschen zu sehen, selbst wenn die dunkleren menschlichen Energien in ihrem Kraftfeld überwiegen.

Du wirst in der Lage sein, deine Perspektive zu verändern, in andere Dimensionen zu sehen und mit den Wesen, die dort leben, zu sprechen.

Du wirst in der Lage sein zu sehen, wie Energien sich manifestieren und wissen, was aus ihnen wird. Du wirst gleichzeitig verschiedene Energiefrequenzen in ihren unterschiedlichen Formen wahrnehmen können.

Du wirst die Gesetze des Kosmos verstehen und wissen, wie du innerhalb ihres Rahmens arbeiten kannst. Du wirst die unterschiedlichen Religionen verstehen und wissen, wie sie die kosmischen Gesetze interpretiert haben. Du wirst über Religion und Philosophie hinausgehende Einsichten auf allen Ebenen der Wahrheit bekommen.

Du wirst von ständiger Freude erfüllt sein. (Trotzdem kannst du in bestimmten Situationen Trauer und Schmerz empfinden.)

Du wirst geniale Fähigkeiten und großartige künstlerische und schöpferische Talente entwickeln.

Du wirst ein tiefes Gefühl der Einheit mit allen Menschen, mit Tieren und der ganzen Natur sowie ein tiefes Gefühl für die Verbundenheit mit Schöpfer und Kosmos haben.

Du wirst über große Kräfte verfügen und genau wissen, wie man mit ihnen umgeht. Einige der Kräfte sind: in der Luft oder auf dem Wasser gehen, Levitation, die Fähigkeit, in der Menge unsichtbar zu werden, die Fähigkeit, genug Körperwärme zu entwickeln, um den Schnee um sich herum schmelzen zu lassen, die Beherrschung der Umwelt, Heilkräfte, Zungenreden, Teufelsaustreibung, Unempfindlichkeit für Gifte, weises und inspiriertes Reden, erhöhte Sinneswahrnehmungen, Hellsichtigkeit, übersinnliche Hör- und Empfindungsfähigkeit, Bewußtsein für vergangene, gegenwärtige und zukünftige Ereignisse und – die größte aller Kräfte – Liebe, alles verzehrende, alles vergebende, bedingungslose Liebe.

Während du dich durch den Kundalini-Prozeß auf die Erleuchtung zu bewegst, werden einige dieser Begabungen kommen und gehen. Die Menge der Fähigkeiten, die du hast, wird von der Menge der Kundalini abhängig sein, die zur jeweiligen Zeit im Fluß und nutzbar ist. Laß dich von den Fähigkeiten und Kräften nicht ablenken. Sie werden ganz von selbst kommen, während du dich auf die Erleuchtung (in christlicher Terminologie auf »das Himmelreich«) konzentrierst. Wenn du dich auf die Kräfte selbst konzentrierst, kannst du hingegen den Prozeß noch verlangsamen.

Die Schriften Gopi Krishnas können dein Verständnis dieses Prozesses, wie er sich im Zeitalter des Wassermanns darstellt, vertiefen. Die alten Texte können dir wichtige Hintergrundinformationen und eine Basis des Verstehens liefern.

Die Samadhi-Übung

Die folgenden Übungen basieren auf »Samadhi«, einem Sanskritwort, das soviel wie »Ebenmaß« oder »vollkommenes Gleichgewicht« bedeutet. Samadhi beschreibt einen kontemplativen, beinahe tranceartigen Zustand, der bei der Entwicklung höherer Attribute des Bewußtseins behilflich ist.

Unteres Samadhi. Das untere Samadhi hat sieben Attribute. Der Gebrauch von Farben kann den Zugang dieser Ebenen ermöglichen. Am besten sind die hellsten Pastellfarben, die vor einem transparenten, hellen Hintergrund schillern.

Leg dich hin und tritt in einen kontemplativen Zustand ein. Werde eins mit dem Gegenstand deiner Kontemplation. Wegen

251

der Macht dieser Übungen ist eine Übungszeit von drei bis fünf Minuten die obere Grenze.

Lavendel/Heilenergie, geistige Wärme. Fühle, wie du von dem leichtesten Lavendelton erfüllt wirst, der auf einem transparenten hellen Hintergrund schimmert. Meditiere über seine Attribute. Setz dann die Energie der Farbe in Gedanken in geistige Wärme (Tumo) um. Fühle, wie du dich mit deinem wahren Wesen anfreundest und mit ihm verschmilzt. Mach das nacheinander mit allen Farben, wobei du über die entsprechenden Attribute meditierst.

Lichtblau/Seligkeit, Hingabe: Laß dich vollständig davon einhüllen.

Hellgrün/Erfahrung, Wissen: Was erfährst du? Was weißt du?

Hellgelb/kosmisches Bewußtsein: Welche geistigen Wahrnehmungen hattest du?

Honigmelone/Kraft: Fühle die friedliche Ruhe der Kraft.

Rosé/alles verzehrende, alles durchdringende Liebe: Laß dich von ihr verschlingen.

Hellviolett (eine Variation von Rosé)/Kreativität: Fühle, wie die Dinge sich allmählich verändern.

Strahlendes Licht/Einheit mit Allem: Laß dich von ihr verschlingen.

Variation des unteren Samadhi. Stell dir nacheinander alle Farben und ihre Attribute vor. Bring die Pastelltöne in ihren entsprechenden Kristall-Ton, die aktive Schattierung. Meditiere, auf welche Weise du die Attribute der einzelnen Farben gern ausagieren, verwirklichen würdest.

Lavendel/zu Amethyst

Blau/zu Saphir

Grün/zu Smaragd

Gelb/zu gelbem Citrin

Orange/zu orange Karneol

Rosa/zu Rubin

Violett/zu violettem Turmalin

Klares Licht/zu Diamant

Höheres Samadhi. Im höheren Samadhi ist höchste Glückseligkeit und Hingabe. Wenn man in diesem Zustand ist, existiert nichts mehr. Es ist ein Gefühl unmanifestierter Energie oder Leere. Erfülle dich vollständig mit Glück oder Hingabe (je nachdem, welcher Begriff für dich zutreffender ist). Atme hinein, laß dich treiben, tauche ganz ein.

Wenn du nicht viel Zeit hast, mit den Energien, die durch diese Übung ausgelöst werden, umzugehen, solltest du die Übung mit nur einer Farbe täglich machen.

Alle Sinne führen zu Gott. Lerne, Gott (das Allerhöchste) in deinen Sinnen zu finden – in deinem Geruchssinn, deinem Gehör, deinem Geschmack und in deinem Augenlicht. Zum Beispiel solltest du an einer Rose riechen (oder es dir vorstellen), bis du eine höhere Ebene der Einheit mit der Rose und mit Gott erreicht hast.

Das allerhöchste Streben des Menschen geht nach der Erleuchtung. Jedesmal, wenn du etwas anstrebst, meditiere darüber, wie es dich der Erleuchtung näherbringen kann. Ist es ein Symbol für ein tieferes Bedürfnis?

Während du dich entwickelst, werden dir spontan Übungen einfallen. Nimm dir die Zeit und probiere sie aus. Schreib auf, worin die Übungen bestehen und was sich aus ihnen entwickelt hat. Je höher du auf der Stufenleiter der Evolution voranschreitest, desto mehr wirst du dir darüber bewußt werden, was du brauchst, um von innerhalb deines Systems zu arbeiten.

17.
Der Heilige Geist und Kundalini

Bis vor wenigen Jahren wußte man im westlichen Kulturkreis nur wenig über die Kundalini. Viele Menschen der westlichen Zivilisation hielten diesen Begriff für ein ausschließlich östliches religiöses Konzept. Die Kundalini-Energie ist jedoch universaler Natur. Sie ist schon immer im Menschen aktiv gewesen, gleich ob sie den Prozeß aktiv durchschauen oder nicht. Christliche Mystiker beschreiben in ihren Schriften Erlebnisse, die den Wirkungen der Kundalini verblüffend ähnlich sind. Sie schreiben diese Phänomene dem Wirken des Heiligen Geistes zu. In gewissem Sinne hatten sie damit Recht, denn der Heilige Geist kann in der Tat die Kundalini-Energie auslösen.

Zwischen der Kundalini-Energie und der Energie des Heiligen Geistes gibt es jedoch große Unterschiede. Kundalini ist eine evolutionäre Energie und gehört zur Erde. Jeder Mensch hat einen gewissen Fluß von Kundalini, der mentales Wissen und Kraft bringt. Die Energie des Heiligen Geistes auf der anderen Seite ist eine göttliche Energie. Gott führt uns durch sie zur Entwicklung von Liebe und Weisheit. Das höchste Ziel der Kundalini ist die Erleuchtung. Das höchste Ziel eines Christen ist es, eins mit Gott zu werden oder sich von ihm erfüllen zu lassen. Dabei spielt es keine Rolle, wie wir es nennen, Gott oder Christus, das Ziel bleibt das gleiche.

Manche Menschen wählen einen Weg, der hauptsächlich über den Glauben und die Hingabe führt, andere wählen den Weg des Wissens und der praktischen Übung. Wir können unterscheiden zwischen der Kundalini, die zum Verstand, und dem Heiligen Geist, der zum Herzen Gottes gehört.

Das interessanteste Ergebnis der fortgeschrittenen Stufen jedes Weges, unabhängig davon, um welchen Weg es sich dabei handelt, ist die Tatsache, daß sich die Entwicklung auf den höheren Stadien bei verschiedenen Menschen immer ähnlicher wird. Ein Mensch, der sich auf den Weg des Verstandes konzentriert, wird, wenn er sich auf die Einheit zubewegt, immer mehr Liebe, Herzensweisheit und Mitgefühl entwickeln, während jemand, der sich auf den Pfad der Liebe begeben hat, immer mehr Wissen durch geistige Erkenntnis und Herrschaft über seinen Entwicklungsprozeß bekommen wird. Letztlich sind wir alle gefordert, beide Seiten zu entwickeln.

Viele haben in den östlichen Religionen nach Erleuchtung hauptsächlich durch theoretisches Verständnis der Kraft der Kundalini gesucht. Sie wollten wissen, wie sie funktioniert, wie man sie erweckt und welche Funktion sie innerhalb der menschlichen Entwicklung hat. Es existiert ein umfangreiches Wissen darüber, wenngleich es größtenteils hinter einer symbolhaften Sprache verborgen ist. Yogis, die die fortgeschrittenen Stadien der Kundalini-Erweckung und -Entwicklung erreicht haben, verfügen über erstaunliche paranormale Fähigkeiten, die sogenannten »Siddhis«. Sie haben gelernt, Energien umzuwandeln und sie zur Erreichung bestimmter Absichten einzusetzen. Christliche Mystiker auf der anderen Seite besaßen wahrscheinlich nur ein geringes Wissen um diesen Prozeß, erhielten aber durch das Wirken des Heiligen Geistes die Erleuchtung. Diese Mystiker sind imstande, paranormale Dinge, »Wunder«, zu bewirken. Der Glaube an Gott ersetzt das Wissen darum, *wie* die Wunder vonstatten gehen. Sowohl Mystiker als auch Yogis hatten auf Grund ihrer Ziele im Leben viel zu ertragen und zu erleiden. Absolute Hingabe und die Bereitwilligkeit, zu tun, was getan werden muß, scheint für beide charakteristisch zu sein.

Modernen Suchenden steht eine breite Palette verschiedener Wege zur Verfügung: Christentum, Buddhismus, Hinduismus, Judentum, Naturreligionen, Rosenkreuzertum, Sufismus und nicht zuletzt die Religion des alten Ägypten. Dabei muß man nicht einmal seinen eigenen Glauben aufgeben. Tatsächlich kann das Studium anderer Religionen manchmal zu einem besseren Verständnis der eigenen Religion führen.

Wenn die traditionellen Religionen mit dem immer tiefergehenden spirituellen Interesse der Menschheit schritthalten wollen, scheint die Zeit jedoch reif für eine Erneuerung innerhalb der Systeme. Es gibt ein stetig wachsendes Bedürfnis nach dem Weg der Mystik und Erkenntnis der göttlichen Mysterien, das durch die gegenwärtigen Programme unserer Kirchen nicht vollständig befriedigt wird. Oft haben die Regeln, Vorschriften und althergebrachten Ansichten der Kirchen für den einzelnen, der sich danach sehnt, die Liebe und Gegenwart Gottes im Leben zu fühlen, etwas Erstickendes. Das Bedürfnis, sowohl spirituell zu sein, aber menschlich zu bleiben – das Bewußtsein sowohl für unseren Geist auch auch für unser ganzes menschliches Potential zu öffnen – ist die Motivation für die Verschmelzung der verschiedenen Wege.

Es ist an der Zeit, daß die spirituell Suchenden der heutigen Zeit das Bedürfnis nach Entwicklung sowohl auf der spirituellen als auch auf der menschlichen Ebene ernst nehmen. Sie müssen eine gemeinsame Basis finden, die zu einem Verstehen des Prozesses und letztendlich zur Erleuchtung führt. Wir müssen eine völlig neue Sprache entwickeln. Die mystische Sprache aller Wege enthält eine tiefgreifende Symbolik, die in ihrer ganzen Tiefe nur von Menschen verstanden werden kann, die entsprechende Erfahrungen gemacht haben. Ein neues Vokabular führt zu einem neuen Verständnis, das uns die Bedeutung der alten Wahrheiten erschließen hilft.

Ein Beispiel für ein typisches Sprachproblem ist der Gebrauch des Wortes »Sünde«. Viele Menschen verstehen nicht, was eine »Sünde« in ihrem Leben wirklich bedeutet. Was für eine Generation sündhaft erscheint, ist es für die nachfolgende vielleicht überhaupt nicht. Der Grad der Sündhaftigkeit wandelt sich. Manchmal bezieht sich Sünde ausschließlich auf Taten, die im Verborgenen getan werden, manchmal auf jeden unfrommen Gedanken. Eine weitere Quelle der Verwirrung ist, wenn eine religiöse Gruppe ihre Doktrin ändert und etwas für erlaubt erklärt, was sie vorher für sündig hielt. Dann erhebt sich nämlich die Frage: War das eine Sünde gegen Gott oder gegen die Kirche? Hat nur die Kirche es sich plötzlich anders überlegt oder Gott selbst? Solche Fragen haben dazu geführt, daß gläubige Menschen allen Ernstes die gesamte Lehre ihrer Religion in Frage gestellt haben. Sie fragen sich, ob sich ihr spirituelles Wachstum zwischen ihnen und Gott oder zwischen ihnen und einem bestimmten Glauben und einer Lehre abspielt. Diese Fragen haben etwas zutiefst Beunruhigendes. Viele aufrechte Menschen haben daraufhin die organisierten, traditionellen Religionen verlassen, auf der Suche nach einem größeren persönlichen Verständnis ihrer Verbindung mit dem göttlichen Ursprung.

Eine Möglichkeit, die Verwirrung zu beseitigen, besteht darin, den Begriff »Sünde« durch den Gebrauch des Wortes »Karma« näher zu definieren. Karma heißt im Sanskrit: »Auf jede Aktion folgt eine Reaktion«. Die Menschen beginnen zu verstehen, daß über *alles* im Leben Rechenschaft abgelegt werden muß, nicht nur über bestimmte Handlungen, die man »Sünde« nennt. Sie sehen, daß Christus und andere hohe spirituelle Meister in der Lage sind, alles »negative« oder unangebrachte Verhalten in gute und positive Energie zu verwandeln. Wir bedürfen in unserem Wachstum beider Ebenen, der spirituellen *und* der mentalen, dem Heiligen Geist und der Kundalini. Wir können unser Wachstum beschleunigen und die Zeit verkürzen, die wir brauchen, um die Erleuchtung und die totale christusähnliche Liebe zu erlangen, indem wir beide Wege zusammenführen. Zum erstenmal in der Geschichte steht dem spirituellen Sucher das Wissen vieler verschiedener Wege zur Verfügung.

18.
Kundalini und die Zukunft

Werte

Einer der größten Werte der Vereinigung von Kundalini und spirituellen Energien – Shakti und Shiva, weiblich und männlich – besteht in einem gesteigerten kosmischen Bewußtsein. Sie führt den Menschen aus seinem engen individuellen Leben, das heutzutage in der Gesellschaft die Norm ist, hinaus. Ein Mensch, der von Kundalini gereinigt und dessen Energien verfeinert sind, hat viel weniger das Bedürfnis, sein Leben unnötig zu verkomplizieren, und verspürt den natürlichen Drang zu einem einfachen, klaren Leben. Das Ergebnis ist ein reiches, zufriedenes, persönliches und inneres Leben und weniger Abhängigkeit von materiellen und sozialen Strukturen. Der Mensch ist dann nicht so sehr daran interessiert, alles an sich zu reißen, was er kriegen kann, sondern vielmehr daran, anderen Kraft zu geben und die eigene Macht zu teilen.

In der Vergangenheit zogen die meisten Erleuchteten es vor, sich aus der Welt zurückzuziehen. Die Spielchen des Lebens hatten für sie keine Bedeutung mehr. Die Energien des Wassermann-Zeitalters haben jedoch nun erleuchteten Menschen geholfen, eine aktivere Rolle in der Führung der Menschheit einzunehmen, sei es in Regierung, Erziehung, Heilkunde oder anderen Gebieten, die dem Fortschritt der menschlichen Entwicklung dienen. Auf dem Gebiet der Spiritualität wird es immer der Führung durch erleuchtete Menschen bedürfen. Die Erlösung der Menschheit hängt davon ab, ob das ganze Leben mit spirituellem und kosmischem Bewußtsein erfüllt werden kann. Wenn wir das Leben und sein feines inneres Gleichgewicht auf einer kosmischen Ebene verstehen würden, gäbe es keine Umweltverschmutzung und keinerlei destruktive Aktivitäten mehr. Unsere Luft, unser Wasser und unsere Erde wären sauber.

Die Notwendigkeit einer angemessenen Erziehung

Die Erweckung der Kundalini ist kein billiger Trick. Sie ist weder die neueste Mode, noch etwas, das sich nur etwas schrullige Typen in abseitigen Kommunen zu Gemüte führen. Sie sollte vielmehr von allen Menschen erforscht und studiert werden, damit der optimale Gebrauch der Kundalini-Energie und ihre Erweckung von allen verstanden wird und für alle offen ist. Es ist unerläßlich, daß die Menschen sich mit dieser Kraft vertraut machen. Gleichzeitig ist es nötig, daß sich Spezialisten finden, die sich in professioneller Kundalini-Therapie ausbilden lassen. Bereits heute gibt es dafür ein großes Bedürfnis. Heutige Therapieformen gehen nur allzu oft auf die Wirkungen des Problems ein, statt auf die Ursachen. Fehlgeleiteter Energiefluß ist die Ursache vieler emotionaler und mentaler Probleme. Neurotisches oder psychotisches Verhalten ist die Wirkung. Wenn Menschen lernen könnten, gangbarere Energieabläufe und -flüsse zu entwickeln, könnten sie vermeiden, immer wieder in emotionalen und mentalen Konflikten gefangen zu werden.

Unseren Kindern wird in der Schule im Sportunterricht eine körperliche Erziehung zuteil. Regelmäßige Untersuchungen sind Pflicht, und psychologische Beratung steht, wenn die Notwendigkeit besteht, zur Verfügung. Der Kundalini-Ansatz hat jedoch mehr mit einem umfassenden Training und einer Erziehung fürs Leben zu tun. Kundalini-Untersuchungen könnten ein wertvoller Bestandteil des Erziehungsprogramms für Kinder sein. Spezialisten, die kompetent beurteilen können, wo die Kundalini bei einem Menschen blockiert oder konzentriert ist, könnten kriminelle Neigungen, potentielle sexuelle Fehlleistungen und andere ungesunde Entwicklungen frühzeitig erkennen und rechtzeitig eine Therapie einleiten.

Kundalini-Tests könnten gleichzeitig feststellen, auf welchen Gebieten ein Kind überdurchschnittliche Begabungen entwickeln kann oder wo es zurückgeblieben scheint, aber in Wirklichkeit nur durch blockierte Energien zurückgehalten wird. Regelmäßige

Untersuchungen oder Tests könnten bestimmen, ob ein Kind, was die Richtung und den Fluß anbelangt, von seinen Energien richtigen Gebrauch macht.

Soweit kann man nur Spekulationen darüber anstellen, welche Möglichkeiten Kundalini-Tests und -Therapien für Entwicklung und Wachstum unserer Kinder eröffnen würden. Die Möglichkeiten scheinen jedoch unbegrenzt. Methoden müßten entwickelt werden, und die Menschen müßten im Gebrauch dieser Methoden unterwiesen werden. Wahrscheinlich wird eine solche umfassende Kundalini-Therapie zuerst in speziellen Privatschulen oder in der Privatpraxis von Ärzten zugänglich. Viele Kriminelle, die ansonsten einen ausgeglichenen Eindruck machten, haben berichtet, daß sie nicht wissen, was zum Zeitpunkt ihres Verbrechens mit ihnen geschehen ist. Energie war zu lange konzentriert oder blockiert und ist schließlich explodiert, genauso wie ein Dampfdrucktopf explodieren würde, wenn es kein Überdruckventil gäbe. Wenn diese Energie außer Kontrolle gerät, kann sie überhandnehmen. Sie kann jedes beliebige Gefühl und jeden Gedanken gewaltig vergrößern und letztlich sogar dazu führen, daß ein Mensch seinen Verstand verliert. Es gibt Menschen mit chronischen mentalen Problemen, die von einem fehlgeleiteten Kundalini-Fluß herrühren. Solche Menschen könnten durch eine Kundalini-Therapie, die ihnen ein qualifizierter Kundalini-Therapeutiker angedeihen läßt, geheilt werden.

Rückzug oder Beteiligung?

In Indien und anderen Ländern ist es üblich, daß Menschen, die an einer Entwicklung der Kundalini interessiert sind, ihr Leben einschließlich ihrer Familie, ihren Freunden und ihrer Arbeit verlassen und in einen Ashram oder Tempel eintreten. Sie ziehen sich aus dem Leben, so wie sie es kennen, zurück und beginnen ein neues Leben, in dem die Atmosphäre dem Wachstum zuträglich ist. Dabei sind sie mit Menschen zusammen, die ähnliche Ziele verfolgen und sie führen können. Im Wassermann-Zeitalter liegen die Dinge jedoch anders. Nur wenige Menschen können es sich leisten, zum Studium der Welt den Rücken zu kehren, wenn sie das Bedürfnis danach haben. Wenn jemand für eine Zeitlang ins Kloster oder in die Abgeschiedenheit gehen will, möchte er vielleicht seine Familie lieber nicht mitnehmen, um ihnen die Härten, die ein solches Leben mit sich bringt, zu ersparen. Wir leben in einer historischen Phase, in der die Menschen in den meisten Fällen mit ihrem alltäglichen Leben als Teil der Gesellschaft weitermachen, aber gleichzeitig an ihrem inneren Wachstum arbeiten. In gewisser Weise ist das viel schwieriger, aber auch lohnender, denn Wachstum und Entwicklung können Bestandteil der Gesamtheit des Lebens werden. Es wird jedoch immer Menschen geben, die es sich leisten können, die Gesellschaft zu verlassen, um an ihrer Entwicklung zu arbeiten. Ein Wiedereintritt in die Gesellschaft ist dann jedoch nicht unbedingt leicht für sie. Es ist möglich, daß sie mit der Gesellschaft, so wie sie sie kennen, einen totalen Bruch vollziehen.

Es wird immer mehr Zentren und Stätten der Einkehr geben, die Menschen zur Verfügung stehen, welche für kurze Zeiträume Kundalini-Therapie und -Erziehung in Anspruch nehmen wollen. Dies wird ein Teil einer neuen Wachstumsbewegung sein, die bereits ein wichtiger Bestandteil unserer Kultur geworden ist.

Unabhängig davon, auf welche Weise du mit deiner Kundalini-Energie arbeiten willst, mußt du immer daran denken, daß die Verantwortung für deine Arbeit immer bei dir selbst liegt. Du kannst sie niemals an einen Guru oder einen Führer abgeben. Es ist klug, von anderen zu lernen, aber töricht, die Verantwortung für sich selbst an andere abzugeben.

Wir sind nicht allein

Der überwiegende Teil der positiven Wirkungen, die eine Kundalini-Arbeit, so wie sie in diesem Buch vorgestellt wurde, hat, bezieht sich auf den einzelnen Menschen. Der Einzelne ist jedoch nicht der alleinige Nutznießer. Die Gesellschaft und die Welt ziehen aus dem Wachstum jedes einzelnen einen Nutzen, gleich wie klein oder groß es ausgefallen ist. Wenn ein Mensch innerlich wächst, tun dies auch die anderen. Wenn er sein Wachstum blockiert, werden auch die anderen gehemmt. Wenn genügend Dreckklumpen in einen Kübel Wasser geworfen werden, wird er irgendwann einmal völlig verschlammt sein. Dasselbe gilt für Negativität. Je mehr Negativität ins Leben gebracht wird, ganz gleich aus welcher Quelle, desto trüber wird das Leben. Aber je mehr Erleuchtung in der Welt erscheint, desto klarer werden wir sehen und so unsere eigene Erleuchtung vorantreiben.

Niemand ist mit seinem Wachstum allein. Noch ist die Welt allein. Was unserem Planeten Erde geschieht, bewirkt, daß die Energie anderer Elemente der Schöpfung sich im Kosmos hinein ausbreitet.

Die Menschen reden vom Frieden, ohne wirklich zu verstehen, was das bedeuten kann. Es ist nicht bloß die Abwesenheit von Krieg oder Streitereien. In Wahrheit ist Frieden ein Zustand, der der Energie des Schöpfers erlaubt, durch jeden von uns zu fließen und totale Harmonie und Freude zu bewirken. Es ist möglich, selbst mitten im Krieg, in Auseinandersetzungen und anderen Tragödien des Lebens inneren Frieden zu haben. Je mehr die Menschen inneren Frieden haben, desto harmonischer werden sie ihre Streitigkeiten austragen können. Innerer Friede ist eines der Geschenke, die wir durch die Vereinigung der Energien erhalten.

Schlußbemerkung

Die Auslösung von Kundalini kann nicht mehr länger als Nebensächlichkeit abgetan werden. Die Energien des Wassermann-Zeitalters haben bewirkt, daß in fast allen Menschen zu einem gewissen Grade diese Energie zum Fließen gekommen ist und in ihnen die Suche nach der spirituellen Seite des Lebens in Gang gesetzt hat. Die Menschen finden immer mehr zu einer »holistischen« oder ganzheitlichen Sicht des Lebens. Je mehr jeder von uns diese gewaltige Energie und ihre Wirkungen auf den einzelnen wie auch auf das Leben des Planeten als Ganzes versteht, desto leichter und schneller werden wir alle die Früchte dieser Veränderungen ernten können.

Ausgewähltes Wörterverzeichnis

Atman
höheres Selbst

Brahman
Erweiterung, Evolution, das Absolute, der Schöpfer, der
Erhalter und Zerstörer des Universums

Chakra
(Skrt.) »Das Rad«, Energiestrudel im ätherischen Körper

Ida
einer der drei Haupt-Nadis, weiblicher Pol

Karma
(Skrt.) »Reaktion folgt auf Aktion«, was du abgibst, erhältst du
zurück

Kontemplation, meditativer Zustand
Zustand, in dem du mit dem Gegenstand deiner Betrachtung
eins wirst

Kundalini
(Skrt.) »Kreisförmige Kraft«, die grundlegende evolutionäre
Kraft des Menschen. Die schlafenden angeborenen göttlichen
Kräfte jedes einzelnen, personifiziert durch die schlafende
Gottheit Kundalini

Kundalini-Reservoir
Ort, an dem die schlafende Kundalini aufgerollt auf ihr Erwachen wartet, an der Basis der Wirbelsäule

Maithuna
Ritual zur Freisetzung der Kundalini durch sexuelle Vereinigung (aus dem Tantra-Yoga)

Mantra
(Skrt.) »Heiliger Rat«, »Heilige Formel«, Gedankenform,
mystische Formel zur Invokation

Nadi
wo die Nerven dem physischen Körper seine Energie verleihen, geben die Nadis der höheren mentalen und spirituellen
Ebene ihre Energie

Pingala
einer der drei Haupt-Nadis, männlicher Pol

Prana
Lebenskraft

Samadhi
(Skrt.) »Ebenmaß«, vollkommene Balance, kontemplativer,
fast tranceartiger Zustand, der bei der Entwicklung der höheren
Eigenschaften des Bewußtseins hilft
Siddhis
übersinnliche Fähigkeit, Energie zu bestimmten Zwecken zu
verwandeln und zu nutzen, Eigenschaft von Yogis, die fortge-
schrittene Stadien der Erweckung und Entwicklung ihrer
Kundalini erreicht haben
Shakta Yoga
Energiedisziplin, der göttliche Lebensfunke
Shushumna
einer der drei Haupt-Nadis, spirituelle Essenz
Tai-Chi
alte chinesische Form der Energiebewegung, sehr wirkungs-
voll für die Auslösung und Bewegung von Energie
Tummo
geistige Wärme

Adressen und Bezugsquellen

Wenn nach der Arbeit mit diesem Buch Dein Interesse geweckt ist, und Du noch mehr oder spezielleres über Chakren wissen möchtest, kannst Du beim Verlag eine Literatur- und Adressliste anfordern, auf der Du viele Hinweise und Bezugsquellen für Chakra-Bücher, Chakra-Musik, -Öle, -Farbstrahler, Edelsteine und vieles mehr findest. Lege Deiner Anfrage bitte einen adressierten und frankierten Rückumschlag bei.

Windpferd Verlagsgesellschaft
"Kundalini-Handbuch"
Postfach
D-8955 Aitrang

S. Sharamon / B. J. Baginski

Das Chakra-Handbuch

Vom grundlegenden Verständnis zur praktischen Anwendung

Dieses Buch bietet eine umfassende Anleitung zur Harmonisierung unserer feinstofflichen Energiezentren. Das Wissen um die Chakren vermittelt uns tiefe Einsichten über die Wirksamkeit der subtilen Kräfte im menschlichen Organismus. Zur praktischen Chakra-Arbeit beschreibt das Buch präzise eine Fülle von Möglichkeiten: die Anwendung von Klängen, Farben, Edelsteinen, Mantren und Düften mit ihren spezifischen Wirkungen auf die einzelnen Energiezentren, ergänzt durch verschiedene Meditationen, Körperübungen, Atemübungen, Naturerfahrungen

256 Seiten, DM 19,80
ISBN 3-89385-038-4

Shalila Sharamon, Bodo Baginski
& Merlin´s Magic

Chakra-Meditation

Eine akustische Reise nach innen zu den Zentren der Kraft.

Chakra-Meditation entführt den Zuhörer mit subtilen Klängen und inspirierenden Texten in seine inneren Welten. Die Kompositionen, die Töne, die Instrumentierung und die fein in die musikalische Struktur eingewobenen Naturklänge sind ein faszinierendes und inspirierendes Werk, das in der Welt der meditativen Musik neue Maßstäbe setzt.
>Kassette einlegen, zurücklehen, entspannen, zuhören.< Und schon beginnt ein faszinierendes Abenteuer, eine Reise nach innen, zu den Zentren der Kraft.

MC mit 53 Min. Spieldauer
Text und Musik
in Buchbox mit Begleitheft
ISBN 3-89385-060-0   DM 29,80

Walter Lübeck

REIKI - Der Weg des Herzens

Der Reiki-Einweihungsweg. Eine Methode der ganzheitlichen Heilung von Körper, Seele und Geist

Reiki zählt mit zu den heute populärsten esoterischen Erkenntniswegen. Reiki beschreibt die Fähigkeit, universelle Lebensenergie zum Heilen von sich selbst und anderen einzusetzen. In diesem Buch wird genau beschrieben, welche Möglichkeiten durch die direkte Erfahrung der Reiki-Kraft offenstehen. Es beschreibt den Einweihungsweg durch die drei Reiki-Grade, zeigt auf, welche Erfahrungen gemacht werden können und wie sich das Leben durch den fortschreitenden Kontakt mit der Reiki-Energie verändern kann.

176 Seiten, DM 19,80
ISBN 3-89385-070-8

Waltraud-Maria Hulke

Das Farben Heilbuch

Der praktische Umgang mit Farben und ihre Wirkung auf Körper, Seele und Geist

Das Wissen um die Heilwirkungen der Faben auf Körper, Seele und Geist ist so alt wie die Menschheit selbst. Aber gerade heute werden wir uns der machtvollen Bedeutung von Farben wieder verstärkt bewußt, denn sie gehören zu den Energien, denen wir uns nicht willentlich entziehen können, und die uns doch so sehr bestimmen. Dieses spannende Buch bietet eine umfassende Einführung in die Welt der Farben. Hier erfährt man alles, was man über Farben im täglichen Leben wissen sollte, wobei im Vordergrund die praktische Anwendung der Farben in allen Lebensbereichen steht.

192 Seiten, DM 19,80
ISBN 3-89385-071-6

Paula Horan/Brigitte Ziegler

Kraft aus der Mitte des Herzens

Voller Energie, in der Mitte unseres Herzens zentriert mit klarem und offenem Blick in die Welt schauen, dem Leben intensiv begegnen, ohne Angst, ohne Kompromisse - wer möchte das nicht. Doch zuerst müssen wir unsere Co-Abhängigkeiten auflösen: unsere Sucht nach Essen, Alkohol, alten Gewohnheiten, Problemen, Freunden, Liebe, Bestätigung... Im Laufe unseres Lebens formen sich unsere Gedanken zu Kristallen und setzen sich im Körper fest, um irgendwann den Energiefluß zu blockieren: unsere Wahrnehmung wird trübe, die Lebensfreude läßt nach, es fehlt Energie. Die Autorinnen sind Therapeutinnen: sie zeigen uns, wie wir Körperkristalle aufspüren, Co-Abhängigkeiten erkennen, Bindungen loslassen und das Leben wieder voller Begeisterung erfahren können.

128 Seiten, DM 16,80
ISBN 3-89385-080-5

Shalila Sharamon, Bodo J. Baginski

Einverstandensein

Der Weg zur Einheit führt über das Einverstandensein und damit über die Erlösung des "Schattens", also all jener Anteile der Ganzheit, die wir in die Einseitigkeit verdrängt haben, und die uns in Form von Schicksal, Krankheit und Leid wieder begegnen. Das Einverstandensein führt uns zu unserer eigentlichen Mitte und somit zu wirklicher Heilung, zu einer Entfaltung unseres gesamten Potentials an Liebe und schöpferischer Energie.
Der "Schatten", seit C.G.Jung Synonym für all jene Anteile der Ganzheit, die durch den Menschen ins Unbewußte verdrängt und abgeschoben wurden, erfährt durch die hier dargestellte Methode eine tatsächliche Erlösung aus der Verbannung. Hierin liegt tatsächlich die große Chance des Menschen, sich ohne Umwege in Richtung Vollkommenheit zu entwickeln.

176 Seiten, DM 19,80
ISBN 3-89385-086-4

Werner Koch

Reinkarnation - Heilung aus der Vergangenheit

Eine Anleitung zum Aktivieren der befreienden Kräfte aus früheren Leben

Dieses Buch beschreibt auf sehr einfühlsame Weise, was die Reinkarnationstherapie als spirituelle Hilfe für uns tun kann. Er vermittelt den sanften Weg, sich auf die Reise in frühere Leben zu begeben, auf eine Reise zu unserem Selbst und zu unserem inneren Heiler. Denn wir können unser volles Potential wesentlich besser nutzen, wenn wir die Kräfte, die wir aus früheren Leben beziehen, kennen, verstehen und integrieren lernen.
Werner Koch zeigt, wie sich die Energien aus früheren Leben in den verschiedenen Chakren manifestieren und noch heute als Gestalter unseres Lebens wirksam werden.

196 Seiten, DM 19,80
ISBN 3-89385-094-5

Angelika Hoefler

Karma - Die Chance des Lebens

Wie Sie jede menschliche Prüfung in einen persönlichen Erfolg verwandeln

Karma heißt "Tun", und dieses Buch sagt uns, was zu tun ist. Es läßt uns Dinge wie etwa unseren Beruf oder Begegnungen und Trennungen, aber auch die zuwenig beachteten Momentaufnahmen unseres All-Tages mit anderen Augen und aus einem neuen Blickwinkel sehen. Denn Leben ist nicht unabwendbares "Schicksal", sondern Chance - in jedem Augenblick veränderbar zum Besseren. Dieses Buch ist ein Augenöffner. Der Text knistert geradezu wie mit Erfahrung aufgeladen. Karma als Weg zur Selbstheilung.

128 Seiten, DM 16,80
ISBN 3-89385-065-1

Monika Jünemann
Walburga Obermayr

Aroma-Kosmetik

Schönheit durch Düfte

Aroma-Kosmetik ist eine Synthese von Naturkosmetik im herkömmlichen Sinn und dem Wissen um die Wirkungsweise ätherischer Öle und Essenzen - Geschenke der Natur, die sich für Schönheits-, Körper- und Gesundheitspflege hervorragend eignen. In diesem Buch werden viele praktische Tips und Rezepte zur Schönheits- und Gesundheitspflege gegeben. Aroma-Kosmetik ist die verführerischste Art der Schönheitspflege. Übersichtliche Tabellen über miteinander harmonierende Düfte, Öle und ihre Wirkungen auf Körper und Psyche, Haut- und Dufttypen etc. machen das Buch zu einem nützlichen Handbuch der Schönheits- und Gesundheitspflege.

208 Seiten, DM 19,80
ISBN 3-89385-057-0

Maggie Tisserand

Die Geheimnisse wohlriechender Essenzen

**Bezaubernde Düfte für Schönheit, Sinnlichkeit und Wohlbefinden.
Aromatherapie für Frauen**

Von allem, was gut riecht, fühlen wir uns angezogen, es macht uns offener, zugänglicher. Ganze Parfümkonzerne leben davon, daß die Erotik zu einem nicht unwesentlichen Teil auf der verführerischen Wirkung von Duftstoffen beruht. Maggie Tisserand hat dieses Buch speziell für Frauen geschrieben, weiht sie in die Geheimnisse der Aromatherapie praktisch ein: vom Rezept ge-gen Kopfschmerz bis zur aphrodisierenden Duftmischung fürs Schlafzimmer.

128 Seiten, DM 16,80
ISBN 3-89385-021-X

Walter Lübeck

Das Aura-Heilbuch

Die Aura lesen u. deuten lernen. Energiefelder farbig sehen und zur ganzheitlichen Heilung einsetzen

Jeder Mensch hat eine Aura, eine Art farbiges Energiefeld, das seinen Körper umgibt und seinen augenblicklichen Gesamtzustand widerspiegelt. Gefühle, Schmerz, Liebe oder Leid und gesundheitliche Störungen verändern die Aura und geben dem, der sie zu "lesen" versteht, wichtige Aufschlüsse über seine Mitmenschen und die Möglichkeiten der Heilung oder der positiven Einwirkung.
Walter Lübecks Buch ist eine Schritt-für-Schritt-Anleitung, die den Leser über die Sensibilisierunng für feinstoffliche Schwingungen zum Aurasehen führt.

288 Seiten, DM 24,80
ISBN 3-89385-082-1

Walter Lübeck

Das Pendel-Handbuch

**Alles, was man zum richtigen Pendeln wissen muß
Mit vielen praktischen Tips**

Jeder, der das Pendeln von Grund auf erlernen will, ist mit diesem Buch gut beraten, denn es versucht alle Fragen zu beantworten, die normalerweise beim Pendeln auftreten - gibt ebenso Hilfe für Einsteiger wie heiße Tips für Pendel-Profis. Darüber hinaus enthält das Buch einige der wichtigsten Pendeltafeln aus den Bereichen Ernährung, Aromen, Bachblüten, Edelsteine, Chakren, Heilmittel u.v.m., sowie Anleitungen zur Öffnung der feinstofflichen Sinne, der Grundlage der Pendelfähigkeit.

160 Seiten, DM 16,80
ISBN 3-89385-093-7

Vasant Lad

Das Ayurweda Heilbuch

Eine praktische Anleitung zur Selbst-Diagnose-, Therapie und Heilung mit dem ayurwedischen System

Diese praktischen Anleitungen zur Selbst-Diagnose-, Therapie und Heilung beruht auf einem jahrtausendealten System, auf der "Wissenschaft vom Leben". Neben den philosophischen Grundlagen dieses östlichen Medizinsystems enthält dieses Heilbuch viele Diagnose und Behandlungsmöglichkeiten, Ernährungshinweise und Ratschläge zur Lebensführung sowie das Wissen um die Wiedererlangung und Erhaltung der Gesundheit.

192 Seiten, DM 19,80
ISBN 3-89385-003-1

Vasant Lad / David Frawley

Die Ayurweda Pflanzen-Heilkunde

Das Yoga der Kräuter Anwendung und Rezepte ayurwedischer Pflanzenheilmittel

Dieses Buch stellt die ayurwedische Pflanzenheilkunde als eine hierzulande praktizierbare Naturheilmethode vor. Beim Ayurweda werden die pflanzeneigenen Energien individuell den menschlichen "Konstitutionen" zugeordnet und entsprechend angewendet. Das Buch ist auf praktische Anwendung ausgerichtet und gibt Diagnoseanleitungen und Rezepturen mit bei uns heimischen oder gebräuchlichen Pflanzen.

320 Seiten, DM 24,80
ISBN 3-89385-002-3